北京大学立项教材

चुनिंदा हिन्दी समाचार पत्रों का अध्ययन

印地语报刊选读

郭　童 ◎编著

北京大学出版社
PEKING UNIVERSITY PRESS

图书在版编目(CIP)数据

印地语报刊选读 / 郭童编著. ——北京：北京大学出版社，2024.8. ——（新丝路·语言）. —— ISBN 978-7-301-35468-1

Ⅰ. H712.94

中国国家版本馆CIP数据核字第2024LT7610号

书　　　名	印地语报刊选读 YINDIYU BAOKAN XUANDU
著作责任者	郭　童　编著
责 任 编 辑	严　悦
标 准 书 号	ISBN 978-7-301-35468-1
出 版 发 行	北京大学出版社
地　　　址	北京市海淀区成府路205号　100871
网　　　址	http://www.pup.cn　新浪微博：@北京大学出版社
电 子 邮 箱	编辑部 pupwaiwen@pup.cn　总编室 zpup@pup.cn
电　　　话	邮购部 010-62752015　发行部 010-62750672　编辑部 010-62759634
印 刷 者	河北博文科技印务有限公司
经 销 者	新华书店
	787毫米×1092毫米　16开本　15.25印张　290千字 2024年8月第1版　2024年8月第1次印刷
定　　　价	78.00元

未经许可，不得以任何方式复制或抄袭本书之部分或全部内容。
版权所有，侵权必究
举报电话：010-62752024　电子邮箱：fd@pup.cn
图书如有印装质量问题，请与出版部联系，电话：010-62756370

前　言

作为北京大学印地语专业的本科基础课程（1—3）及限选课（4），"印地语报刊阅读"连续开设四个学期，贯穿学生从二年级下学期到四年级上学期的学习阶段。在教学中，课程针对不同年级的学生安排了具有差异化的教学内容和方法。低阶教学阶段主要定位于语言泛读课，在课程选材方面强调新闻材料的时效性、话题覆盖性，由任课教师从新近出版的印度本土报纸杂志中临时编选适宜的阅读材料；高阶教学阶段则在前续课程的基础上侧重培养学生的思辨能力，课程内容转向"专题化"，在课程选材方面注重阅读材料的内容、观点和视角。

本教材突出"专题化"设计，全书分为四个专题，基本涵盖了印度国内近年来具有深远影响力的重要议题，内容涉及领域广泛，具有较强的启发性，可帮助学生更广泛深入地认识和了解印度国情。各专题所选阅读材料均选编自印度主要媒体，选材内容和观点不代表编选者的观点。教材中的新闻报刊资料仅供课程学习，学习者对此应该加以正确判断辨别。

各专题划分为4—5个单元，每个单元选编1—2篇报刊材料，这些文章从不同观点和视角围绕相应主题展开讨论。各单元内容分为"阅读材料""注释""难词释义"与"思考练习"四个部分。"注释"和"难词释义"主要对阅读材料中的专有词汇、相关新闻背景、难词或难句进行讲解或注释；"思考练习"侧重于启发学生的思考，通过课后任务督促学生进一步发掘和阅读议题所涉报刊资料；"思考练习"中特别安排有"补充阅读"，补充阅读材料可帮助学生进一步了解相关专题所涉信息，任课教师也可根据需要从中选取适合的材料组织课堂教学。

本教材主要依据北京大学印地语专业本科教学大纲的教学要求编订，适合三、四年级的本科生使用，也可供国内其他院校的印地语专业学生和其他中等程度以上的印地语学习者使用。

编者

2024年7月于北京大学

विषय सूची

पहला प्रकरण : हिन्दी और 'राष्ट्रभाषा' **1**

यूनिट १ हिन्दी का दुर्भाग्य : 15 वर्षों की प्रतीक्षा कैसे बन गई सदियों की प्रतीक्षा? मोदी दिलाएँगे 'राष्ट्रभाषा' का सम्मान? 2

यूनिट २ 10 कदम जिनसे हिन्दी पर जोर देने वाली मोदी सरकार इस भाषा की ताकत और बढ़ा सकती है 18

यूनिट ३ तिरछी नज़र : ज़रूरत है एक नई राजभाषा की! 31

यूनिट ४ तमाम दावों के बावजूद दुनिया में हमारी हिन्दी कहां है? 41

यूनिट ५ मातृभाषा की लड़ाई सबसे पहले हिन्दी ही क्यों हार जाती है 53

दूसरा प्रकरण : अयोध्या मंदिर-मस्जिद विवाद **70**

यूनिट १ जानें, कब और कहां से शुरू हुआ था अयोध्या विवाद, यहां पढ़ें पूरा इतिहास ... 71

यूनिट २ लड़ाई मंदिर की नहीं, अयोध्या के उस झूठ से है जहाँ राम की मर्यादा बसती है ... 87

यूनिट ३ अगर राम मंदिर बन भी जाता है तो इससे आम हिन्दू की ज़िंदगी में रत्ती भर फ़र्क नहीं पड़ेगा 103

यूनिट ४ मंदिर पर दुराग्रह का प्रदर्शन : राम मंदिर महज एक और मंदिर नहीं है, इसकी महत्ता एक तीर्थस्थल से बढ़कर है 118

तीसरा प्रकरण : नागरिकता संशोधन अधिनियम 2019 .... **130**

यूनिट १ क्या वाकई नागरिकता संशोधन बिल धर्म के आधार पर भेदभाव करता है? ... 131

यूनिट २ एनपीआर एनआरसी नहीं है फिर इसको लेकर इतनी आशंकायें क्यों हैं?...... 142

यूनिट ३ देश में चल रहे प्रदर्शन नागरिकता कानून के विरोध के साथ संविधान बचाने के लिए
भी हैं.. 158

यूनिट ४ 'असहमति', लोकतंत्र का आभूषण या राष्ट्रविरोध की पहचान? 167

चौथा प्रकरण : कानूनों में संशोधन एवं नियमों में बदलाव **180**

यूनिट १ १. नोटबंदी से संकट में पड़ेगी अर्थव्यवस्था: कौशिक बासु 181

२. नोटबंदी के 7 साल, जानिए क्यों ऐतिहासिक रहा प्रधानमंत्री नरेंद्र मोदी का यह
फैसला.. 183

यूनिट २ १. जीएसटी: आधी रात से लागू हुआ 192

२. जीएसटी के हो गए 5 साल पूरे, जानें कहां हुए फायदे और
क्या-क्या नुकसान? 194

यूनिट ३ 'एक देश एक चुनाव' लागू करने से क्या भारत में संवैधानिक
संकट खड़ा होगा? 208

यूनिट ४ समान नागरिक संहिता: कोई ड्राफ्ट सामने आने के पहले ही इतना
हो-हल्ला क्यों? 221

पहला प्रकरण : हिन्दी और 'राष्ट्रभाषा'

प्रस्तावना

बहुत लोग मानते हैं कि हिन्दी भारत की राष्ट्रभाषा है, लेकिन वास्तव में हिन्दी भारत में राष्ट्रीय स्तर पर दो सरकारी कामकाज की भाषाओं में से एक है। महात्मा गाँधी और जवाहरलाल नेहरू से लेकर भारत के अनेक स्वतंत्रता संग्राम सेनानियों, राजनेताओं और बुद्धिजीवियों की इच्छा थी कि हिन्दी भारत की राष्ट्रभाषा बने, और उन्होंने इस ध्येय के लिए अभियान तक चलाया था, लेकिन अभी तक यह ध्येय पूरा नहीं हो पाया।

आधिकारिक भाषा और राष्ट्रभाषा का मुद्दा भारत में बहुत जटिल मुद्दा बना है, क्योंकि वह राजनीति, धर्म, संस्कृति की समस्याओं से जुड़ा हुआ है, जिसका अकेला हल करना नामुमकिन है। 2014 में नरेंद्र मोदी की सरकार सत्ता में आने के बाद, बीजेपी और उसका पितृ संगठन आरएसएस हिन्दी बढ़ाने के लिए कई नीतियाँ अमल में लाने लगे हैं, और हिन्दी को एक मज़बूती साधन बनाना चाहते हैं जिससे भारत में हिन्दू राष्ट्रवाद को बढ़ावा दिया जा सके। उस समय से हिन्दी को भारत की राष्ट्रभाषा बनाने की अपिल को फिर अधिक समर्थन मिलता जाता है, लेकिन इस ध्येय की प्राप्ति हो या न हो, अभी तक एक बड़ी समस्या है।

इस प्रकरण में इस मुद्दे को लेकर पाँच लेख चुने गए हैं जो अलग अरसे में लिखे गए और जिनके लेखक भिन्न भिन्न दृष्टिकोणों से अपने विचार रखते हैं। इन लेखों के माध्यम से आप समझ सकें कि हिन्दी को राष्ट्रभाषा बनाने की कोशिशों की पूरी प्रक्रिया, इस मुद्दे को लेकर बीजेपी सरकार, आरएसएस व आम जनता की अपनी अपनी राय, विकास में हिन्दी की अपनी समस्याएँ और हिन्दी व अँग्रेज़ी के बीच प्रतियोगिता की स्थिति इत्यादि।

यूनिट १   हिन्दी का दुर्भाग्य : 15 वर्षों की प्रतीक्षा कैसे बन गई सदियों की प्रतीक्षा? मोदी दिलाएँगे 'राष्ट्रभाषा' का सम्मान?

* वर्तमान भारत में हिन्दी के सबसे बड़े प्रचारक हैं प्रधानमंत्री नरेन्द्र मोदी

* हिन्दी ने ही मोदी को देश के सर्वोच्च प्रधानमंत्री पद तक पहुँचाया

* अंतरराष्ट्रीय मंचों पर भी हिन्दी में ही बोलते हैं प्रधानमंत्री नरेन्द्र मोदी

* सब कुछ 'साधने' में सक्षम मोदी दक्षिण भारतीयों को बना सकेंगे हिन्दी का हिस्सा?

कन्हैया कोष्टी

(14/09/ 2019)

भारत आज हिन्दी दिवस मना रहा है। सामान्यत: किसी दिवस को मनाने का भावार्थ होता है उस दिवस के साथ जुड़ी विषय-वस्तु का उत्सव मनाना या उसे बढ़ावा देने के लिए प्रयास करना, परंतु एक भारतीय होने के नाते मुझे हर वर्ष 14 सितंबर का दिन असहज कर देता है। मैं भी इस हिन्दी दिवस को उत्साह से मनाता हूँ, परंतु यह मनाते हुए मेरे मन में हर्ष नहीं, अपितु शोक और पीड़ा के भाव होते हैं। व्यक्तिगत रूप से कहूँ, तो मैं इसे दुर्भाग्य मानता हूँ कि मुझे और मेरे देश को हिन्दी दिवस मनाना पड़ता है, क्योंकि जन-जन की भाषा होने के बावजूद राजनीति के दल-दल में कुछ ऐसे राजनीतिक दल और नेता आज भी विद्यमान हैं, जिनके वोट बैंक में हिन्दी का विरोध भी एक बहुत बड़ा ब्रह्मास्त्र है। यदि ऐसा न होता, तो हिन्दी को 54 वर्ष पहले यानी 26 जनवरी, 1965 को ही भारत की राष्ट्रभाषा का दर्जा मिल जाता।

भारत आज 67वाँ हिन्दी दिवस मना रहा है। पहला हिन्दी दिवस 14 सितंबर, 1953 को मनाया गया था। भारत जब स्वतंत्र हुआ, तब महात्मा गाँधी से लेकर प्रथम प्रधानमंत्री जवाहरलाल नेहरू तक की इच्छा थी कि हिन्दी को भारत की राष्ट्रभाषा घोषित कर दिया जाए। गाँधी-नेहरू दोनों ने पूरे देश में इसके लिए अभियान तक छेड़ रखा था, परंतु दक्षिण भारत के कुछ राज्यों ने इसका पुरज़ोर विरोध किया और अंग्रेजी को ही अपने राज्य की भाषा बनाने की ज़िद की। स्वतंत्रता के बाद गठित भारतीय संविधान सभा श्री गोपाल स्वामी आयंगर और श्री कन्हैयालाल माणिकलाल

मुंशी (क.मा.मुंशी) समझौते पर पहुंची, जिसके अंतर्गत 14 सितंबर, 1949 को हिन्दी को राजभाषा के रूप में स्वीकृति मिली। संविधान में भारत की केवल दो अधिकृत भाषाओं का उल्लेख था, जिसमें किसी भी राष्ट्रीय भाषा का उल्लेख नहीं था। मुंशी-आयंगर समझौते के अनुसार अंग्रेजी का भारत की अधिकृत भाषा के रूप में 15 वर्षों तक प्रयोग किया जाना था। इन 15 वर्षों की गिनती 26 जनवरी, 1950 से की गई, जो 26 जनवरी, 1965 को समाप्त हो गई। इससे पहले राष्ट्रभाषा प्रचार समिति-वर्धा के अनुरोध पर 14 सितंबर, 1953 से हर वर्ष हिन्दी दिवस मनाने का निर्णय किया गया, ताकि दक्षिण भारतीय राज्यों में हिन्दी का प्रचार-प्रसार कर वहाँ के लोगों को हिन्दी को स्वीकार करने पर सहमत किया जा सके।

कैसे 15 वर्षों की प्रतीक्षा बन गई सदियों की प्रतीक्षा?

हिन्दी राष्ट्रभाषा का सम्मान पाने के लिए 26 जनवरी, 1950 से उस दिन की प्रतीक्षा करने लगी, जब 15 वर्ष बाद यानी 26 जनवरी, 1965 को उसे राष्ट्रभाषा का दर्जा मिलने वाला था। इन 15 वर्षों के दौरान कई अशासकीय हिन्दी समर्थकों ने हिन्दी को विस्तार देने का प्रयास किया। हिन्दी समर्थक राजनेता बालकृष्ण शर्मा और पुरुषोत्तम दास टंडन ने तो शासकीय भाषा में अंग्रेजी को अधिकृत भाषा के रूप में अपनाए जाने का भारी विरोध किया और इस कदम को साम्राज्यवाद का अवशेष बताया। उन्होंने हिन्दी को राष्ट्रभाषा का सम्मान दिलाने के लिए धरना-प्रदर्शन भी किए, कई प्रस्ताव भी रखे, परंतु उनके सारे प्रयास विफल रहे, क्योंकि दक्षिण और पूर्वी भारत के राज्यों के लोग अब भी हिन्दी से अनजान थे। इसी दौरान 15 वर्षों की अवधि समाप्त हुई और 26 जनवरी, 1965 का दिन आया। तत्कालीन प्रधानमंत्री लालबहादुर शास्त्री की सरकार ने 26 जनवरी, 1965 के बाद पूरे देश में सभी शासकीय कार्यों में हिन्दी का प्रयोग आवश्यक बना दिया और तमिलनाडु में हिन्दी विरोधी हिंसक आंदोलन भड़क उठे। सत्तारूढ़ कांग्रेस पार्टी इन आंदोलनों से घबरा गई और कांग्रेस कार्य समिति (CWC) ने निश्चय किया कि संविधान के लागू होने के 15 वर्ष बाद भी यदि हिन्दी को हर स्थान पर लागू किए जाने को लेकर सभी राज्य सहमत नहीं हैं, तो हिन्दी को एकमात्र अधिकृत भाषा नहीं बनाया जा सकता। यदि सीडब्ल्यूसी ने यह निश्चय न

किया होता, तो कदाचित आज हिन्दी राष्ट्रभाषा होती, परंतु तमिलनाडु सहित अहिन्दी भाषी राज्यों में हिंसक राजनीतिक विरोध प्रदर्शनों के बाद सीडब्ल्यूसी के निश्चय पर शास्त्री सरकार ने राजभाषा अधिनियम 1963 में 1967 में संशोधन किया, जिसके अंतर्गत भारत ने एक द्विभाषीय पद्धति को अपना लिया। ये दोनों भाषाएँ अंग्रेजी और हिन्दी थीं। 14 सितंबर, 1949 को तो यह निर्णय किया गया था कि 26 जनवरी, 1950 से 15 वर्षों के बाद हिन्दी को राष्ट्रभाषा का सम्मान दिया जाएगा, परंतु 1967 में राजभाषा अधिनियम 1963 में किए गए संशोधन में ऐसी कोई समयसीमा निर्धारित नहीं की गई कि हिन्दी को कब राष्ट्रभाषा के रूप में स्वीकार किया जाएगा। आज इस बात को 52 वर्ष हो चुके हैं और दूर-दूर तक कोई ऐसा संकेत नहीं मिल रहा है कि हिन्दी को निकट भविष्य में राष्ट्रभाषा का सम्मान या दर्जा मिलने वाला है। इस तरह हिन्दी की राष्ट्रभाषा का सम्मान पाने की 15 वर्षों की प्रतीक्षा अब मानों सदियों में परिवर्तित हो चुकी है।

जब मोदी ने थामी हिन्दी की डोर और पहुँचे प्रधानमंत्री पद पर

अब बात करते हैं प्रधानमंत्री नरेन्द्र मोदी की। नरेन्द्र मोदी मूलत: गुजरात के हैं और इसीलिए उनकी मातृभाषा गुजराती है, परंतु वे हिन्दी का प्रयोग तब से करते हैं, जब से वे आपातकाल विरोधी आंदोलन का हिस्सा थे। इसके बाद जब भारतीय जनता पार्टी (BJP-बीजेपी) ने उन्हें गुजरात से बाहर कई राज्यों में सांगठनिक उत्तरदायित्व सौंपे, तभी मोदी स्वाभाविक रूप से हिन्दी का ही प्रयोग करते थे, परंतु 7 अक्टूबर, 2001 को गुजरात का मुख्यमंत्री बनने के बाद मोदी ने गुजरात को अपनी कर्मभूमि बनाया और 11 वर्षों तक उनकी भाषा गुजराती बनी रही। विधानसभा चुनाव 2002, 2007 और 2012 के दौरान भी मोदी ने अपने अधिकांश चुनावी भाषण गुजराती में ही दिए, परंतु तीसरी बार विधानसभा चुनाव जीतने के बाद जब देश में मोदी लोकप्रिय होने लगे और राष्ट्रीय स्तर पर उन्हें प्रधानमंत्री पद के योग्य माना जाने लगा, तो मोदी पुन: हिन्दी की ओर लौटे। मोदी ने गुजरात विधानसभा चुनाव 2012 जीतने के बाद हिन्दी की डोर थाम ली। मोदी जानते थे कि देश का दिल जीतना है, तो हिन्दी ही काम आएगी। नि:संकोच एक राजनेता के रूप में नरेन्द्र मोदी का प्रधानमंत्री पद तक पहुँचने के लिए हिन्दी का उपयोग

करना तनिक भी अस्वाभाविक नहीं था। मोदी ने लोकसभा चुनाव 2014 में पूरे देश में घूम कर हिन्दी में चुनावी भाषण दिए। यहाँ तक कि अहिन्दी भाषी भारतीय राज्यों में भी मोदी ने दुभाषियों की सहायता लेकर भाषण हिन्दी में ही दिए। हिन्दी ने ही मोदी को देश के प्रधानमंत्री पद तक पहुँचाया।

नरेन्द्र मोदी हैं इस समय हिन्दी के सबसे बड़े प्रचारक

नरेन्द्र मोदी ने 26 मई, 2014 को पहली बार देश के प्रधानमंत्री के रूप में पद की शपथ ली। इस शपथ की विशेषता यह थी कि लगभग 15 वर्षों के बाद किसी प्रधानमंत्री ने हिन्दी भाषा में ली थी। मोदी से पहले डॉ. मनमोहन सिंह, एच. डी. देवेगौड़ा और आई. के. गुजराल ने प्रधानमंत्री पद की शपथ अंग्रेजी में ली थी। मोदी से पहले अंतिम बार 1999 में हिन्दी में शपथ ग्रहण की थी अटल बिहारी वाजपेयी ने। अटलजी ने 1996 और 1998 में भी हिन्दी में ही शपथ ली थी। और पीछे न जाते हुए, आगे की बात करें, तो नरेन्द्र मोदी को प्रधानमंत्री बने आज 5 वर्ष, 3 महीने और 19 दिन हो गए। मोदी ने अपने इस प्रधानमंत्रित्व काल में पहली बार हिन्दी में शपथ लेने, दूसरी बार भी हिन्दी में शपथ लेने से लेकर हाल ही में रूस के व्लादिवोस्तोक में आयोजित रूसी सुदूर पूर्व राज्यों के पूर्वी आर्थिक मंच (EEF) में दिए भाषण तक हिन्दी का ही प्रयोग किया। यह पहला अवसर नहीं था कि मोदी ने किसी विदेशी मंच पर हिन्दी में भाषण दिया हो। मोदी ने अमेरिका-ब्रिटेन से लेकर जर्मनी, जापान, चीन, फ्रांस सहित लगभग सभी देशों में अपनी बात हिन्दी में ही रखी। विशेषकर उन देशों में मोदी ने हिन्दी को ही अपनी वाणी बनाया, जिन देशों पर अपनी मातृभाषा या राष्ट्रभाषा में ही बात करने का जुनून है। संयुक्त राष्ट्र महासभा में पहली बार हिन्दी में भाषण देने का श्रेय यदि अटल बिहारी वाजपेयी को जाता है, तो उनके बाद भारत सरकार के किसी प्रतिनिधि ने संयुक्त राष्ट्र में हिन्दी में भाषण दिया है, तो वे मोदी ही हैं। इतना ही नहीं, जब मोदी संयुक्त राष्ट्र महासभा में नहीं गए, तो विदेश मंत्री के रूप में सुषमा स्वराज ने भी हर वर्ष और हर बार दुनिया के इस सबसे बड़े मंच पर हिन्दी में ही भाषण दिया।

'मोदी है, तो मुमकिन है हिन्दी का राष्ट्रभाषा बनना?'

नरेन्द्र मोदी अक्सर बड़ें, साहसी और ऐतिहासिक निर्णय करने के बाद यह कहते सुने जाते हैं, 'यह काम भी मेरे ही हाथों होना लिखा था।' लोकसभा चुनाव 2019 में तो 'मोदी है, तो मुमकिन है' का नारा बहुत गूंजा और दूसरी बार शपथ लेने के बाद मोदी सरकार ने जम्मू-कश्मीर से धारा 370 हटा कर यह सिद्ध भी कर दिया, 'मोदी है, तो मुमकिन है', क्योंकि इतना बड़ा साहसी निर्णय देश के पूर्ववर्ती 13 प्रधानमंत्रियों में से कोई नहीं कर सका था। ऐसे में प्रश्न यह उठता है कि क्या हिन्दी को राष्ट्रभाषा का सम्मान दिलाने का साहसी निर्णय भी मोदी के हाथों ही होगा? क्या 'मोदी है, तो मुमकिन है' का नारा हिन्दी को राष्ट्रभाषा का सम्मान दिला पाएगा? मोदी की विशेषता है कि वे सब कुछ साधने का सामर्थ्य रखते हैं। धारा 370 हटाने का अत्यंत ऐतिहासिक और कठोर व साहसिक निर्णय करने वाले प्रधानमंत्री नरेन्द्र मोदी ने बाद में जिस तरह कश्मीर के लोगों को साधने में लगभग सफलता पाई है, क्या उसी तरह वे दक्षिण और पूर्वी-पूर्वोत्तर भारत के अहिन्दी भाषी राज्यों, वहाँ के राजनीतिक दलों और लोगों को भी हिन्दी पर सहमत करने में सफल होंगे?

'हिन्दी दिवस पर आप सभी को बहुत-बहुत बधाई। भाषा की सरलता, सहजता और शालीनता अभिव्यक्ति को सार्थकता प्रदान करती है। हिन्दी ने इन पहलुओं को खूबसूरती से समाहित किया है।' — Narendra Modi (@narendramodi) September 14, 2019

वैसे एक बात भी निश्चित है कि हिन्दी की राष्ट्रभाषा का सम्मान पाने की 15 वर्षों की जो प्रतीक्षा अनेक वर्षों में बदल गई, उसे समाप्त करने का महान कार्य यदि कोई कर सकता है, तो वह वर्तमान प्रधानमंत्री नरेन्द्र मोदी ही कर सकते हैं, क्योंकि वे न केवल हिन्दी प्रेमी हैं, अपितु उनकी राष्ट्रवाद से लबरेज विचारधारा का सबसे बड़ा सेतु भी हिन्दी ही है। मोदी के कार्यकाल में स्वयं उन्होंने जिस तरह हिन्दी को अंतरराष्ट्रीय स्तर पर बार-बार सम्मानित किया, उसे देखते हुए कहा जा सकता है कि एक दिन ऐसा भी आएगा, जब हिन्दी की यह प्रतीक्षा समाप्त होगी और मोदी ही हिन्दी को राष्ट्रभाषा का सम्मान दिलाएँगे, वह भी सर्वसम्मति से।

I. टिप्पणियाँ

1. **भारतीय संविधान सभा** : भारत की संविधान सभा का चुनाव भारतीय संविधान की रचना के लिए किया गया था जो जुलाई 1946 में सम्पन्न हुआ था। बँटवारे के बाद संविधान सभा के कुल 389 सदस्यों में से भारत में 299 ही रह गए। इस सभा ने अपना कार्य 6 दिसम्बर 1946 से आरम्भ कर दिया। डॉ. राजेन्द्र प्रसाद, भीमराव अम्बेडकर, सरदार वल्लभ भाई पटेल, श्यामा प्रसाद मुखर्जी, जवाहरलाल नेहरू, मौलाना अबुल कलाम आजाद आदि इस सभा के प्रमुख सदस्य थे। पहले सच्चिदानन्द सिन्हा फिर डॉ.राजेन्द्र प्रसाद को इस सभा के सभापति निर्वाचित किया गया। भीमराव आंबेडकर को निर्मात्री समिति का अध्यक्ष चुना गया था। संविधान सभा ने 26 नवम्बर 1949 को अपना काम पूरा कर लिया और 26 जनवरी 1950 को भारत का संविधान लागू हुआ। इसी दिन की याद में भारत में हर वर्ष 26 जनवरी को गणतंत्र दिवस के रूप में मनाया जाता है।

2. **गोपालस्वामी अयंगर** (1882-1953) संविधान सभा की निर्मात्री समिति के सदस्य, राज्य सभा के नेता, भारत की पहली मन्त्रिपरिषद में कैबिनेट मन्त्री थे। हिन्दी को राष्ट्रभाषा घोषित करने के अहिन्दी भाषी प्रस्तावक के रूप में गोपालस्वामी आयंगर का नाम महत्त्वपूर्ण है।

3. **कन्हैयालाल माणिकलाल मुंशी** (1887-1971) भारत के स्वतंत्रता संग्राम सेनानी, राजनेता, गुजराती एवं हिन्दी के ख्यात साहित्यकार तथा शिक्षाविद थे। उन्होंने भारतीय विद्या भवन की स्थापना की।

4. **मुंशी-आयंगर समझौता:** हिन्दी का राजभाषा बनने का मार्ग आसान न था। राजभाषा का प्रश्न एक राजनीतिक मसला बन कर रह गया। संविधान सभा में बहुत बहस हुई। लगभग 400 संशोधन प्रस्तुत किए गए। अंततः 'कन्हैयालाल मुंशी' तथा 'गोपाल स्वामी आयंगर' के फार्मूले को स्वीकार करते हुए 14 सितंबर 1949 को संविधान सभा ने हिन्दी को राजभाषा घोषित किया। कन्हैयालाल और आयंगर का फार्मूला ही भारत के संविधान के भाग 17 के अनुच्छेद 343 से 351 तक में वर्णित है।

5. **राष्ट्रभाषा प्रचार समिति** महाराष्ट्र के वर्धा में स्थित एक हिन्दी सेवी संस्था है जिसकी स्थापना

सन् 1936 में महात्मा गाँधी और पुरुषोत्तम दास टंडन की प्रेरणा से हुई। हिन्दी प्रचार की यह संस्था राष्ट्रीय भावनाओं को उद्बुद्ध करने एवं समग्र भारतीयों के हृदय में एकात्मकता को उभारने का उद्देश्य लेकर स्थापित हुई। इसी उद्देश्य को दृष्टि में रखकर 'एक हृदय हो भारत जननी' को उसने अपना उद्घोष वाक्य बनाया। वर्तमान में इस संस्था में 22 प्रांतीय समितियाँ (क्षेत्रीय केंद्र), 987 शिक्षा केंद्र (अध्ययन केंद्र) और 7629 परीक्षा केंद्र हैं।

6. **बालकृष्ण शर्मा 'नवीन'** (1817-1960) द्विवेदी युग के हिन्दी कवि थे। उन्होंने खड़ी बोली हिन्दी में काव्य की रचना की। आधुनिक हिन्दी कविता के विकास में उनका स्थान अविस्मरणीय है। उन्हें साहित्य एवं शिक्षा के क्षेत्र में सन् 1960 में पद्मभूषण से सम्मानित किया गया था।
7. **पुरुषोत्तम दास टंडन** (1882-1962) आधुनिक भारत के प्रमुख स्वाधीनता सेनानियों में से एक थे। वे 'राजर्षि' के नाम से भी विख्यात थे। हिन्दी को भारत की राष्ट्रभाषा के पद पर प्रतिष्ठित करवाने में उनका महत्त्वपूर्ण योगदान था। वर्ष 1961 में उन्हें देश के सर्वोच्च नागरिक सम्मान 'भारत रत्न' से भी सम्मानित किया गया था।
8. **लालबहादुर शास्त्री** (1904-1966) भारत के दूसरे प्रधानमन्त्री थे। वे 9 जून 1964 से 11 जनवरी 1966 को अपनी मृत्यु तक लगभग अठारह महीने भारत के प्रधानमन्त्री रहे।
9. **कांग्रेस कार्य समिति** (CWC, सीडब्ल्यूसी) भारतीय राष्ट्रीय कांग्रेस की कार्यकारी समिति है।
10. **आपातकाल :** 25 जून 1975 से 21 मार्च 1977 तक के 21 महीने की अवधि में भारत में आपातकाल घोषित था। तत्कालीन राष्ट्रपति फ़ख़रुद्दीन अली अहमद ने तत्कालीन भारतीय प्रधानमंत्री इन्दिरा गाँधी के कहने पर भारतीय संविधान की धारा 352 के अधीन आपातकाल की घोषणा कर दी। माना जाता है कि स्वतंत्र भारत के इतिहास में यह सबसे विवादास्पद और अलोकतांत्रिक काल था। आपातकाल में चुनाव स्थगित हो गए तथा नागरिक अधिकारों को समाप्त करके मनमानी की गई। इंदिरा गाँधी के राजनीतिक विरोधियों को कैद कर लिया गया और प्रेस को प्रतिबंधित कर दिया गया। प्रधानमंत्री के बेटे संजय गाँधी के नेतृत्व में बड़े पैमाने पर पुरुष नसबंदी अभियान चलाया गया। राजनेता जयप्रकाश नारायण ने इसे

'भारतीय इतिहास की सर्वाधिक काली अवधि' कहा था। 25 जून, 1975 को लगी इमर्जेंसी का मुख्य कारण इलाहाबाद हाई कोर्ट का एक फैसला था जिसमें तत्कालीन प्रधानमंत्री इंदिरा गाँधी को चुनाव प्रचार अभियान में कदाचार का दोषी करार दिया गया था।

11. **हरदनहल्ली डोडेगौडा देवगौडा** (1933-) भारतीय गणराज्य के बारहवें प्रधानमंत्री हैं। उनका कार्यकाल 1996 से 1997 तक रहा। इसके पूर्व 1994 से 1996 तक वे कर्नाटक राज्य के मुख्यमंत्री भी रहे थे।

12. **इन्द्र कुमार गुजराल** (1919-2012) भारतीय गणराज्य के तेरहवें प्रधानमन्त्री थे। अप्रैल 1997 में भारत के प्रधानमंत्री बनने से पहले उन्होंने केन्द्रीय मन्त्रिमण्डल में विभिन्न पदों पर काम किया था। राजनीति में आने से पहले उन्होंने कुछ समय तक बीबीसी की हिन्दी सेवा में एक पत्रकार के रूप में भी काम किया था।

13. **अटल बिहारी वाजपेयी** (1924-2018) भारत के तीन बार के प्रधानमंत्री थे। वे पहले 16 मई से 1 जून 1996 तक, फिर 1998 में और फिर 19 मार्च 1999 से 22 मई 2004 तक भारत के प्रधानमंत्री रहे। वाजपेयी राष्ट्रीय जनतांत्रिक गठबंधन (राजग) सरकार के पहले प्रधानमंत्री थे जो भारतीय जनसंघ के संस्थापकों में एक थे।

14. **सुषमा स्वराज** (1952-2019) एक भारतीय महिला राजनीतिज्ञ और भारत की पूर्व विदेश मंत्री थीं। वे वर्ष 2009 में भारत की भारतीय जनता पार्टी द्वारा संसद में विपक्ष की नेता चुनी गयी थीं। इसके पहले भी वे केन्द्रीय मन्त्रिमण्डल में रह चुकी थीं तथा दिल्ली की मुख्यमन्त्री भी रही थीं।

15. **धारा 370** (अनुच्छेद 370) : भारतीय संविधान का अनुच्छेद 370 एक ऐसा अनुच्छेद था जो जम्मू और कश्मीर को स्वायत्तता प्रदान करता था। संविधान के 21वें भाग में इस अनुच्छेद के बारे में परिचयात्मक बात कही गयी थी- अस्थायी, संक्रमणकालीन और विशेष प्रावधान। भारत सरकार ने 5 अगस्त 2019 को जम्मू-कश्मीर पुनर्गठन अधिनियम 2019 पेश किया जिसमें जम्मू कश्मीर राज्य से संविधान का अनुच्छेद 370 हटाने का प्रस्ताव किया गया।

II. शब्दावली

साधना : (स.क्रि.) समाप्त करना, सिद्ध करना

भावार्थ : (पु.) तात्पर्य, मतलब, आशय, अभिप्राय

---के नाते = ---की वजह से

असहज : (वि.) जो सहज न हो, असामान्य, अस्वाभाविक, चिंतित

व्यक्तिगत : (वि.) निजी, एक व्यक्ति तक सीमित

ब्रह्मास्त्र : (पु.) ब्रह्म शक्ति से परिचालित अमोघ अस्त्र, मंत्र से पवित्र करके चलाया गया अस्त्र

छेड़ना : (स.क्रि.) आरंभ करना, बार बार कुछ कहकर चिढ़ाना, अड़ेगा डालना

पुरज़ोर : (वि.) ज़ोरदार

स्वीकृति : (स्त्री.) स्वीकार

अधिकृत : (वि.) जिसको कोई काम करने का अधिकार दिया गया हो, ऑथराइज्ड

अधिकृत भाषा = सरकारी भाषा

अशासकीय : (वि.) ग़ैरसरकारी, जो शासन या राज-काज से संबंधित न हो

साम्राज्यवाद : (पु.) साम्राज्य को बढ़ाने की प्रवृत्ति या नीति

अवशेष : (पु.) वह जो बचे रहे या बाकी रहे, शेष भाग

धरना : (पु.) अड़कर बैठना

अधिनियम : (पु.) विधान के अंतर्गत बनाया गया नियम, ऐक्ट

समयसीमा : (पु.) समय-सीमा, कार्य हेतु निश्चित किया गया समय

निर्धारित : (वि.) निर्धारण किया हुआ

डोर : (स्त्री.) धागा, सूत

थामना : (स.क्रि.) पकड़ना, संभालना

मूलत : (कि.वि.) मूल रूप में, आदि में, संपूर्णतः

आपातकाल : (पु.) संकट काल

सांगठनिक : (वि.) संगठन संबंधी

कर्मभूमि : (स्त्री.) कर्मक्षेत्र

दुभाषिया : (पु.) दो भाषा का ज्ञान रखने वाला, श्रोताओं को एक भाषा की बात दूसरी भाषा में समझाने वाला

व्लादिवोस्तोक : 符拉迪沃斯托克（海参崴）

सुदूर : (वि.) बहुत दूर

सुदूर पूर्व : 远东

पूर्वी आर्थिक मंच (EEF) : 东方经济论坛

जुनून : (पु.) पागलपन, सनक

श्रेय : (पु.) उत्तमता, श्रेष्ठता, यश

पूर्ववर्ती : (वि.) पहले होने वाला

सामर्थ्य : (पु.) योग्यता, शक्ति

समाहित : (वि.) मिला हुआ, एकत्र किया हुआ, संगृहीत

लबरेज : (वि.) ऊपर तक भरा हुआ, पूर्ण, लबालब

सेतु : (पु.) पुल

सम्मानित : (वि.) सम्मान पाया हुआ

सर्वसम्मति : (स्त्री.) जिसपर सभी की एक राय या सम्मति हो, मतैक्य

III. निम्नलिखित सवालों पर गौर कीजिए और इनके जवाब दीजिए।

1. निम्नलिखित वाक्यों का चीनी में अनुवाद कीजिए।

   १. व्यक्तिगत रूप से कहूँ, तो मैं इसे दुर्भाग्य मानता हूँ कि मुझे और मेरे देश को हिन्दी दिवस मनाना पड़ता है, क्योंकि जन-जन की भाषा होने के बावजूद राजनीति के दल-दल में कुछ ऐसे राजनीतिक दल और नेता आज भी विद्यमान हैं, जिनके वोट बैंक में हिन्दी का विरोध भी एक बहुत बड़ा ब्रह्मास्त्र है।

   २. इन 15 वर्षों के दौरान कई अशासकीय हिन्दी समर्थकों ने हिन्दी को विस्तार देने का प्रयास

किया। हिन्दी समर्थक राजनेता बालकृष्ण शर्मा और पुरुषोत्तम दास टंडन ने तो शासकीय भाषा में अंग्रेजी को अधिकृत भाषा के रूप में अपनाए जाने का भारी विरोध किया और इस कदम को साम्राज्यवाद का अवशेष बताया।

३. आज इस बात को 52 वर्ष हो चुके हैं और दूर-दूर तक कोई ऐसा संकेत नहीं मिल रहा है कि हिन्दी को निकट भविष्य में राष्ट्रभाषा का सम्मान या दर्जा मिलने वाला है। इस तरह हिन्दी की राष्ट्रभाषा का सम्मान पाने की 15 वर्षों की प्रतीक्षा अब मानों सदियों में परिवर्तित हो चुकी है।

४. नरेन्द्र मोदी अक्सर बड़े, साहसी और ऐतिहासिक निर्णय करने के बाद यह कहते सुने जाते हैं, 'यह काम भी मेरे ही हाथों होना लिखा था।' लोकसभा चुनाव 2019 में तो 'मोदी है, तो मुमकिन है' का नारा बहुत गूंजा और दूसरी बार शपथ लेने के बाद मोदी सरकार ने जम्मू-कश्मीर से धारा 370 हटा कर यह सिद्ध भी कर दिया, 'मोदी है, तो मुमकिन है', क्योंकि इतना बड़ा साहसी निर्णय देश के पूर्ववर्ती 13 प्रधानमंत्रियों में से कोई नहीं कर सका था।

५. वैसे एक बात भी निश्चित है कि हिन्दी की राष्ट्रभाषा का सम्मान पाने की 15 वर्षों की जो प्रतीक्षा अनेक वर्षों में बदल गई, उसे समाप्त करने का महान कार्य यदि कोई कर सकता है, तो वह वर्तमान प्रधानमंत्री नरेन्द्र मोदी ही कर सकते हैं, क्योंकि वे न केवल हिन्दी प्रेमी हैं, अपितु उनकी राष्ट्रवाद से लबरेज विचारधारा का सबसे बड़ा सेतु भी हिन्दी ही है।

2. 'हिन्दी दिवस पर आप सभी को बहुत-बहुत बधाई। भाषा की सरलता, सहजता और शालीनता अभिव्यक्ति को सार्थकता प्रदान करती है। हिन्दी ने इन पहलुओं को खूबसूरती से समाहित किया है।'(—Narendra Modi September 14, 2019)

भारत के प्रधानमंत्री नरेंद्र मोदी के इस ट्वीट को अपनी बातों से समझाइए और बताइए क्यों हर वर्ष 14 सितंबर को हिन्दी दिवस मनाया जाता है? पहला हिन्दी दिवस कब मनाया गया था?

3. 'भारतीय संविधान सभा' के बारे में इंटरनेट पर या पुस्तकों से ज़्यादा सामग्रियाँ खोजिए और एक निबंध लिखकर इसका परिचय दीजिए।

4. क्या आप मानते हैं कि भारत के प्रधानमंत्री नरेंद्र मोदी हिन्दी को भारत की राष्ट्रभाषा बना सकें?
5. आपके विचार में राजनीतिक तत्त्व किस तरह से हिन्दी के राष्ट्रभाषा बनने के प्रयास को प्रभावित करते हैं?
6. आपातकाल के बारे में निम्न लेख पढ़िए।

जानें, आपातकाल से जुड़ीं हैं ये बड़ी बातें

'नवभारतटाइम्स' अखबार

(25/06/2019)

(https://navbharattimes.indiatimes.com)

25 जून, 1975 को लगी इमर्जेंसी का मुख्य कारण इलाहाबाद हाई कोर्ट का एक फैसला था जिसमें तत्कालीन प्रधानमंत्री इंदिरा गाँधी को चुनाव प्रचार अभियान में कदाचार का दोषी करार दिया गया था।

आज से 44 साल पहले इंदिरा गाँधी ने देश में आपातकाल लगाया था। 25 जून, 1975 को लगा आपातकाल 21 महीनों तक यानी 21 मार्च, 1977 तक देश पर थोपा गया। 25 जून और 26 जून की मध्य रात्रि में तत्कालीन राष्ट्रपति फखरुद्दीन अली अहमद के हस्ताक्षर करने के साथ ही देश में पहला आपातकाल लागू हो गया था। अगली सुबह समूचे देश ने रेडियो पर इंदिरा की आवाज में संदेश सुना था, 'भाइयो और बहनो, राष्ट्रपति जी ने आपातकाल की घोषणा की है। इससे आतंकित होने का कोई कारण नहीं है।' आइये आज आपातकाल से जुड़ी ये बातें जानते हैं...

नेताओं की गिरफ्तारियां

आपातकाल की घोषणा के साथ ही सभी नागरिकों के मौलिक अधिकार निलंबित कर दिए गए थे। अभिव्यक्ति का अधिकार ही नहीं, लोगों के पास जीवन का अधिकार भी नहीं रह गया था। 25

जून की रात से ही देश में विपक्ष के नेताओं की गिरफ्तारियों का दौर शुरू हो गया था। जयप्रकाश नारायण, लालकृष्ण आडवाणी, अटल बिहारी वाजपेयी, जॉर्ज फर्नांडीस आदि बड़े नेताओं को जेल में डाल दिया गया था। जेलों में जगह नहीं बची थी। आपातकाल के बाद प्रशासन और पुलिस के द्वारा भारी उत्पीड़न की कहानियाँ सामने आई थीं। प्रेस पर भी सेंसरशिप लगा दी गई थी। हर अखबार में सेंसर अधिकारी बैठा दिया गया, उसकी अनुमति के बाद ही कोई समाचार छप सकता था। सरकार विरोधी समाचार छापने पर गिरफ्तारी हो सकती थी। यह सब तब थम सका, जब 23 जनवरी, 1977 को मार्च महीने में चुनाव की घोषणा हो गई।

पृष्ठभूमि

लालबहादुर शास्त्री की मौत के बाद देश की प्रधानमंत्री बनीं इंदिरा गाँधी का कुछ कारणों से न्यायपालिका से टकराव शुरू हो गया था। यही टकराव आपातकाल की पृष्ठभूमि बना था। आपातकाल के लिए 27 फरवरी, 1967 को आए सुप्रीम कोर्ट के फैसले ने बड़ी पृष्ठभूमि तैयार की। एक मामले में सुप्रीम कोर्ट के चीफ जस्टिस सुब्बाराव के नेतृत्व वाली एक खंडपीठ ने सात बनाम छह जजों के बहुमत से सुनाए गए फैसले में यह कहा था कि संसद में दो तिहाई बहुमत के साथ भी किसी संविधान संशोधन के जरिये मूलभूत अधिकारों के प्रावधान को न तो खत्म किया जा सकता है और न ही इन्हें सीमित किया जा सकता है।

प्रमुख कारण

1971 के चुनाव में इंदिरा गाँधी ने अपनी पार्टी को जबर्दस्त जीत दिलाई थी और खुद भी बड़े मार्जिन से जीती थीं। खुद इंदिरा गाँधी की जीत पर सवाल उठाते हुए उनके चुनावी प्रतिद्वंद्वी राजनारायण ने 1971 में अदालत का दरवाजा खटखटाया था। संयुक्त सोशलिस्ट पार्टी के उम्मीदवार के तौर पर इंदिरा गाँधी के सामने रायबरेली लोकसभा सीट पर चुनाव लड़ने वाले राजनारायण ने अपनी याचिका में आरोप लगाया था कि इंदिरा गाँधी ने चुनाव जीतने के लिए गलत तरीकों का इस्तेमाल किया है। मामले की सुनवाई हुई और इंदिरा गाँधी के चुनाव को

निरस्त कर दिया गया। इस फैसले से आक्रोशित होकर ही इंदिरा गाँधी ने इमर्जेंसी लगाने का फैसला लिया।

आपातकाल की घोषणा

इस फैसले से इंदिरा गाँधी इतना क्रोधित हो गई थीं कि अगले दिन ही उन्होंने बिना कैबिनेट की औपचारिक बैठक के आपातकाल लगाने की अनुशंसा राष्ट्रपति से कर डाली, जिस पर राष्ट्रपति फखरुद्दीन अली अहमद ने 25 जून और 26 जून की मध्य रात्रि में ही अपने हस्ताक्षर कर डाले और इस तरह देश में पहला आपातकाल लागू हो गया।

इमर्जेंसी में हर कदम पर संजय के साथ थीं मेनका

इंदिरा गाँधी के प्राइवेट सेक्रेटरी रहे दिवंगत आर.के. धवन ने कहा था कि सोनिया और राजीव गाँधी के मन में इमर्जेंसी को लेकर किसी तरह का संदेह या पछतावा नहीं था। और तो और, मेनका गाँधी को इमर्जेंसी से जुड़ी सारी बातें पता थीं और वह हर कदम पर पति संजय गाँधी के साथ थीं। वह मासूम या अनजान होने का दावा नहीं कर सकतीं। दिवंगत आर.के.धवन ने यह खुलासा एक न्यूज चैनल को दिए गए इंटरव्यू में किया था।

धवन ने यह भी कहा था कि इंदिरा गाँधी जबरन नसबंदी और तुर्कमान गेट पर बुलडोजर चलवाने जैसी इमर्जेंसी की ज्यादतियों से अनजान थीं। इन सबके लिए केवल संजय ही जिम्मेदार थे। इंदिरा को तो यह भी नहीं पता था कि संजय अपने मारुति प्रॉजेक्ट के लिए जमीन का अधिग्रहण कर रहे थे। धवन के मुताबिक इस प्रॉजेक्ट में उन्होंने ही संजय की मदद की थी, और इसमें कुछ भी गलत नहीं था।

बंगाल के सीएम एस.एस.राय ने दी थी आपातकाल लगाने की सलाह

धवन ने बताया था कि पश्चिम बंगाल के तत्कालीन सीएम एस.एस. राय ने जनवरी 1975 में ही इंदिरा गाँधी को आपातकाल लगाने की सलाह दी थी। इमर्जेंसी की योजना तो काफी पहले से ही

बन गई थी। धवन ने बताया था कि तत्कालीन राष्ट्रपति फखरुद्दीन अली अहमद को आपातकाल लागू करने के लिए उद्घोषणा पर हस्ताक्षर करने में कोई आपत्ति नहीं थी। वह तो इसके लिए तुरंत तैयार हो गए थे। धवन ने यह भी बताया था कि किस तरह आपातकाल के दौरान मुख्यमंत्रियों की बैठक बुलाकर उन्हें निर्देश दिया गया था कि आरएसएस के उन सदस्यों और विपक्ष के नेताओं की लिस्ट तैयार कर ली जाए, जिन्हें अरेस्ट किया जाना है। इसी तरह की तैयारियां दिल्ली में भी की गई थीं।

इस्तीफा देने को तैयार थीं इंदिरा

धवन ने कहा था कि आपातकाल इंदिरा के राजनीतिक करियर को बचाने के लिए नहीं लागू किया गया था, बल्कि वह तो खुद ही इस्तीफा देने को तैयार थीं। जब इंदिरा ने जून 1975 में अपना चुनाव रद्द किए जाने का इलाहाबाद उच्च न्यायालय का आदेश सुना था तो उनकी पहली प्रतिक्रिया इस्तीफे की थी और उन्होंने अपना त्यागपत्र लिखवाया था। उन्होंने कहा था कि वह त्यागपत्र टाइप किया गया लेकिन उस पर हस्ताक्षर कभी नहीं किए गए। ऐसा इसलिए हुआ क्योंकि उनके मंत्रिमंडलीय सहयोगी उनसे मिलने आए और सबने जोर दिया कि उन्हें इस्तीफा नहीं देना चाहिए।

आईबी की रिपोर्ट और 1977 का चुनाव

धवन ने कहा था कि इंदिरा ने 1977 के चुनाव इसलिए करवाए थे, क्योंकि आईबी ने उनको बताया था कि वह 340 सीटें जीतेंगी। उनके प्रधान सचिव पी.एन.धर ने उन्हें यह रिपोर्ट दी थी, जिस पर उन्होंने भरोसा कर लिया था। लेकिन, उन चुनावों में मिली करारी हार के बावजूद भी वह दुखी नहीं थीं। धवन ने कहा था, 'इंदिरा रात का भोजन कर रही थीं तभी मैंने उन्हें बताया कि वह हार गई हैं। उनके चेहरे पर राहत का भाव था। उनके चेहरे पर कोई दुख या शिकन नहीं थी। उन्होंने कहा था भगवान का शुक्र है, मेरे पास अपने लिए समय होगा'।धवन ने दावा किया था कि इतिहास इंदिरा के साथ न्याय नहीं कर रहा है और नेता अपने स्वार्थ के चलते उन्हें बदनाम

करते हैं। वह राष्ट्रवादी थीं और अपने देश के लोगों से उन्हें बहुत प्यार था।

आपातकाल और पीएम मोदी

आपातकाल के दौरान प्रधानमंत्री नरेंद्र मोदी ने अहम भूमिका निभाई थी। आपातकाल के दौरान प्रेस की स्वतंत्रता छीनी जा चुकी थी। कई पत्रकारों को मीसा और डीआईआर के तहत गिरफ्तार कर लिया गया था। सरकार की कोशिश थी कि लोगों तक सही जानकारी नहीं पहुंचे। उस कठिन समय में नरेंद्र मोदी और आरएसएस के कुछ प्रचारकों ने सूचना के प्रचार-प्रसार की जिम्मेदारी उठा ली। इसके लिए उन्होंने अनोखा तरीका अपनाया। संविधान, कानून, कांग्रेस सरकार की ज्यादतियों के बारे में जानकारी देने वाले साहित्य गुजरात से दूसरे राज्यों के लिए जाने वाली ट्रेनों में रखे गए। यह एक जोखिम भरा काम था क्योंकि रेलवे पुलिस बल को संदिग्ध लोगों को गोली मारने का निर्देश दिया गया था। लेकिन नरेंद्र मोदी और अन्य प्रचारकों द्वारा इस्तेमाल की गई तकनीक कारगर रही।

यूनिट २   10 कदम जिनसे हिन्दी पर जोर देने वाली मोदी सरकार इस भाषा की ताकत और बढ़ा सकती है

चंदन शर्मा

(14/09/2019)

भारत में हिन्दी समझने और बोलने वालों की संख्या करीब 70 करोड़ है। देश से बाहर भी करोड़ों लोग इसे जानते-समझते हैं। प्रयोग करने वालों की संख्या के लिहाज से यह चीन की मंदारिन के बाद दुनिया की दूसरी सबसे बड़ी भाषा है।

लेकिन इसका मतलब कतई नहीं कि यह विश्व की दूसरी सबसे शक्तिशाली भाषा भी है। इस मामले में तो अंग्रेजी सबसे अव्वल है। हमारे देश में 12 से 15 फीसदी लोग ही अंग्रेजी समझ पाते हैं, जबकि अच्छी अंग्रेजी महज तीन फीसदी लोग बोल पाते हैं। इसके बावजूद यह हिन्दी समेत तमाम भारतीय भाषाओं पर हावी है।

पिछले पांच साल से देश की राजनीति में भारतीय जनता पार्टी का दबदबा बना हुआ है। केंद्र के अलावा देश के 19 राज्यों में उसकी या उसके सहयोगियों की सरकार है। भाजपा और उसका पितृसंगठन राष्ट्रीय स्वयंसेवक संघ हिन्दी समर्थक माने जाते हैं। जीवन के हर क्षेत्र खासकर भाषा और संस्कृति के क्षेत्र में स्वदेशीकरण को बढ़ाना इनका मूल एजेंडा है। ऐसे में हिन्दी के तमाम समर्थकों को उम्मीद है कि ये हिन्दी भाषा और साहित्य के विकास के लिए कुछ ऐसा करेंगे जो पिछले 70 सालों में नहीं हुआ। आखिर सवाल उठता है कि भाजपा को ऐसे कौन से कदम उठाने चाहिए, जिनसे हिन्दी तेजी से फैल सके। भाषाविदों सहित तमाम जानकारों से हुई बातचीत के मुताबिक ऐसे दस जरूरी फैसले ये हो सकते हैं:

१. सबसे पहले हिन्दी प्रदेश के सभी 10 राज्यों (दिल्ली, उत्तर प्रदेश, बिहार, झारखंड, मध्य प्रदेश, छत्तीसगढ़, राजस्थान, हरियाणा, उत्तराखंड और हिमाचल प्रदेश) को अपने यहाँ 'त्रिभाषा सूत्र' को सख्ती से लागू करना चाहिए। दौलत सिंह कोठारी के नेतृत्व में बने प्रथम शिक्षा आयोग द्वारा सुझाए गए इस सूत्र के अनुसार देश के स्कूलों में तीन भाषाओं को पढ़ाया जाना था। इन तीन

पहला प्रकरण : हिन्दी और 'राष्ट्रभाषा'

भाषाओं में मातृभाषा, अंग्रेजी और दूसरे राज्य की कोई एक भाषा पढ़ाने का सुझाव दिया गया था। लेकिन हिन्दी पट्टी के इन राज्यों ने इस मामले में 'राजनीति' कर दी। इन राज्यों ने अपने यहाँ दूसरे राज्यों की भाषा पढ़ाने के बजाय संस्कृत को पढ़ाना शुरू कर दिया।

दूसरी ओर इन्होंने गैर-हिन्दी राज्यों पर पूरा कामकाज हिन्दी में ही करने का दबाव डालना शुरू कर दिया। लेकिन ये राज्य कभी नहीं समझ पाए कि उनकी यह 'चतुराई' खुद उन्हें ही भारी पड़ेगी। इससे हुआ यह कि गैर-हिन्दी प्रदेश आज तक उत्तर भारतीय राज्यों का यह दोहरा रवैया स्वीकार नहीं कर पाए। विश्लेषकों के मुताबिक यदि उत्तर भारत के राज्य चाहते हैं कि उनकी हिन्दी देश के दूसरे इलाकों में भी फैले तो उन्हें अपनी 'गलती' ठीक करनी होगी। उन्हें संस्कृत की जगह दूसरे राज्यों की भाषा पढ़ना शुरू करना चाहिए। ऐसा करने के बाद ही गैर-हिन्दी भाषी राज्यों को हिन्दी पढ़ने और उसमें काम-काज करने के लिए सहमत किया जा सकेगा।

जानकारों के मुताबिक भाजपा चाहे तो यह काम आसानी से कर सकती है क्योंकि इन 10 राज्यों में से छह में अभी उसकी या सहयोगियों की सरकार है। वहीं इन राज्यों में देश की 42 फीसदी जनता रहती है। हालांकि पार्टी के लिए ऐसा करना आसान नहीं है क्योंकि माना जाता है कि वह संस्कृत के प्रति जरूरत से ज्यादा मोह रखती है। जानकारों के अनुसार भाजपा को इस मामले में व्यावहारिक रुख अपनाना होगा।

२. पचास के दशक में गठित वैज्ञानिक और तकनीकी शब्दावली आयोग का पुनर्गठन किया जाना चाहिए। साथ ही शब्द निर्माण के मामले में अब तक की नीति को छोड़ना होगा। सरकार की मौजूदा नीति ने संस्कृत से जुड़ी ऐसी मशीनी भाषा ईजाद की है जो आम तो छोड़िए, हिन्दी के जानकार लोगों को भी समझ में नहीं आती। जानकारों के मुताबिक सरकार को चाहिए कि वह जनसंघ के पूर्व अध्यक्ष और महान भाषाविद् आचार्य रघुवीर की नीति को छोड़ दे। वे भले ही महान भाषाविद थे जिन्होंने हिन्दी के छह लाख शब्द गढ़े, पर यह भी सच है कि उन्होंने कई ऐसे शब्द भी बनाए जिसके चलते आज तक हिन्दी का मजाक उड़ाया जाता है। इसलिए हिन्दी के सरकारी शब्दकोशों और दस्तावेजों से कठिन शब्द को हटाए बिना हिन्दी का विकास संभव ही नहीं। शब्दों के मामले में किसी भी भाषा के प्रचलित शब्दों को स्वीकारने की नीति होनी चाहिए। हम

ऑक्सफोर्ड शब्दकोश से भी बहुत कुछ सीख सकते हैं, जो हर साल अपने भंडार में आम प्रचलन के कई शब्दों को जोड़ता रहता है। सरकार पत्रकारिता जगत से भी बहुत कुछ सीख सकती है जहां अप्रचलित और कठिन शब्द शायद ही प्रयोग किए जाते हैं।

३. केंद्र और राज्य सरकारों को दसवीं के बजाय 12वीं कक्षा तक हिन्दी भाषा और साहित्य को अनिवार्य बनाना चाहिए। केंद्र सरकार की मौजूदा नीति में कई झोल हैं जिसके चलते अनेक बच्चे अपनी मातृभाषा पढ़ने के बजाय विदेशी भाषा पढ़ने को तवज्जो देते हैं। ऐसी प्रवृत्ति को दूर करना होगा, नहीं तो बच्चे अंग्रेजी, जर्मन तो सीख लेंगे पर हिन्दी के बारे में 'गर्व' से कहेंगे कि हिन्दी में उनका हाथ तंग है।

४. यह जमाना अब कंप्यूटर, लैपटॉप और स्मार्टफोन का है। हम अब कागज पर लिखने के बजाय कीबोर्ड पर ज्यादा लिखते हैं। इसलिए सरकार को चाहिए कि स्कूलों में बच्चों को कागज पर हिन्दी लिखना सिखाने के साथ-साथ उन्हें हिन्दी टाइपिङ्ग में भी दक्ष बनाए। ऐसा किए बगैर हिन्दी पढ़ाने-लिखाने का मकसद अधूरा ही रहेगा।

५. केंद्र सरकार का मूल कामकाज हिन्दी में होना भले संभव न हो, लेकिन यह तो हो ही सकता है कि सरकार अपने सभी दस्तावेजों और वेबसाइटों का सहज हिन्दी में अनुवाद अनिवार्य रूप से कराए। इसके लिए संसाधनों की कमी का बहाना बनाते रहने से हमारी मातृभाषा लगातार पिछड़ती जाएगी और एक दिन हम अपने ही देश में अंग्रेजी के गुलाम बन जाएँगे। सरकार के इस फैसले से रोजगार के भी बड़े अवसर पैदा होंगे।

६. केंद्र सरकार अभी राजभाषा हिन्दी सीखने के लिए अपने कर्मचारियों को आर्थिक प्रोत्साहन देती है। इसके तहत सेवा में रहते हुए हिन्दी की परीक्षा पास करनी होती है। उसके बाद कर्मचारियों को एक निश्चित समय पर तय राशि दी जाती है। जानकारों के मुताबिक यहाँ तक तो ठीक है पर गड़बड़ी यह होती है कि हिन्दी प्रोत्साहन के नाम पर पैसे पाने वाले ज्यादातर कर्मचारी कभी हिन्दी में कामकाज नहीं करते। सरकार को इस बुरी प्रवृत्ति पर लगाम लगानी चाहिए।

७. देश में इंटरनेट पर करीब 20 प्रतिशत लोग हिन्दी में सामग्री खोजते हैं। लेकिन इंटरनेट पर इस भाषा में अच्छी सामग्री का काफी अभाव है। इसलिए सरकार को चाहिए कि वह अपने

संसाधनों और निजी प्रयासों से सभी विषयों की हिन्दी में सामग्री तैयार करवाकर इंटरनेट पर डलवाए। यह काम धीरे-धीरे करने से बात नहीं बनेगी। सरकार को इसके लिए युद्ध स्तर पर प्रयास करना होगा। ऐसा करके ही हिन्दी पर लगने वाले उन लांछनों को दूर किया जा सकेगा कि यह ज्ञान और विज्ञान की भाषा नहीं है।

८. सरकार को हिन्दी शब्दों की वर्तनी से जुड़ी विसंगतियों को दूर करने का प्रयास करना चाहिए। अंग्रेजी जैसी भाषाओं के विपरीत हिन्दी में कई ऐसे शब्द हैं जिन्हें कई तरह से लिखा जाता है। इस समस्या के चलते कई लोगों को हिन्दी लिखने ओर सीखने में दिक्कत होती है।

९. सरकार को सुप्रीम कोर्ट से परामर्श करके देश की अदालतों में हिन्दी को जिरह करने और फैसला लिखने की भाषा बनाने का प्रयास करना चाहिए।

१०. केंद्र सरकार का राजभाषा विभाग अभी गृह मंत्रालय के तहत काम करता है। इसका जिम्मा कई बार अहिन्दी-भाषी मंत्री के जिम्मे होता है। ऐसे मंत्री हिन्दी के विकास में रुचि नहीं लेते। इसलिए सरकार को तय करना चाहिए कि यह विभाग या तो प्रधानमंत्री कार्यालय के तहत काम करे या इसे वैसे किसी मंत्री को सौंपा जाए जो हिन्दी की अहमियत समझता हो। इसके अलावा राजभाषा विभाग को पर्याप्त अधिकार और बजट भी सौंपने की जरूरत है।

सरकार को इन उपायों के अलावा हिन्दी के अनुकूल तकनीकी विकास में भी दिलचस्पी बढ़ानी चाहिए। उसे इस क्षेत्र में अनुसंधान तेज करने के लिए निजी क्षेत्र को भी प्रोत्साहित करना होगा। हालांकि बिना राजनीतिक इच्छाशक्ति, स्पष्ट कार्ययोजना, संवेदनशीलता और ईमानदारी के कोई भी प्रयास इस दिशा में महज रस्म अदायगी बनकर रह जाएगा। अब तक का अनुभव तो ऐसा ही रहा है।

I. टिप्पणियाँ

1. राष्ट्रीय स्वयंसेवक संघ (आरएसएस) भारत का एक हिन्दू राष्ट्रवादी, अर्धसैनिक, स्वयंसेवक संगठन है, जो व्यापक रूप से भारत के राजनीतिक दल भारतीय जनता पार्टी का पैतृक संगठन माना जाता है। यह राष्ट्रीय स्वयंसेवक संघ की अपेक्षा संघ या आरएसएस के नाम से अधिक

प्रसिद्ध है, जिसकी स्थापना 27 सितंबर सन् 1925 को डॉ. केशव हेडगेवार द्वारा की गयी थी।

2. **त्रिभाषा सूत्र** (Three-language Formula) भारत में भाषा-शिक्षण से सम्बन्धित नीति है जो भारत सरकार द्वारा राज्यों से विचार-विमर्श करके बनायी गयी है। यह सूत्र (नीति) सन् 1968 में स्वीकार किया गया। इसका उद्देश्य हिन्दी व गैर-हिन्दी भाषी राज्यों में भाषा के अंतर को समाप्त करना है। इसके अंतर्गत एक आधुनिक भारतीय भाषा का अध्ययन शामिल था, अधिमानतः हिन्दी भाषी राज्यों में हिन्दी और अंग्रेजी के अलावा दक्षिणी भारतीय भाषाओं में से कोई एक भाषा और गैर-हिन्दी भाषी राज्यों में हिन्दी भाषा का क्षेत्रीय भाषा और अंग्रेजी भाषा के साथ अध्ययन किया जाना शामिल था। राष्ट्रीय शिक्षा नीति 2020 में बहुभाषावाद और राष्ट्रीय एकता को बढ़ावा देने के लिये 'त्रिभाषा सूत्र' पर बल देने का निर्णय लिया गया, जिसमें प्रस्तावित 'त्रिभाषा सूत्र' को तमिलनाडु समेत अन्य दक्षिण भारतीय राज्यों ने खारिज कर दिया है और यह आरोप लगाया है कि 'त्रिभाषा सूत्र' के माध्यम से सरकार शिक्षा का संस्कृतिकरण करने का प्रयास कर रही है। हिन्दी भाषा की बाध्यता के विरुद्ध कई दशक पूर्व हुए शक्तिशाली आन्दोलन के बाद तमिलनाडु में द्विभाषा नीति (Two-language Policy) को अपनाया गया था।

3. **दौलत सिंह कोठारी** (1905-1993) भारत के प्रसिद्ध वैज्ञानिक थे। डॉ. कोठारी रक्षा मंत्री के वैज्ञानिक सलाहकार रहे। 1961 में विश्वविद्यालय अनुदान आयोग के अध्यक्ष नियुक्त हुए, जहाँ वे दस वर्ष तक रहे। 1964 में उन्हें राष्ट्रीय शिक्षा आयोग का अध्यक्ष बनाया गया। प्रशासकीय सेवा के क्षेत्र में योगदान के लिये उन्हें सन् 1962 में पद्म भूषण से सम्मानित किया गया था। 1973 में उन्हें पद्म विभूषण से सम्मानित किया गया।

4. **प्रथम शिक्षा आयोग** (कोठारी आयोग/ शिक्षा आयोग/ राष्ट्रीय शिक्षा आयोग) : सन् 1964 में भारत की केन्द्रीय सरकार ने डॉ. दौलत सिंह कोठारी की अध्यक्षता में स्कूली शिक्षा प्रणाली को नया आकार व नयी दिशा देने के उद्देश्य से एक आयोग का गठन किया। इसे कोठारी आयोग के नाम से जाना जाता है। डॉ. कोठारी उस समय विश्वविद्यालय अनुदान आयोग के अध्यक्ष थे। आयोग ने स्कूली शिक्षा की गहन समीक्षा प्रस्तुत की। राष्ट्रीय शिक्षा आयोग या कोठारी आयोग

(1964-1966), भारत का ऐसा पहला शिक्षा आयोग था जिसने अपनी रिपार्ट में सामाजिक बदलावों को ध्यान में रखते हुए कुछ ठोस सुझाव दिए। इसका एक सुझाव है कि सभी बच्चों को प्राइमरी कक्षाओं में मातृभाषा में ही शिक्षा दी जाए। माध्यमिक स्तर पर स्थानीय भाषाओं में शिक्षण को प्रोत्साहन दिया जाए।

24 जुलाई 1986 को भारत की प्रथम राष्ट्रीय शिक्षा नीति घोषित की गई। यह पूर्ण रूप से कोठारी आयोग के प्रतिवेदन पर आधारित थी। इसमें शिक्षा प्रणाली का रूपान्तरण कर 10+2+3 पद्धति का विकास, हिन्दी का सम्पर्क भाषा के रूप में विकास, शिक्षा के अवसरों की समानता का प्रयास, विज्ञान व तकनीकी शिक्षा पर बल तथा नैतिक व सामाजिक मूल्यों के विकास पर जोर दिया गया।

5. **हिन्दी पट्टी** (हिन्दी बेल्ट): उत्तरी, मध्य, पूर्वी और पश्चिमी भारत के कुछ हिस्सों को शामिल करने वाला एक भाषाई क्षेत्र है जहाँ विभिन्न केंद्रीय इंडो-आर्यन भाषाओं को 'हिन्दी' शब्द के तहत सम्मिलित किया जाता है। हिन्दी पट्टी का उपयोग कभी-कभी नौ भारतीय राज्यों और दो केंद्र शासित प्रदेशों को संदर्भित करने के लिए भी किया जाता है, जिनकी आधिकारिक भाषा हिन्दी है, अर्थात् बिहार, छत्तीसगढ़, हरियाणा, झारखंड, मध्य प्रदेश, राजस्थान, उत्तर प्रदेश, हिमाचल प्रदेश, उत्तराखंड और केंद्र शासित प्रदेश चंडीगढ़ और राष्ट्रीय राजधानी दिल्ली का क्षेत्र।

6. **वैज्ञानिक और तकनीकी शब्दावली आयोग** (Commission for Scientific and Technical Terminology, वैतशआ, CSTT, सीएसटीटी) का गठन भारत के संविधान के अनुच्छेद 344 के अंतर्गत 21 दिसम्बर, 1960 को किया गया था। भारत सरकार ने प्रख्यात वैज्ञानिक डॉ. दौलत सिंह कोठारी की अध्यक्षता में इस आयोग की स्थापना की ताकि शब्दावली निर्माण का कार्य सही एवं व्यापक परिप्रेक्ष्य में कार्यान्वित किया जा सके।

7. **भारतीय जनसंघ** भारत का एक पुराना राजनैतिक दल था जिससे 1980 में भारतीय जनता पार्टी बनी। इस दल की स्थापना श्यामा प्रसाद मुखर्जी द्वारा 21 अक्टूबर 1951 को दिल्ली में की गयी थी। तत्कालीन प्रधानमंत्री इंदिरा गाँधी द्वारा लागू आपातकाल (1975-1976)

के बाद जनसंघ सहित भारत के प्रमुख राजनैतिक दलों का विलय करके एक नया दल 'जनता पार्टी' का गठन किया गया। जनता पार्टी 1980 में टूट गयी और जनसंघ की विचारधारा के नेताओं ने भारतीय जनता पार्टी का गठन किया।

8. **आचार्य रघुवीर** (1902-1963) महान भाषाविद, प्रख्यात विद्वान, राजनीतिक नेता तथा भारतीय धरोहर के मनीषी थे। वे महान कोशकार, शब्दशास्त्री तथा भारतीय संस्कृति के उन्नायक माने जाते हैं। उन्होंने 4 लाख शब्दों वाला अंग्रेजी-हिन्दी तकनीकी शब्दकोश के निर्माण का कार्य किया था। राजनीतिक नेता के रूप में वे भारतीय संविधान सभा के सदस्य थे। दो बार राज्य सभा के लिये चुने गये। कई मामलों में कांग्रेस से उनका मतभेद होने के कारण वे 1960 में भारतीय कांग्रेस से अलग होकर भारतीय जनसंघ में सम्मिलित हुए और इसके अध्यक्ष चुने गए।

9. **राजभाषा विभाग** : राजभाषा संबंधी सांविधानिक और कानूनी उपबंधों का अनुपालन सुनिश्चित करने और केंद्र के सरकारी काम-काज में हिन्दी के प्रयोग को बढ़ावा देने के लिए भारत के गृह मंत्रालय के एक स्वतंत्र विभाग के रूप में जून, 1975 में राजभाषा विभाग की स्थापना की गई थी। उसी समय से यह विभाग केंद्र के सरकारी काम-काज में हिन्दी का प्रयोग बढ़ाने के लिए प्रयासरत है।

II. शब्दावली

कतई : (क्रि. वि.) बिल्कुल, एकदम

अव्वल : (वि.) प्रथम, पहला, सर्वोत्तम

महज : (क्रि. वि.) केवल, सिर्फ़, मात्र

हावी : (वि.) अपनी शक्ति बल किसी पर काबू रखने वाला, दबा रखने वाला

दबदबा : (पु.) रोब, धाक, प्रमुख प्रभाव

भाषाविद : (पु.) भाषा का जानकार, अनेक भाषाओं का ज्ञाता

आयोग : (पु.) कमीशन, किसी निश्चित कार्य को करने या करवाने के लिए या किसी जांच-पड़ताल

हेतु बनाया गया विशेषज्ञों का दल

कामकाज : (पु.) विभिन्न प्रकार के कार्य

भारी पड़ना : (अ.क्रि.) असह्य, कष्टकारक या हानिकारक प्रतीत होना

रवैया : (पु.) तरीका, चलन, प्रथा

विश्लेषक : (पु.) विश्लेषण करने वाला व्यक्ति, छानबीन करने वाला व्यक्ति

व्यावहारिक : (वि.) व्यवहार संबंधी, व्यावहार में आने के योग्य

रुख : (पु.) अभिवृत्ति , दृष्टिकोण

पुनर्गठन : (पु.) दुबारा या फिर से गठन करना

गढ़ना : (स.क्रि.) तैयार करना, रचना

मजाक उड़ाना : (स.क्रि.) किसी पर हंसना

दस्तावेज़ : (स्त्री.) कोई आधिकारिक पत्र, विधिक लेख्य

स्वीकारना : (स.क्रि.) स्वीकार करना

पत्रकारिता : (स्त्री.) पत्रकार होने की अवस्था या भाव, पत्रकार का काम

अनिवार्य : (वि.) अटल, नितांत आवश्यक, जिसके बिना काम न चल सके

झोल : (पु.) झंझट, दोष, त्रुटि

तवज्जो : (स्त्री.) तवज्जह, किसी की ओर मुँह करना, ध्यान देना

हाथ तंग होना : (अ.क्रि.) खर्च करने के लिए रुपया-पैसा न रहना

दक्ष : (वि.) किसी कार्य या विद्या में निपुण, कुशल, योग्य

अधूरा : (वि.) अपूर्ण, अधबना, जो पूरा न हुआ हो

सहज : (वि.) सरल, स्वाभाविक, सामान्य, साधारण

लगाम लगाना : (स.क्रि.) अंकुश लगाना

सामग्री : (स्त्री.) वे आवश्यक वस्तुएँ जो किसी काम में प्रयुक्त होती हैं, सामान, साधन

बात बनना : (अ.क्रि.) प्रयोजन सिद्ध होना, काम बनना

विसंगति : (स्त्री.) संगति का अभाव, असंगति

दिक्कत : (स्त्री.) कठिनाई, मुश्किल, परेशानी

परामर्श : (पु.) विवेचन हेतु आपस में होनेवीली सलाह, दूसरे से ली जानेवाली सलाह

अहमियत : (स्त्री.) महत्व, गंभीरता

लांछन : (पु.) आरोप, दोष, कलंक, दाग, धब्बा

जिरह : (स्त्री.) न्यायालय में की जानेवाली पूछ-ताछ

जिम्मा : (पु.) कार्य संपादित करने का दायित्व, उत्तरदायित्व, ज़िम्मेदारी

---के जिम्मे होना : (अ.क्रि.) जिम्मे पड़ना, किसी के जिम्मे आना या किसी काम आदि का भार पड़ना

रस्म अदायगी : (स्त्री.) प्रथा, परिपाटी या औपचारिकता निभाना

III. निम्नलिखित सवालों पर गौर कीजिए और इनके जवाब दीजिए।

1. निम्नलिखित वाक्यों का चीनी में अनुवाद कीजिए।

१. दूसरी ओर इन्होंने गैर-हिन्दी राज्यों पर पूरा कामकाज हिन्दी में ही करने का दबाव डालना शुरू कर दिया। लेकिन ये राज्य कभी नहीं समझ पाए कि उनकी यह 'चतुराई' खुद उन्हें ही भारी पड़ेगी। इससे हुआ यह कि गैर-हिन्दी प्रदेश आज तक उत्तर भारतीय राज्यों का यह दोहरा रवैया स्वीकार नहीं कर पाए।

२. जानकारों के मुताबिक भाजपा चाहे तो यह काम आसानी से कर सकती है क्योंकि इन 10 राज्यों में से छह में अभी उसकी या सहयोगियों की सरकार है। वहीं इन राज्यों में देश की 42 फीसदी जनता रहती है। हालांकि पार्टी के लिए ऐसा करना आसान नहीं है क्योंकि माना जाता है कि वह संस्कृत के प्रति जरूरत से ज्यादा मोह रखती है। जानकारों के अनुसार भाजपा को इस मामले में व्यावहारिक रुख अपनाना होगा।

३. पचास के दशक में गठित वैज्ञानिक और तकनीकी शब्दावली आयोग का पुनर्गठन किया जाना चाहिए। साथ ही शब्द निर्माण के मामले में अब तक की नीति को छोड़ना होगा। सरकार की मौजूदा नीति ने संस्कृत से जुड़ी ऐसी मशीनी भाषा ईजाद की है जो आम तो

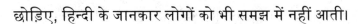

छोड़िए, हिन्दी के जानकार लोगों को भी समझ में नहीं आती।

४. शब्दों के मामले में किसी भी भाषा के प्रचलित शब्दों को स्वीकारने की नीति होनी चाहिए। हम ऑक्सफोर्ड शब्दकोश से भी बहुत कुछ सीख सकते हैं, जो हर साल अपने भंडार में आम प्रचलन के कई शब्दों को जोड़ता रहता है। सरकार पत्रकारिता जगत से भी बहुत कुछ सीख सकती है जहां अप्रचलित और कठिन शब्द शायद ही प्रयोग किए जाते हैं।

५. केंद्र सरकार का मूल कामकाज हिन्दी में होना भले संभव न हो, लेकिन यह तो हो ही सकता है कि सरकार अपने सभी दस्तावेजों और वेबसाइटों का सहज हिन्दी में अनुवाद अनिवार्य रूप से कराए। इसके लिए संसाधनों की कमी का बहाना बनाते रहने से हमारी मातृभाषा लगातार पिछड़ती जाएगी और एक दिन हम अपने ही देश में अंग्रेजी के गुलाम बन जाएँगे। सरकार के इस फैसले से रोजगार के भी बड़े अवसर पैदा होंगे।

६. सरकार को इन उपायों के अलावा हिन्दी के अनुकूल तकनीकी विकास में भी दिलचस्पी बढ़ानी चाहिए। उसे इस क्षेत्र में अनुसंधान तेज करने के लिए निजी क्षेत्र को भी प्रोत्साहित करना होगा। हालांकि बिना राजनीतिक इच्छाशक्ति, स्पष्ट कार्ययोजना, संवेदनशीलता और ईमानदारी के कोई भी प्रयास इस दिशा में महज रस्म अदायगी बनकर रह जाएगा। अब तक का अनुभव तो ऐसा ही रहा है।

2. 'त्रिभाषा सूत्र' से आप क्या समझते हैं? 'त्रिभाषा सूत्र' की आवश्यकता और इसके क्रियान्वयन में आने वाली चुनौतियों का विश्लेषण कीजिये।

3. उपरोक्त लेख में दस कदम प्रस्तावित किए जाते हैं, जिनसे हिन्दी पर जोर देने वाली मोदी सरकार इस भाषा की ताकत और बढ़ा सकें। आप संक्षेप में इन दस कदमों को सुनाइए।

4. क्या आप मानते हैं कि इन दस कदमों से हिन्दी की ताकत बढ़ायी जा सके?

5. 'सरकार की मौजूदा नीति ने संस्कृत से जुड़ी ऐसी मशीनी भाषा ईजाद की है जो आम तो छोड़िए, हिन्दी के जानकार लोगों को भी समझ में नहीं आती।'
ऐसी मशीनी भाषा के दो-एक उदाहरण दीजिए और बताइए ऐसी मशीनी भाषा की विशेषता क्या है?

6. भारत में सिर्फ़ 12 से 15 फीसदी लोग ही अंग्रेजी समझ पाते हैं, जबकि अच्छी अंग्रेजी महज तीन फीसदी लोग बोल पाते हैं। इसके बावजूद अंग्रेजी हिन्दी समेत तमाम भारतीय भाषाओं पर हावी है। आपके विचार में इसके मुख्य कारण क्या हैं?
7. निम्न लेख पढ़िए और बताइए लेखक के विचार में हिन्दी को समाज में इज़्ज़त नहीं मिलने और सरकारी कामकाज में अब तक आगे नहीं बढ़ पाने का क्या कारण है?

हिन्दी बोलने में शर्म क्यों आनी चाहिए?

क़मर वहीद नक़वी

(11/09/2015)

(www.bbc.com/hindi)

हिन्दी आगे कैसे बढ़े? सितंबर के महीने में लोग अक्सर यह सवाल पूछते मिल जाते हैं। आख़िर सितंबर हिन्दी की रस्मी सरकारी याद का महीना जो है।

इस बार तो यह सितंबर कुछ और भी ख़ास हो गया है क्योंकि भोपाल में हो रहा विश्व हिन्दी सम्मेलन इसी सवाल पर विचार कर रहा है कि हिन्दी के विस्तार की संभावनाएँ क्या हैं?

लेकिन क्या सवाल सचमुच इतना कठिन है? किसे पता नहीं है कि हिन्दी को समाज में इज़्ज़त क्यों नहीं मिली? और सरकारी कामकाज में हिन्दी अब तक आगे क्यों नहीं बढ़ पाई?

पहले दूसरा सवाल। हिन्दी की पहली बाधा तो सरकारी हिन्दी ही है। जिन लोगों ने यह हिन्दी गढ़ी, वह जाने किस दुनिया से ऐसी कठिन और अबूझ हिन्दी ढूँढ़कर लाए, जिसे हिन्दी के प्रकांड विद्वान भी तब तक नहीं समझ सकते, जब तक साथ में मूल अंग्रेज़ी का प्रयोग न दिया गया हो। कारण यह कि यह सरकारी हिन्दी मौलिक तौर पर विकसित नहीं की गई, बल्कि अनुवाद से गढ़ी गई। और जब आप प्रयोग के बजाय अनुवाद से भाषा गढ़ेंगे तो वह हमेशा ही अबूझ हो जाएगी, क्योंकि जब तक आपको यह पता न हो कि हिन्दी का अमुक शब्द अंग्रेज़ी के किस शब्द का अनुवाद है और किस अर्थ को व्यक्त करने के लिए प्रयोग किया गया है, तब तक वास्तविक अर्थ समझ में

ही नहीं आएगा।

अनुवाद की हिन्दी का एक उदाहरण अभी एक जगह देखा, 'कम्प्यूटर और मोबाइल को हिन्दी से सक्षम किया जाएगा।' सक्षम यानी Enable! समस्या यही है क्योंकि इस प्रक्रिया को आप अंग्रेज़ी में ही जानते, समझते और सोचते है- To Enable, और फिर उसकी हिन्दी ढूँढ़ने चलते हैं तो डिक्शनरी में 'सक्षम' मिलता है, उसे वहाँ रख देते हैं!

हालाँकि यह उदाहरण सरकारी हिन्दी का नहीं है, बल्कि एक निजी वेबसाइट का है, लेकिन मानसिकता वही है। पूरी सरकारी हिन्दी इसी अनुवाद और डिक्शनरी की प्रक्रिया से तैयार हुई। इसे बनाने वाले लोग यह भूल गए कि शब्द व्यवहार से डिक्शनरी में पहुँचते हैं, डिक्शनरी से व्यवहार में नहीं आते। इसीलिए यह हिन्दी आज तक व्यवहार में नहीं आ सकी। और क्या आपने कभी ध्यान दिया है कि हिन्दी के किसी अख़बार, किसी न्यूज़ चैनल में आपको ऐसी हिन्दी के प्रयोग क्यों नहीं मिलते?

इसलिए कि उन्हें बाज़ार में सफल होना है, इसलिए वह उस सरकारी, अनुवादी, पारिभाषिक हिन्दी को आसानी से ऐसी आसान हिन्दी में बदल कर अपनी ख़बर देते हैं, जो सबको बिना अटके समझ में आ जाए। ऐसी हिन्दी चलाना उनके लिए बाज़ार की माँग है।

बाज़ार का प्रभाव : हिन्दी जो कुछ आगे बढ़ी है, इसी बाज़ार के कारण आगे बढ़ी है। पहले सिनेमा, फिर टीवी और अब इंटरनेट ने हिन्दी के अथाह बाज़ार के कारण उसे 'पैसा कमाऊ भाषा' तो बना ही दिया है। हिन्दी सिनेमा के बाद अब हिन्दी के टीवी चैनल और अख़बार भी विज्ञापनों के ज़रिए अरबों रुपए सालाना कमा रहे हैं।

अब मोबाइल पर इंटरनेट के लगातार प्रसार के कारण हिन्दी और भी मज़बूत होगी क्योंकि जो भी विशाल हिन्दीभाषी बाज़ार से पैसा कमाना चाहेगा, उसे हिन्दी को अपनाना ही पड़ेगा।

हिन्दी को अपनाना बाज़ार की मजबूरी तो है, लेकिन हिन्दी को सही जगह तभी मिल पाएगी, जब उसे समाज में अंग्रेज़ी से ज़्यादा नहीं तो कम से कम बराबरी का दर्जा मिले। यह कैसे होगा?

अंग्रेज़ी बनाम हिन्दी: हिन्दी बोलने में ही लोगों को शर्म महसूस होती है। लोग टूटी-फूटी, ऊटपटाँग अंग्रेज़ी बोल कर भी गर्व महसूस करते हैं। स्कूलों में सारा ज़ोर अंग्रेज़ी पर है, हिन्दी की पढ़ाई बस रस्म-अदायगी की तरह होती है।

नई पीढ़ी के लोगों को तो वाक़ई हिन्दी बोलने तक में बड़ी दिक़्क़त होती है। ठीक है कि अच्छी अंग्रेज़ी आज के समय की सबसे बड़ी ज़रूरत है।

अंग्रेज़ी सीखिए, पढ़िए और बोलिए, लेकिन हिन्दी बोलने में शर्म क्यों आनी चाहिए? हिन्दी का विस्तार तो ख़ैर कोई रोक नहीं सकता, लेकिन समस्या केवल दो हैं कि हिन्दी को इज़्ज़त कैसे मिले और वह सरकारी चलन में कैसे आए?

हिन्दी के कुछ पत्रकारों की मदद लीजिए, वह शायद सुझा सकें कि सरकारी हिन्दी को आसान कर कैसे इस लायक़ बनाया जाए कि वह लोगों की समझ में आ सके। और हिन्दी को इज़्ज़त भी तभी मिल पाएगी, जब सरकारी अमला उसे इज़्ज़त देने लगे। ये दोनों ही काम सरकार को करने हैं।

यूनिट ३ तिरछी नज़र : ज़रूरत है एक नई राजभाषा की!

डॉ. द्रोण कुमार शर्मा

(15 /09/ 2019)

(https://hindi.newsclick.in)

14 सितंबर को राजभाषा हिन्दी दिवस था। पर मुझे लगता है कि हमें एक नई राजभाषा की जरूरत है। आपको लगेगा कि मैं सनकी हूँ। राजभाषा तो हमारे पास है ही। आज से नहीं पिछले सत्तर साल से है और एक नहीं, दो-दो हैं। एक नाम की राजभाषा और एक काम की राजभाषा। अब फिर कहाँ से एक और नई राजभाषा की जरूरत आनी पड़ी। मैं आपको समझाता हूँ।

जब हमारा देश स्वतंत्र हुआ तब भी जरूरत पड़ी थी एक राजभाषा की। पर तब के सनकी और अदूरदर्शी बुजुर्गों के चलते संविधान में हिन्दी को राजभाषा बना दिया गया। पर हिन्दी तो आम जनता की भाषा थी, वह राज करने की भाषा तो थी ही नहीं। यह बात हमारे संविधान लागू करने वाले नेता भी समझते थे, अतः उन्होंने संवैधानिक राजभाषा हिन्दी को बनाने के साथ साथ राज करने की भाषा अंग्रेजी ही बनी रहने दी।

राज करने की भाषा कम से कम लोगों को आती हो तो उसके अनेक लाभ हैं। पहला लाभ तो यही है कि अगर राजभाषा कम लोगों को आती है तो सरकारी गोपनीयता बनी रहती है। शुरू में अंग्रेजी ऐसी ही भाषा थी। सब कुछ गोपनीय रहता था। पर अब अंग्रेजी सब को आ गई है अतः कुछ भी गोपनीय नहीं रहता है। न राजनेताओं के कारनामे और न अफसरों की करतूतें। इसलिए अब अंग्रेजी को राज करने की भाषा के पद से हटाना ही पड़ेगा।

यदि जनता की भाषा में ही राज-काज चलने लगे तो हानि यह होती है कि उच्च सरकारी नौकरियों में शुचिता कायम नहीं रह पाती है। हर ऐरा-गैरा नत्थू खैरा ऊंचे से ऊंचा पद प्राप्त कर सकता है। अंग्रेजी को राज करने की भाषा इसीलिए बनाया गया था कि केवल खानदानी और अमीर ही आईएएस, आईएफएस व आईपीएस जैसे उच्च पदों को सुशोभित कर पाएँ।

शुरू में ऐसा हुआ भी, पर अब ऐसा नहीं होता है। अब गरीब भी मतलबी हो गए हैं। देशप्रेम छोड़,

अपने बच्चों को अंग्रेजी स्कूलों में पढ़वाने लगे हैं। अंग्रेजी अब वह शुचिता कायम नहीं रख पा रही है कि सिर्फ अमीर और खानदानी लोग ही अंग्रेजी पढ़ सकें। इसलिए अब राज करने की नई भाषा ढूंढ़नी ही पड़ेगी। हिन्दी या अंग्रेजी नहीं, ऐसी भाषा जो सब को न आती हो।

राजभाषा आम लोगों को न आती हो तो कुछ छोटे छोटे लाभ और भी हैं। मसलन बहुत सारे लोग सरकारी फॉर्म आदि जो जनता की समझ में न आते हों, उनको भरने का काम धंधा संभाल लेते हैं। कुछ लोग राजभाषा में अर्जी आदि लिखने का काम भी करने लगते हैं। इससे बेरोजगारी भी कम हो जाती है और आजकल बेरोजगारी फैल भी बहुत ही रही है।

पर यह देश का दुर्भाग्य है कि अब धीरे-धीरे सभी लोग अंग्रेजी भी समझने लगे हैं। इसलिए अब जरूरत है ऐसी राज करने की भाषा की जिसे सब न समझ सकें। संवैधानिक राजभाषा भले ही हिन्दी रहे पर असली राजभाषा के पद से अब अंग्रेजी को हटाना ही पड़ेगा।

अब अंग्रेजी को राज करने की भाषा से हटाने पर सबसे बड़ा दावा बनता है संस्कृत का। देश में सरकार भी है और माहौल भी। और संस्कृत सबको आती भी नहीं है। संस्कृत के साथ यह भी विशेषता है कि, शास्त्रों के अनुसार, सभी लोग संस्कृत नहीं सीख सकते हैं। संस्कृत अगर एक बार राजभाषा बन गई तो वह दोनों काम कर सकती है। हिन्दी को भी उसके स्थान से हटा सकती है और अंग्रेजी को भी। सारे देशभक्त भी खुश हो जायेंगे।

मोदी सरकार भी अपने दूसरे कार्यकाल के दूसरे सौ दिन की पहली उपलब्धि हासिल कर लेगी। पर संस्कृत के साथ एक दिक्कत है। यदि किसी को गाली भी दी जाए तो लगेगा कि उसकी स्तुति की जा रही है। किसी की ट्रोलिंग की जायेगी तो लगेगा कि उसका गुणगान किया जा रहा है। ट्रोलर्स की सारी मेहनत बेकार हो जायेगी। इसी एक दिक्कत के कारण संस्कृत राजभाषा बनने के काबिल नहीं है। न संवैधानिक राजभाषा बनने के और न राज करने की असली राजभाषा बनने के।

आजकल का जमाना बहुर्राष्ट्रीय कंपनियों का जमाना है। सब कुछ आयात किया जा सकता है, यहाँ तक कि घी, दालें और तेल भी। इसीलिए मेरा सुझाव है कि हम अपनी काम करने की (कार्यकारी) राजभाषा को भी आयात कर लें।

पहला प्रकरण : हिन्दी और 'राष्ट्रभाषा'

यदि सरकार तमिल और बांग्ला भाषा के क्लेम से निबट ले, तो मेरा सुझाव है कि फ्रेंच को काम करने की (कार्यकारी) राजभाषा घोषित कर किया जाए। मोदी जी फ्रांस के राष्ट्रपति जी के मित्र भी हैं और फ्रांस हमें राफाल विमान भी दे रहा है। तो फिलहाल फ्रेंच का क्लेम रूसी, चीनी और स्पैनिश भाषा से अधिक बनता है। फ्रेंच के राजभाषा बनने से केवल अमीर और खानदानी बच्चे ही पेरिस जा कर असली फ्रेंच पढ़ सकेंगे।

ठीक उसी तरह जिस तरह से उन्नीसवीं सदी के अंत और बीसवीं सदी की शुरुआत में अंग्रेजी पढ़ने अमीर और खानदानी बच्चे कैम्ब्रिज व ऑक्सफ़ोर्ड जाया करते थे। यदि यहाँ भी गिने चुने स्कूल सारी पढाई फ्रेंच भाषा के माध्यम से शुरू कर भी देंगें तो उनमें इतनी डोनेशन या सोर्स चलेगी कि हर ऐरा-गैरा तो उनमें पढने से रहा। सरकारी नौकरियों में शुचिता तो कायम हो ही जाएगी, सरकारी गोपनीयता भी बनी रहेगी। और फिर अगर चालीस-पचास साल में सब फ्रेंच सीख भी गए तो हमारा क्या, हम रूसी, चीनी या स्पेनिश भाषा को अपनी कार्यकारी राजभाषा घोषित कर देंगे। पर निश्चिन्त रहें, संवैधानिक राजभाषा हमेशा 'हिन्दी' ही रहेगी।

I. टिप्पणियाँ

1. **'तिरछी नज़र'** 'न्यूज़क्लिक' समाचार पोर्टल में एक कॉलम है, जिसमें डॉ. द्रोण कुमार शर्मा के लिखे व्यंग्य सिलसिलेवार छपे हैं। डॉ. द्रोण कुमार शर्मा पेशे से चिकित्सक हैं।

2. **आईएएस** (IAS, Indian Administrative Service, भारतीय प्रशासनिक सेवा, 印度行政公务员系统): भारतीय पुलिस सेवा (आईपीएस) और भारतीय वन सेवा (आईएफएस) के साथ, आईएएस तीन अखिल भारतीय सेवाओं (All India Services, AIS) में से एक है। भारतीय प्रशासनिक सेवा (तथा भारतीय पुलिस सेवा) में सीधी भर्ती संघ लोक सेवा आयोग (यूनियन पब्लिक सर्विस कमिशन, UPSC) द्वारा आयोजित सिविल सेवा परीक्षा के माध्यम से की जाती है तथा उनका आवंटन भारत सरकार द्वारा राज्यों को कर दिया जाता है। आईएएस अधिकारी केंद्र सरकार, राज्य सरकारों और सार्वजनिक क्षेत्र के उपक्रमों में रणनीतिक और महत्वपूर्ण पदों पर काम करते हैं।

3. **आईएफ़एस** (IFS, Indian Forest service, भारतीय वन सेवा) : भारतीय वन सेवा भारतीय प्रशासनिक सेवा और भारतीय पुलिस सेवा के साथ तीन अखिल भारतीय सेवाओं में एक है।

आईएफ़एस (IFS, Indian Foreign service, भारतीय विदेश सेवा) : भारतीय विदेश सेवा के अधिकारी विदेशों में भारत का प्रतिनिधित्व करते हैं। यह एक राजनयिक सेवा है, जो विदेशों में देश के बाहरी मामलों को संभालती है।

全印公务员系统（All India Services, AIS）包括印度行政公务员系统（India Administrative Services, IAS）、印度林业公务员系统（Indian Forest Service, IFS）和印度警察公务员系统（Indian Police Service, IPS）。虽然आईएफ़एस (IFS)既可作为“印度林业公务员系统”来理解，也可作为“印度外交公务员系统”来理解。但根据上下文判断，本文中的आईएफ़एस (IFS)指的是印度林业公务员系统。

4 .**आईपीएस** (IPS, Indian Police service, भारतीय पुलिस सेवा) : भारतीय पुलिस सेवा, जिसे आम बोलचाल में भारतीय पुलिस या आईपीएस के नाम से भी जाना जाता है, भारत सरकार के अखिल भारतीय सेवा के एक अंग के रूप में कार्य करता है, जिसके अन्य दो अंग भारतीय प्रशासनिक सेवा या आईएएस और भारतीय वन सेवा या आईएफ़एस हैं। भारतीय पुलिस सेवा की परीक्षा संघ लोक सेवा आयोग (UPSC) द्वारा प्रत्येक वर्ष आयोजित की जाती है।

5. **राफाल विमान** (the Dassault Rafale) : एक फ्रेंच दोहरे इंजन वाला लड़ाकू विमान है, जिसे डेसॉल्ट एविएशन द्वारा डिजाइन और निर्मित है ।

रफ़ाल सौदा विवाद/घोटाला (Rafale Deal Controversy) : भारत में लड़ाकू विमान खरीदने को लेकर एक राजनीतिक विवाद है।

6. **—से रहना** : पीछे रह जाना, रुकना

例：मैं सिनेमा जाने से भी रह गया।（我连电影也没去看。）

अब तो आप वहाँ जाने से भी रहे। （如今您连那里也不去了。）

II. शब्दावली

तिरछा : (वि.) टेढ़ा, जो एक ओर कुछ झुका हुआ हो

सनकी : (वि.) ख़ब्ती, पागल

गोपनीय : (वि.) छिपाने योग्य, गुप्त रखने योग्य

कारनामा : (पु.) अदभुत कार्य, किया हुआ कोई बड़ा और अच्छा कार्य, यादगार काम

करतूत : (स्त्री.) बुरा कर्म; काम, करनी

शुचिता : (स्त्री.) पवित्रता, शुद्धता, निर्दोषता

ऐरा-गैरा नत्थू खैरा : (पु.) मामूली या सामान्य व्यक्ति

खानदानी : (वि.) पुश्तैनी, अच्छे कुल या वंश का

सुशोभित : (वि.) शोभा देने वाला

मतलबी : (वि.) स्वार्थी

मसलन : (क्रि.वि.) उदाहरण के तौर पर या रूप में

अर्जी : (स्त्री.) वह पत्र जिसमें कोई अपनी दशा या प्रार्थना लिखकर किसी को सूचित करे, प्रार्थना पत्र

माहौल : (पु.) स्थिति या अवस्था, वातावरण, परिवेश

कायम : (वि.) नियत स्थान पर ठहरा हुआ, स्थिर

स्तुति : (स्त्री.) गुणगान, प्रशंसा, तारीफ़

काबिल : (वि.) काबिलीयत या योग्यता रखने वाला, योग्य, लायक

पेशा : (पु.) जीविका हेतु किया जाने वाला धंधा, व्यवसाय, काम

ट्रोलिंग : trolling, अंग्रेजी में 'ट्रोल' का अर्थ इंटरनेट पर जानबूझकर भड़काऊ लेख पोस्ट करना है। अतः ट्रोलिंग का अर्थ तो किसी को परेशान करने के लिए इंटरनेट पर अपमानजनक संदेश छोड़ने का कार्य है।

ट्रोलर्स : trollers, ट्रोलर तो ऐसे व्यक्ति हैं जो जानबूझकर किसी ऑनलाइन सामाजिक समुदाय में संघर्ष, शत्रुता या तर्क-वितर्क भड़काने की कोशिश करते हैं।

III. निम्नलिखित सवालों पर गौर कीजिए और इनके जवाब दीजिए।

1. निम्नलिखित वाक्यों का चीनी में अनुवाद कीजिए।

१. राजभाषा तो हमारे पास है ही। आज से नहीं पिछले सत्तर साल से है और एक नहीं, दो-दो हैं। एक नाम की राजभाषा और एक काम की राजभाषा। अब फिर कहाँ से एक और नई राजभाषा की जरूरत आनी पड़ी।

२. राज करने की भाषा कम से कम लोगों को आती हो तो उसके अनेक लाभ हैं। पहला लाभ तो यही है कि अगर राजभाषा कम लोगों को आती है तो सरकारी गोपनीयता बनी रहती है। शुरू में अंग्रेजी ऐसी ही भाषा थी। सब कुछ गोपनीय रहता था। पर अब अंग्रेजी सब को आ गई है अतः कुछ भी गोपनीय नहीं रहता है। न राजनेताओं के कारनामे और न अफसरों की करतूतें। इसलिए अब अंग्रेजी को राज करने की भाषा के पद से हटाना ही पड़ेगा।

३. यदि जनता की भाषा में ही राज-काज चलने लगे तो हानि यह होती है कि उच्च सरकारी नौकरियों में शुचिता कायम नहीं रह पाती है। हर ऐरा-गैरा नत्थू खैरा ऊंचे से ऊंचा पद प्राप्त कर सकता है। अंग्रेजी को राज करने की भाषा इसीलिए बनाया गया था कि केवल खानदानी और अमीर ही आईएएस, आईएफएस व आईपीएस जैसे उच्च पदों को सुशोभित कर पाएँ।

४. राजभाषा आम लोगों को न आती हो तो कुछ छोटे छोटे लाभ और भी हैं। मसलन बहुत सारे लोग सरकारी फॉर्म आदि जो जनता की समझ में न आते हों, उनको भरने का काम धंधा संभाल लेते हैं। कुछ लोग राजभाषा में अर्जी आदि लिखने का काम भी करने लगते हैं। इससे बेरोजगारी भी कम हो जाती है और आजकल बेरोजगारी फैल भी बहुत ही रही है।

५. पर संस्कृत के साथ एक दिक्कत है। यदि किसी को गाली भी दी जाए तो लगेगा कि उसकी स्तुति की जा रही है। किसी की ट्रोलिंग की जायेगी तो लगेगा कि उसका गुणगान किया जा रहा है। ट्रोलर्स की सारी मेहनत बेकार हो जायेगी। इसी एक दिक्कत के कारण संस्कृत

राजभाषा बनने के काबिल नहीं है। न संवैधानिक राजभाषा बनने के और न राज करने की असली राजभाषा बनने के।

६. यदि यहाँ भी गिने चुने स्कूल सारी पढाई फ्रेंच भाषा के माध्यम से शुरू कर भी देंगें तो उनमें इतनी डोनेशन या सोर्स चलेगी कि हर ऐरा-गैरा तो उनमें पढने से रहा। सरकारी नौकरियों में शुचिता तो कायम हो ही जाएगी, सरकारी गोपनीयता भी बनी रहेगी।

2. 'न्यूज़क्लिक' समाचार पोर्टल के 'तिरछी नज़र' कॉलम में डॉ. द्रोण कुमार शर्मा के व्यंग्य सिलसिलेवार छपे हैं। बताइए, उपरोक्त लेख किस बात पर व्यंग करता है?

3. उपरोक्त लेख में कहा जाता है कि भारत में पिछले सत्तर साल से अब तक दो राजभाषाएँ हैं, एक नाम की है, और एक काम की। क्या आप इस मान्यता से सहमत हैं? और क्यों?

4. अपनी बातों से बताइए हिन्दी राष्ट्र भाषा बनने के मुद्दे पर लेखक के वास्तविक विचार क्या हैं?

5. भारत में वर्तमान में 3 'अखिल भारतीय सिविल सेवाएँ' हैं- आईएएस, आईपीएस और आईएफएस। 'अखिल भारतीय सिविल सेवाएँ' यानी AIS के बारे में इंटरनेट पर या पुस्तकों से ज़्यादा सामग्रियाँ खोजें और एक छोटा निबंध लिखकर उसका परिचय दें।

6. उपरोक्त लेख के अंत में लेखक ने लिखा है- 'पर निश्चिन्त रहें, संवैधानिक राजभाषा हमेशा 'हिन्दी' ही रहेगी।' इस व्यंग्यात्मक वाक्य से आप क्या समझते हैं?

7. वरिष्ठ पत्रकार मार्क टली के लिखे निम्न लेख को पढ़िए और अपनी बातों से इस लेख का मुख्य विचार बताइए।

भारत में अंग्रेज़ी बनाम हिन्दी
मार्क टली*
(www.abhivyakti-hindi.org)

दिल्ली में, जहाँ मैं रहता हूँ उसके आस-पास अंग्रेज़ी पुस्तकों की तो दर्जनों दुकानें हैं, हिन्दी की एक

भी नहीं। हक़ीक़त तो यह है कि दिल्ली में मुश्किल से ही हिन्दी पुस्तकों की कोई दुकान मिलेगी। टाइम्स आफ इंडिया समूह के समाचारपत्र नवभारत टाइम्स की प्रसार संख्या कहीं ज़्यादा होने के बावजूद भी विज्ञापन दरें अंग्रेज़ी अख़बारों के मुकाबले अत्यंत कम हैं।

इन तथ्यों के उल्लेख का एक विशेष कारण है।

हिन्दी दुनिया में सबसे ज़्यादा बोली जाने वाली पाँच भाषाओं में से एक है। जबकि भारत में बमुश्किल पाँच प्रतिशत लोग अंग्रेज़ी समझते हैं। कुछ लोगों का मानना है यह प्रतिशत दो से ज़्यादा नहीं है। नब्बे करोड़ की आबादी वाले देश में दो प्रतिशत जानने वालों की संख्या 18 लाख होती है और अंग्रेज़ी प्रकाशकों के लिए यही बहुत है। यही दो प्रतिशत बाकी भाषा-भाषियों पर अपना प्रभुत्व जमाए हुए हैं। हिन्दी और अन्य भारतीय भाषाओं पर अंग्रेज़ी के इस दबदबे का कारण गुलाम मानसिकता तो है ही, उससे भी ज़्यादा भारतीय विचार को लगातार दबाना और चंद कुलीनों के आधिपत्य को बरकरार रखना है।

इंग्लैंड में मुझसे अक्सर संदेह भरी नज़रों से यह सवाल पूछा जाता है तुम क्यों भारतीयों को अंग्रेज़ी के इस वरदान से वंचित करना चाहते हो जो इस समय विज्ञान, कंप्यूटर, प्रकाशन और व्यापार की अंतर्राष्ट्रीय भाषा बन चुकी है? तुम क्यों दंभी-देहाती (स्नॉब नेटिव) बनते जा रहे हो? मुझे बार-बार यह बताया जाता है कि भारत में संपर्क भाषा के रूप में अंग्रेज़ी क्यों ज़रूरी है, गोया यह कोई शाश्वत सत्य हो। इन तर्कों के अलावा जो बात मुझे अखरती है वह है भारतीय भाषाओं के ऊपर अंग्रेज़ी का विराजमान होना। क्योंकि मेरा यकीन है कि बिना भारतीय भाषाओं के भारतीय संस्कृति ज़िंदा नहीं रह सकती।

आइए शुरू से विचार करते हैं। सन् 1813 में ईस्ट इंडिया कंपनी के बीस साल चार्टर का नवीकरण करते समय साहित्य को पुनर्जीवित करने, यहाँ की जनता के ज्ञान को बढ़ावा देने और विज्ञान को प्रोत्साहन देने के लिए एक निश्चित धनराशि उपलब्ध कराई गई। अंग्रेज़ी का संभवतः सबसे खतरनाक पहलू है अंग्रेज़ी वालों में कुलीनता या विशिष्टता का दंभ।

कोढ़ में खाज का काम अंग्रेज़ी पढ़ाने का ढंग भी है। पुराना पारंपरिक अंग्रेज़ी साहित्य अभी भी पढ़ाया जाता है। मेरे भारतीय मित्र मुझे अपने शेक्सपियर के ज्ञान से खुद शर्मिंदा कर देते हैं।

अंग्रेज़ी लेखकों के बारे में उनका ज्ञान मुझसे कई गुना ज़्यादा है। एन. कृष्णस्वामी और टी. श्रीरामन ने इस बाबत ठीक ही लिखा है जो अंग्रेज़ी जानते हैं उन्हें भारतीय साहित्य की जानकारी नहीं है और जो भारतीय साहित्य के पंडित हैं वे अपनी बात अंग्रेज़ी में नहीं कह सकते। जब तक हम इस दूरी को समाप्त नहीं करते अंग्रेज़ी ज्ञान जड़ विहीन ही रहेगा। यदि अंग्रेज़ी पढ़ानी ही है तो उसे भारत समेत विश्व के बाकी साहित्य के साथ जोड़िए न कि ब्रिटिश संस्कृति के इकहरे द्वीप से।

चलो इस बात पर भी विचार कर लेते हैं कि अंग्रेज़ी को कुलीन लोगों तक मात्र सीमित करने की बजाय वाकई सारे देश की संपर्क भाषा क्यों न बना दिया जाए?

नंबर एक, मुझे नहीं लगता कि इसमें सफलता मिल पाएगी (आंशिक रूप से राजनैतिक कारणों से भी)। दो, इसका मतलब होगा भविष्य की पीढ़ियों के हाथ से उनकी भाषा संस्कृति को जबरन छीनना। निश्चित रूप से भारतीय राष्ट्र की इमारत किसी विदेशी भाषा की नींव पर नहीं खड़ी हो सकती। भारत, अमेरिका या ऑस्ट्रेलिया की तरह महज़ भाषाई समूह नहीं है। यह उन भाषाओं की सभ्यता है जिसकी जड़ें इतनी गहरी हैं कि उन्हें सदियों की औपनिवेशिक गुलामी भी नहीं हिला पाई।

संपर्क भाषा का प्रश्न निश्चित रूप से अत्यंत जटिल है। यदि हिन्दी के लंबरदारों ने यह आभास नहीं दिया होता कि वे सारे देश पर हिन्दी थोपना चाहते हैं तो समस्या सुलझ गई होती। अभी भी देर नहीं हुई है। हिन्दी को अभी भी अपने सहज रूप में ही बढ़ाने की ज़रूरत है और साथ ही प्रांतीय भाषाओं को भी, जिससे कि यह भ्रम न फैले कि अंग्रेज़ी साम्राज्यवाद की जगह हिन्दी साम्राज्यवाद लाया जा रहा है।

यहाँ सबसे बड़ी बाधा हिन्दी के प्रति तथाकथित कुलीनों की नफ़रत है। आप बंगाली, तमिल या गुजराती पर नाज़ कर सकते हैं पर हिन्दी पर नहीं। क्योंकि कुलीनों की प्यारी अंग्रेज़ी को सबसे ज़्यादा खतरा हिन्दी से है। भारत में अंग्रेज़ी की मौजूदा स्थिति के बदौलत ही उन्हें इतनी ताक़त मिली है और वे इसे इतनी आसानी से नहीं खोना चाहते।

* भारत के कलकत्ता नगर में 1936 में एक ब्रिटिश परिवार में जन्मे मार्क टली दस वर्ष की आयु

तक भारत में रहे। इसके बाद उनकी शिक्षा इंगलैंड में मार्लबरो पब्लिक स्कूल और कैम्ब्रिज में हुई। 1964 में वे बीबीसी के भारतीय संवाददाता के रूप मे पुनःभारत लौटे और दिल्ली को अपनी कर्मभूमि बनाया। जुलाई 1994 में इस्तीफे से पूर्व उन्होंने 30 वर्ष की अवधि तक बीबीसी के लिए कार्य किया। उन्होंने 20 वर्ष तक बीबीसी के दिल्ली स्थित ब्यूरो के अध्यक्ष पद को संभाला। 1994 के बाद से वे नई दिल्ली में एक स्वतंत्र पत्रकार और प्रसारक के रूप में कार्य कर रहे हैं। मार्क टली भारतीय उपमहाद्वीप की समस्याओं की पहचान और उनका गहन अध्ययन रखने के साथ ही पिछले लगभग तीस वर्षों से भारत में हैं और अच्छी हिन्दी बोलते हैं। टली को 1992 में पद्मश्री से सम्मानित किया गया और 2005 में उन्हें पद्म भूषण सम्मान प्रदान किया गया।

पहला प्रकरण : हिन्दी और 'राष्ट्रभाषा'

यूनिट ४ तमाम दावों के बावजूद दुनिया में हमारी हिन्दी कहां है?

राम यादव

(10/01/2020)

(https:// hindimedia.in)

भाषाई आधार पर हम दुनिया को दो हिस्सों में देख सकते हैं एक तो वे देश हैं, जो अपनी ही भाषा को सबसे आगे रखते हैं- जैसे ब्रिटेन, फ्रांस, जर्मनी, जापान, अमेरिका आदि। वे ही आजकल के सबसे विकसित देश हैं। दूसरे वे देश हैं जिन्होंने अपनी भाषा के बदले किसी ऐसे देश की भाषा को अपना लिया, जिसके वे कभी गुलाम थे। वे ही आजकल के अविकसित या विकासशील देश कहलाते हैं।

भारत जनसंख्या की दृष्टि से दुनिया का ऐसा सबसे बड़ा देश है, जिसने अपनी गुलामी वाली अंग्रेजी को ही सरकारी कामकाज की भाषा बना दिया। तब भी, सात दशक बाद, केवल तीन प्रतिशत लोग ठीक-ठाक अंग्रेज़ी जानते हैं।

भारत के भीतर और बाहर हिन्दी बोलने-समझने वालों की सही संख्या बताना बहुत मुश्किल है। एक हालिया रिपोर्ट के अनुसार, 2015 में दुनिया में करीब एक अरब तीस करोड़ लोग हिन्दी बोल रहे थे। यदि यह सही है, तो 2015 से हिन्दी, चीन की मुख्य भाषा मंदारिन को पीछे छोड़ कर दुनिया में सबसे बड़ी भाषा बन गयी है।

चीनी समाचार एजेंसी सिन्हुआ के अनुसार, 70 प्रतिशत चीनी जनता मंदारिन बोलती है जबकि भारत में हिन्दी बोलने वालों की संख्या करीब 78 प्रतिशत बतायी जाती है। भारत सहित दुनिया में 64 करोड़ लोगों की मातृभाषा हिन्दी है। भारत के अलावा मॉरीशस, सूरीनाम, फिजी, गुयाना, ट्रिनिडाड और टोबैगो आदि देशों में हिन्दी का काफ़ी प्रचलन है।

हिन्दी सबसे बड़ी भाषा न भी हो, तब भी दुनिया की दूसरी या तीसरी सबसे बड़ी भाषा ज़रूर है। जिस रिपोर्ट का ऊपर जिक्र हुआ वह कहती है कि तेजी से हिन्दी सीखने वाले देशों में चीन सबसे आगे है। वहां के 20 विश्वविद्यालयों में हिन्दी पढ़ाई जा रही है। 2020 तक यह संख्या 50

भी हो सकती है।

मैं 1971 से जर्मनी में हूं। उसी समय से एक ईसाई मिशनरी फ़ादर बुल्के का लिखा 900 पेज का अंग्रेज़ी-हिन्दी शब्दकोश इस्तेमाल कर रहा हूं। फादर कामिल बुल्के 26 साल की उम्र में, 1927 में, ईसाई धर्म का प्रचार करने के लिए बेल्जियम से भारत भेजे गये थे। हिन्दी ने ऐसा मोहित किया कि उन्होंने अपना पूरा जीवन हिन्दी की सेवा में समर्पित दिया। 1950 में उन्होंने भारत की नागरिकता ले ली। 1974 में भारत का तीसरा सबसे बड़ा सम्मान पद्मभूषण भी पाया।

फादर कामिल बुल्के ने एक बार लिखा कि उन्हें यह देखकर बहुत दुख हुआ कि भारत के पढ़े-लिखे लोग अंग्रेजी बोलना गर्व की बात समझते हैं। उन्होंने निश्चय किया कि अब वे भारत के लिए हिन्दी की महत्ता को सिद्ध करेंगे।

केवल पांच वर्षों में, वे न सिर्फ हिन्दी और संस्कृत में ही पारंगत हो गए। अवधी, ब्रज, पाली, प्राकृत और अपभ्रंश भी सीख ली। 1950 में उन्होंने इलाहाबाद विश्वविद्यालय से अपनी पीएचडी के लिए अपना शोध प्रबंध (थीसिस) 'रामकथा : उत्पत्ति और विकास' अंग्रेजी के बदले हिन्दी में ही लिखा। फ़ादर बुल्के के कारण इलाहाबाद विश्वविद्यालय को अपने नियम बदलने पड़े। इसके बाद दूसरे विश्वविद्यालयों में भी भारतीय भाषाओं में थीसिस लिखने की अनुमति मिलने लगी। कामिल बुल्के के अंग्रेजी-हिन्दी शब्दकोश, और उससे 13 साल पहले के हिन्दी-अंग्रेजी शब्दकोश को हिन्दी भाषा की बेजोड़ सेवा माना जाता है। ठीक 35 साल पहले वे दुनिया से विदा हो गये। एक विदेशी ईसाई धर्म प्रचारक रहे फ़ादर कामिल बुल्के का जीवन दिखाता है कि दुनिया हिन्दी को मान्यता देने को तैयार है। कमी हिन्दी में नहीं, हमारे भीतर है।

भारत से बाहर हिन्दी की पूछ अधिकतर उन्हीं देशों में है, जहां प्रवासी या अनिवासी भारतीयों की संख्या काफ़ी अधिक है। उदाहरण के लिए, लघु-भारत कहलाने वाले मॉरीशस के 13 लाख निवासियों में से 68 प्रतिशत भारतवंशी हैं। वहां के महात्मा गाँधी संस्थान ने हिन्दी की उच्च शिक्षा के लिए डिप्लोमा कोर्स, बीए ऑनर्स और एमए तक की व्यवस्था कर रखी है।

भारत के पड़ोसी देशों में नेपाल के त्रिभुवन विश्वविद्यालय में और श्रीलंका के कोलम्बो विश्वविद्यालय में हिन्दी का अलग विभाग है। जापान में भी कम से कम आधे दर्जन विश्वविद्यालयों

और संस्थानों में हिन्दी के पाठ्यक्रम चलते हैं।

अमेरिका के 25 लाख भारतवंशी वहां का दूसरा सबसे बड़ा प्रवासी समूह हैं। वहां के 75 विश्वविद्यालयों में हिन्दी की व्यवस्था है। तीन प्रमुख संस्थाएँ- अन्तर्राष्ट्रीय हिन्दी समिति, विश्व हिन्दी समिति और हिन्दी न्याय- अमेरिका में हिन्दी भाषा के प्रचार-प्रसार का काम करती हैं। कम से कम चार प्रमुख हिन्दी पत्रिकाएँ भी प्रकाशित होती हैं- विश्व, सौरभ, क्षितिज और हिन्दी जगत। हिन्दी की कम से कम एक मासिक या त्रैमासिक पत्रिका आस्ट्रेलिया, ब्रिटेन, स्यांमार (बर्मा), गुयाना और सूरीनाम से भी प्रकाशित होती है।

यूरोप में क़रीब एक दर्जन देशों के तीन दर्जन विश्वविद्यालयों और संस्थानों में हिन्दी की व्यवस्था है। लेकिन बर्लिन दीवार के गिरने और यूरोप में शीतयुद्ध के अंत होने के बाद से हिन्दी के छात्र कम होते जा रहे हैं। जर्मनी इससे सबसे अधिक प्रभावित है। देश के एकीकरण के ठीक बाद लगभग दो दर्जन विश्वविद्यालयों में भारतविद्या के अंतर्गत हिन्दी सीखी जा सकती थी। आज उनकी संख्या केवल एक दर्जन रह गयी है। ठीक इस समय, कोलोन और बॉन विश्वविद्यालयों के भारतविद्या संस्थान पर भी बंद होने का खतरा मंडरा रहा है।

हिन्दी के प्रति घटती रुचि के अनेक कारण हैं। पर एक बड़ा कारण ऐसा है, जिसके लिए हम भारतीय स्वयं दोषी हैं। जर्मन विश्वविद्यालयों में हिन्दी के छात्र व्यावहारिक अनुभव पाने के लिए अक्सर रेडियो डॉएचे वेले के हमारे हिन्दी कार्यक्रम में आया करते थे। हिन्दी की एक ऐसी ही छात्रा ने, कोई दो दशक पहले, मुझे बताया कि एक बार वह कोलोन के एक व्यापार मेले में होस्टेस व दुभाषिये का काम कर रही थी। उसे एक भारतीय स्टॉल पर भेजा गया। स्टॉल के मालिक दो भारतीय सज्जन थे। उसने हिन्दी में जैसे ही अपना परिचय देना चाहा, दोनों एकदम भड़क गये। उसे डांटने लगे कि वह समझती क्या है कि उन्हें अंग्रेज़ी नहीं आती? वे अनपढ़ हैं कि वह उनसे हिन्दी बोल रही है? उसे माफ़ी मांगनी पड़ी और कहना पड़ा कि वह अंग्रेज़ी में ही बात करेगी, हिन्दी का नाम तक नहीं लेगी।

हिन्दी के विपरीत, जर्मनी में पिछले 30 वर्षों में उन विश्वविद्यालयों की संख्या बढ़ कर 28 हो गयी है जहां चीनी भाषा की पढ़ाई होती है। चीन में चीनी भाषा नहीं जानने पर विदेशियों को

नीचा देखना पड़ता है। और भारत में हिन्दी जानने पर नीचा देखना पड़ सकता है।

भारत में लंबे समय तक बीबीसी के संवाददाता रहे मार्क टली भारत की नागरिकता ले कर वहीं बस गये हैं। उनका भी यही अनुभव है कि वहां अंग्रेजी को तो पढ़े-लिखे लोगों और हिन्दी को अनपढ़ गंवारों की भाषा समझा जाता है। मार्क टली कहते हैं कि वे तो लोगों से बात हिन्दी में शुरू करते हैं, पर लोग बार-बार अंग्रेज़ी में ही जवाब देते हैं। तंग आकर उन्होंने अब कहना शुरू कर दिया है कि बेहतर है कि भारतीय हिन्दी भूल कर अंग्रेज़ी को ही अपना लें!

53 वर्षों तक हिन्दी में रेडियो कार्यक्रम प्रसारित करने के बाद वॉयस ऑफ अमेरिका ने आज से नौ साल पहले हिन्दी कार्यक्रम बंद कर दिया। बदले में उसने उर्दू का समय काफ़ी बढ़ा दिया। उसकी देखादेखी कुछ समय बाद जर्मनी के डॉयचे वेले ने भी 1964 से चल रही हिन्दी सेवा बंद कर दी। पर उर्दू कार्यक्रम आज भी चल रहा है।

लेकिन रूस, चीन , जापान, उज़बेकिस्तान, मिस्र और वेटिकन से भारत के हिन्दी कार्यक्रम आज भी प्रसारित हो रहे हैं। इस सूची में तीन नए देश भी हैं- ऑस्ट्रेलिया, ईरान और ताजिकिस्तान। तीन ईसाई धर्मप्रचारक रेडियो स्टेशन भी भारत के लिए हिन्दी में प्रसारण कर रहे हैं- मोल्दाविया से ट्रांसवर्ल्ड रेडियो, और जर्मनी से गॉस्पल फॉर एशिया और क्रिश्चियन विजन।

मैं नहीं मानता कि अंग्रेज़ी के बिना भारत विज्ञान और तकनीक में तेज़ी से प्रगति नहीं कर सकता। चीन, जापान और दक्षिण कोरिया ने हमारे देखते ही देखते, पिछले केवल 30, 40 साल में ही यूरोप-अमेरिका को जिस तरह पीछे छोड़ दिया, उसके लिये क्या उन्होंने सबसे पहले सारे देश को अंग्रेज़ी सिखाई? और क्या वहां भी, भारत की तरह, सारा घरेलू और सरकारी कामकाज अंग्रेज़ी में होता है?

इन देशों के लोग हम से बेहतर अंग्रेज़ी नहीं जानते। वहां कभी किसी लॉर्ड मैकाले का राज नहीं था। हम तो लॉर्ड मैकाले की कृपा से दो सदियों से अंग्रेज़ी ही पढ़-लिख और इस्तेमाल कर रहे हैं। यदि अंग्रेज़ी का ज्ञान ही विज्ञान और तकनीक तक पहुंचने की बुलेट ट्रेन है तो हमें तो चीन-जापान-कोरिया से बहुत आगे होना चाहिये था!

अंग्रेज़ी वास्तव में हमारी प्रगति की राह का सबसे बड़ा रोड़ा सिद्ध हुई है। उसके कारण देश की

वह 97 प्रतिशत जनता, जो अंग्रेज़ी लिख-पढ़ नहीं सकती, बाक़ी तीन प्रतिशत से पीछे रह जाती है, अपना पूरा योगदान नहीं दे पाती। छात्रों की 40 प्रतिशत ऊर्जा अकेले अंग्रेज़ी सीखने पर ख़र्च हो जाती है। बाक़ी सभी विषय पीछे रह जाते हैं।

अंग्रेज़ी जिसकी न तो मातृभाषा है और न रोमन जिसकी लिपि, उस चीन-जापान-कोरिया से आज ब्रिटेन और अमेरिका तक कांप रहे हैं। ये देश इसलिए आगे बढ़े, क्योंकि आपसी बातचीत और सरकारी कामकाज में वे अपनी मातृभाषा या राष्ट्रभाषा के महत्व पर अटल रहे। अंग्रेज़ी उनके लिए अंतरराष्ट्रीय महत्व वाली एक विदेशी भाषा है, न कि भारत की तरह स्वदेशी भाषा। अपनी भाषा न तो स्वाभाविक प्रतिभा के रास्ते में बाधक होती है, और न कोई विदेशी भाषा प्रतिभा की कमी को दूर कर सकती है।

क्या अंग्रेज़ी में तुलसी दास के 'रामचरितमानस' या रसखान के 'गीत गोविंद' से हमें वही आनंद मिल सकता है जो हिन्दी में मिलता है? राष्ट्रगान 'जन मन गण' के अंगेज़ी अनुवाद से क्या हमारे मन में वही भाव पैदा हो सकता है, जो आज पैदा होता है? नहीं। हिन्दी हमें भारतीयता से जोड़ती है। वह हमारी भावनात्मक ज़रूरत भी है।

I. टिप्पणियाँ

1. **फादर कामिल बुल्के** (Father Kamil Bulcke, 1909-1982) बेल्जियम से भारत आये एक मिशनरी थे जिन्होंने हिन्दी के प्रचार और प्रसार के लिए उल्लेखनीय काम किया। सन् 1951 में उन्होंने भारत की नागरिकता ग्रहण की। सन् 1950 में वे 'बिहार राष्ट्रभाषा परिषद' की कार्यकारिणी के सदस्य चुने गए और सन् 1972 से 1977 तक भारत सरकार की 'केन्द्रीय हिन्दी समिति' के सदस्य रहे। उन्हें साहित्य एवं शिक्षा के क्षेत्र में भारत सरकार द्वारा सन् 1974 में पद्म भूषण से सम्मानित किया गया।

2. **पद्मभूषण** (莲花装勋章) भारत सरकार द्वारा दिया जाने वाला तीसरा सर्वोच्च नागरिक सम्मान है, जो देश के लिये बहुमूल्य योगदान देने वालों को दिया जाता है। भारत सरकार द्वारा दिए जाने वाले अन्य प्रतिष्ठित पुरस्कारों में भारत रत्न (印度国宝勋章) , पद्म विभूषण (

莲花赐勋章）और पद्मश्री（莲花士勋章）का नाम लिया जा सकता है। पद्म पुरस्कार मुख्य तौर पर शासकीय सेवकों द्वारा प्रदत्त सेवा के साथ-साथ किसी भी क्षेत्र में असाधारण प्रदर्शन करने वाले व्यक्ति को दिए जाते हैं।

3 .**प्रवासी भारतीय** (Overseas Indians) आधिकारिक तौर पर अनिवासी भारतीय (Non-Resident Indians, NRIs, एनआरआई) और भारतीय मूल के लोग (Person of Indian Origin, PIO, पीआईओ) कहलाते हैं। वे भारतीय हैं जो भारत के बाहर रहते हैं या मूल रूप से भारत के बाहर रहते हैं। भारत सरकार के अनुसार, अनिवासी भारतीय भारत के नागरिक हैं जो वर्तमान में भारत में नहीं रह रहे हैं, जबकि पीआईओ का तात्पर्य भारतीय मूल या वंश के लोगों से है जो भारत के अलावा अन्य देशों के नागरिक भी हैं।

4. **थॉमस बैबिङ्टन मकाले** (Thomas Babington Macaulay,1800-1859) ब्रिटिश इतिहासकार और राजनेता थे। 1834 से 1838 तक मैकाले भारत की सुप्रीम काउंसिल में लॉ मेंबर तथा लॉ कमिशन के प्रधान रहे। प्रसिद्ध दंडविधान ग्रंथ 'दी इंडियन पीनल कोड' की पांडुलिपि इन्होंने तैयार की थी। अंग्रेजी को भारत की सरकारी भाषा तथा शिक्षा का माध्यम और यूरोपीय साहित्य, दर्शन तथा विज्ञान को भारतीय शिक्षा का लक्ष्य बनाने में इनका बड़ा हाथ था।

5. **रसखान** (1548-1628) का असली नाम सैयद इब्राहिम था। उनके जन्म के सम्बंध में विद्वानों में मतभेद हैं। बहुत से विद्वानों का यह विचार है कि वे एक पठान सरदार थे और उनका जन्मस्थान अमरोहा ज़िला मुरादाबाद, उत्तर प्रदेश है। रसखान कृष्ण भक्त मुस्लिम कवि थे। हिन्दी के कृष्ण भक्त तथा रीतिकालीन रीतिमुक्त कवियों में रसखान का अत्यंत महत्वपूर्ण स्थान है। उन्होंने हिन्दी और फ़ारसी में काव्य की रचना की। उनकी हिन्दी कविता कृष्ण भक्ति में ओतप्रोत है। उनकी दो रचनायें 'सुजान-रसखान' और 'प्रेमवाटिका' मिलती हैं।

6. **जन मन गण** भारत का राष्ट्रगान है जो मूलतः बंगाली में गुरुदेव रवींद्रनाथ ठाकुर द्वारा लिखा गया था।

II. शब्दावली

गुलाम : (पु.) दास, नौकर

हालिया : (वि.) हाल का, निकट अतीत का

जिक्र : (पु.) चर्चा, वर्णन, उल्लेख

मोहित : (वि.) मुग्ध, मोह प्राप्त, लुभाया हुआ

समर्पित : (वि.) अर्पित, आदरपूर्वक सौंपा गया

नागरिकता : (स्त्री.) नागरिक होने पर प्राप्त होने वाले अधिकार तथा सुविधाएँ

महत्ता : (स्त्री.) महत्व

पारंगत : (वि.) अत्यधिक ज्ञान प्राप्त करनेवाला

अनुमति : (स्त्री.) स्वीकृति, किसी कार्य को करने की इजाजत

बेजोड़ : (वि.) अद्वितीय, अनुपम

मान्यता : (स्त्री.) सामाजिक रूप से स्वीकृत बात, तथ्य

पूछ : (स्त्री.) आदर, इज़्ज़त, सम्मान, चाह, तलब

प्रवासी : (पु.) अपना देश छोड़कर किसी अन्य देश में रहने वाला व्यक्ति

डॉएचे वेले : Deutsche Welle, 德国之声

सज्जन : (पु.) भला आदमी, सत्पुरुष

---के विपरीत : ---के उल्टा, ---के विरुद्ध

नीचा देखना : (अ.क्रि) अपमानित होना, पराजित होना, अभिमान दूर होना

देखा-देखी : (क्रि.वि.) अनुकरणवश, देखते देखते, नक़्क़ाली के तौर पर

भारतीयता : (स्त्री.) भारतीय होने का भाव

III. निम्नलिखित सवालों पर गौर कीजिए और इनके जवाब दीजिए।

1. निम्नलिखित वाक्यों का चीनी में अनुवाद कीजिए।

१. भाषाई आधार पर हम दुनिया को दो हिस्सों में देख सकते हैं एक तो वे देश हैं, जो अपनी

ही भाषा को सबसे आगे रखते हैं- जैसे ब्रिटेन, फ्रांस, जर्मनी, जापान, अमेरिका आदि। वे ही आजकल के सबसे विकसित देश हैं। दूसरे वे देश हैं जिन्होंने अपनी भाषा के बदले किसी ऐसे देश की भाषा को अपना लिया, जिसके वे कभी गुलाम थे। वे ही आजकल के अविकसित या विकासशील देश कहलाते हैं।

२. एक विदेशी ईसाई धर्म प्रचारक रहे फ़ादर कामिल बुल्के का जीवन दिखाता है कि दुनिया हिन्दी को मान्यता देने को तैयार है। कमी हिन्दी में नहीं, हमारे भीतर है।

३. हिन्दी के विपरीत, जर्मनी में पिछले 30 वर्षों में उन विश्वविद्यालयों की संख्या बढ़ कर 28 हो गयी है जहां चीनी भाषा की पढ़ाई होती है। चीन में चीनी भाषा नहीं जानने पर विदेशियों को नीचा देखना पड़ता है। और भारत में हिन्दी जानने पर नीचा देखना पड़ सकता है।

४. इन देशों के लोग हम से बेहतर अंग्रेज़ी नहीं जानते। वहां कभी किसी लॉर्ड मैकाले का राज नहीं था। हम तो लॉर्ड मैकाले की कृपा से दो सदियों से अंग्रेज़ी ही पढ़-लिख और इस्तेमाल कर रहे हैं। यदि अंग्रेज़ी का ज्ञान ही विज्ञान और तकनीक तक पहुंचने की बुलेट ट्रेन है तो हमें तो चीन-जापान-कोरिया से बहुत आगे होना चाहिये था!

५. अंग्रेज़ी वास्तव में हमारी प्रगति की राह का सबसे बड़ा रोड़ा सिद्ध हुई है। उसके कारण देश की वह 97 प्रतिशत जनता, जो अंग्रेज़ी लिख-पढ़ नहीं सकती, बाक़ी तीन प्रतिशत से पीछे रह जाती है, अपना पूरा योगदान नहीं दे पाती। छात्रों की 40 प्रतिशत ऊर्जा अकेले अंग्रेज़ी सीखने पर ख़र्च हो जाती है। बाक़ी सभी विषय पीछे रह जाते हैं।

६. ये देश इसलिए आगे बढ़े, क्योंकि आपसी बातचीत और सरकारी कामकाज में वे अपनी मातृभाषा या राष्ट्रभाषा के महत्व पर अटल रहे। अंग्रेज़ी उनके लिए अंतरराष्ट्रीय महत्व वाली एक विदेशी भाषा है, न कि भारत की तरह स्वदेशी भाषा। अपनी भाषा न तो स्वाभाविक प्रतिभा के रास्ते में बाधक होती है, और न कोई विदेशी भाषा प्रतिभा की कमी को दूर कर सकती है।

2. विश्व हिन्दी दिवस कब और क्यों मनाया जाता है? राष्ट्रीय हिन्दी दिवस और विश्व हिन्दी

दिवस के बीच क्या अंतर है? इंटरनेट पर या पुस्तकों से सामग्रियाँ खोजिए और इन सवालों का जवाब दीजिए।

3. उपरोक्त लेख में लिखा गया है- 'एक हालिया रिपोर्ट के अनुसार तेजी से हिन्दी सीखने वाले देशों में चीन सबसे आगे है। वहां के 20 विश्वविद्यालयों में हिन्दी पढ़ाई जा रही है। 2020 तक यह संख्या 50 भी हो सकती है।' आप चीन में हिन्दी शिक्षा की हालिया स्थिति का परिचय दें।
4. लेखक क्यों अंग्रेज़ी को 'अपनी गुलामी वाली अंग्रेजी' कहते हैं? अंग्रेज़ी के प्रति भारतीय लोगों के मन में विरोधाभासात्मक भावनाएँ होती हैं, आप इसका विश्लेषण कीजिए।
5. मशहूर संवाददाता रहे मार्क टली का यही अनुभव है कि भारत में अंग्रेजी को तो पढ़े-लिखे लोगों की भाषा और हिन्दी को अनपढ़ गंवारों की भाषा माना जाता है। क्या आपको भी यही अनुभव है? और क्यों?
6. लेखक क्यों नहीं मानते कि अंग्रेज़ी के बिना भारत विज्ञान और तकनीक में तेज़ी से प्रगति नहीं कर सकता? आपके विचार में अंग्रेजी भारत के लिए विकास के रास्ते में रोड़ा है या नहीं?
7. निम्न लेख पढ़िए और अपनी बातों से इसका साराँश दीजिए।

वैश्विक होती हिन्दी की स्थानीय चुनौतियां

भावना मासीवाल

(14/09/2020)

(www.amarujala.com)

भारत एक ऐसा देश है जिसकी बाईस भाषाओं को भाषा व कार्यभाषा का दर्जा प्राप्त है लेकिन इसके बावजूद देश में अधिकांश प्रशासनिक कार्य अंग्रेजी में होते हैं।

देश के भीतर भाषा के स्तर पर हीनता बोध का ही प्रभाव है कि आज शिक्षा, विज्ञान, तकनीक और रोजगार की भाषा अंग्रेजी बन गई है।

देश की प्रतिष्ठित सेवाओं में शुमार संघ लोक सेवा आयोग की परीक्षा भी इंग्लिश के वर्चस्व को

तोड़ने में नाकाम रही है क्योंकि यहाँ हर साल परीक्षा में चयनित विद्यार्थियों में अधिकांश का परीक्षा का माध्यम अंग्रेजी होता है। कुछ गिने-चुने ही छात्र होते हैं जो अपनी मातृभाषा और हिन्दी भाषा के जरिए इस पद तक पहुंच पाते हैं।

लालबहादुर शास्त्री राष्ट्रीय प्रशासनिक अकादमी (एलबीएसएनएए) की वेबसाइट के मुताबिक, 2013 से 2019 तक आते-आते हिन्दी माध्यम में चयनित होने वाले उम्मीदवारों का प्रतिशत लगातार घटा है।

आज के समय की स्थिति यह कि छात्र हिन्दी के प्रति गर्व तो करते हैं लेकिन उसे आत्मविश्वास के साथ परीक्षा का माध्यम बनाने से डर रहे हैं। उनके भीतर का यह डर अंग्रेजी के बढ़ते वर्चस्व से उत्पन्न हुआ है जिसने हिन्दी के साथ ही अन्य भाषाओं को कमजोर और हीन बना दिया है।

वर्तमान समय में हिन्दी विश्व बाजार की भाषा बन गई है। वैश्विक फलक पर इसे पढ़ाया तक जाने लगा है किंतु देश के भीतर ही यह दयनीय स्थिति तक पहुंच गई। जहां इसका अपना अस्तित्व संकट में देखा जा सकता है।

हमें बहुत दूर जाने की आवश्यकता नहीं इसी वर्ष उत्तर प्रदेश में माध्यमिक और उच्चतर माध्यमिक में लगभग आठ लाख बच्चों का हिन्दी में फेल होना हिन्दी भाषी प्रदेश में ही हिन्दी के प्रति उपेक्षित धारणा को दर्शाता है। ऐसे में अन्य हिन्दीतर प्रदेशों में हिन्दी की स्थिति को समझा जा सकता है।

हिन्दी की यह स्थिति आज से उत्पन्न नहीं हुई है इसे बनाने में 'अर्थ' यानी पूंजी का महत्वपूर्ण योगदान है। क्योंकि भाषा और अर्थव्यवस्था का बहुत ही गहरा रिश्ता होता है। 'अर्थ' की अनिवार्यता व्यक्ति को भाषा, राज्य और देश से पलायन को मजबूर बनाती है। आज हिन्दी ग्लोबल तो हुई है लेकिन स्थानीय स्तर पर अंग्रेजी का वर्चस्व बड़ा है।

पत्रकार राहुल देव लिखते हैं कि '15 वर्षों के प्रयासों के बाद भी हिन्दी 15% प्रतिशत भारतीयों की कार्यभाषा बन सकी, अपने भक्तों के सम्मोहन से प्राण वायु पाती अंग्रेजी इस देश की 85% प्रतिभा, उद्यमिता के उच्चतम विकास के आगे पत्थर की दीवार की तरह खड़ी है। अंग्रेजी न जानने के कारण उच्च शिक्षा, ऊंचे अवसरों, रोजगार से वंचित करोड़ों युवा प्रतिभाएँ, आज रोज कुंठित, अपमानित होने, अपने आत्मविश्वास को तिल-तिल कर मरते देखने, पिछड़ जाने के लिए अभिशप्त

पहला प्रकरण : हिन्दी और 'राष्ट्रभाषा'

हैं।'

नई शिक्षा नीति 2020 में भी बच्चों की सीखने की क्षमता को हीनता बोध से बाहर लाने के लिए मातृभाषा में शिक्षा की बात की गई है। जिस पर आजादी के समय से ही बहस चल रही थी जिसमें मुख्य रूप से महात्मा गाँधी द्वारा 'नई तालीम' शिक्षा प्रणाली मातृभाषा के द्वारा शिक्षा की हिमायती थी। लेकिन आज़ादी के बाद यह व्यवस्था गाँधी जी की मृत्यु के उपरांत उनका विचार बनकर रह गई।

भारत में भाषाओं की क्या स्थिति है इसे नई शिक्षा नीति की रिपोर्ट से जाना जा सकता है जहां कहा गया कि 'दुर्भाग्य से, भारतीय भाषाओं को समुचित ध्यान और देखभाल नहीं मिल पाई जिसके तहत देश ने विगत 50 वर्षों में 220 भाषाओं को खो दिया है। यूनेस्को ने 197 भारतीय भाषाओं को लुप्तप्राय घोषित किया है। विभिन्न भाषाएँ विलुप्त होने के कगार पर हैं विशेषत: वे भाषाएँ जिनकी लिपि नहीं है।' नई शिक्षा नीति बेशक आज मातृभाषा में शिक्षा की पहल कर रही है लेकिन वह उसकी अनिवार्यता पर अभी खामोश है। इसमें तकनीकी क्रांति व नवाचार को तो शिक्षा का अहम हिस्सा बनाया लेकिन उसके माध्यम की भाषा तय नहीं की गई है।

हर वर्ष हिन्दी दिवस पर हिन्दी को बचाने की बहस होती है और यह बहस कितनी कारगर होती है इसे जमीनी स्तर पर देश की अंग्रेजी माध्यम से संचालित कार्य प्रणाली में देखा जा सकता है। जहां सभी सूचनाओं का पहला प्रसारण अंग्रेजी और फिर अनुवाद के रूप में हिन्दी व अन्य भाषाओं में आता है।

अंग्रेजी हमारी मातृ भाषा नहीं है फिर भी इसकी अनिवार्यता ने हमें अपनी मातृभाषा व राष्ट्रभाषा से दूर अंग्रेजी को कार्यभाषा बनाने के लिए मजबूर कर दिया है। हिन्दी भाषा व भारतीयों की पहचान पर बहस आज से नहीं बल्कि यह बहस आजादी से पूर्व से चली आ रही है। जिस पर भारतेंदु हरिश्चंद्र कहते हैं कि 'निज भाषा उन्नति अहै, सब उन्नति को मूल, बिन निज भाषा ज्ञान के, मिटन न हिय के सूल।'

हिन्दी भाषा के संदर्भ में 1904 में 'भारतमित्र' में बालमुकुंद लिखतें हैं कि 'अंग्रेज इस समय अंग्रेजी को संसारव्यापी भाषा बना रहे हैं और सचमुच वह सारी पृथिवी की भाषा बनती जाती है। वह

बने, उसकी बराबरी करने का हमारा मकदूर नहीं है, पर तो भी यदि हिन्दी को भारतवासी सारे भारत की भाषा बना सकें तो अंग्रेजी के बाद दूसरा दर्जा पृथिवी पर इसी भाषा का होगा।'

बालमुकुन्द अपने समय में भी अंगेजी का विरोध नहीं करते हैं केवल इतना चाहते हैं कि भारतवासी अपनी भाषा का प्रयोग करेंगे तो वह स्वयं ही मजबूत भाषा बन जाएगी। परंतु अफ़सोस कि वर्तमान इससे एकदम अलग है। मातृभाषा और हिन्दी के अस्तित्व पर आजादी से पूर्व तक जितना संघर्ष और आंदोलन हुआ उसी ने हिन्दी को जनमत की अपनी भाषा बनाया लेकिन वर्तमान समय में वहीं हिन्दी धीरे-धीरे हिन्दी पखवाड़ा, हिन्दी दिवस की औपचारिकता तक सिमट रही है।

यह विचारणीय प्रश्न है कि जब सर्वाधिक बोली जाने हिन्दी अपने अस्तित्व को बचाने के लिए संघर्ष कर रही है तो कहीं ऐसा न हो उसकी सहयोगी अन्य बोलियां और भाषाएँ भी एक समय बाद अपना अस्तित्व खोकर लुप्त जाएँ और रह जाए सिर्फ अंग्रेजी। ऐसे में डर है कि कहीं भाषिक विविधताओं का यह देश भाषिक गुलाम बनकर न रह जाए।

यूनिट ५ मातृभाषा की लड़ाई सबसे पहले हिन्दी ही क्यों हार जाती है

रवीश कुमार

(08/04/2017)

(https://naisadak.org)

उत्तर प्रदेश के सरकारी स्कूलों में नर्सरी कक्षा से ही अंग्रेज़ी की पढ़ाई शुरू हो जाएगी। मीडिया रिपोर्ट से यह साफ नहीं हो सका कि नर्सरी की पढ़ाई अंग्रेज़ी माध्यम में होगी या अंग्रेज़ी वर्णमाला सिखाई जाएगी। तब तक मान कर चलना चाहिए कि योगी जी ने यूपी के सरकारी स्कूलों को इंग्लिश मीडियम बनाने का फ़ैसला नहीं किया है, बल्कि अंग्रेजी एक विषय के रूप में होगा। जैसे संस्कृत तीसरी कक्षा से होगी और दसवीं में जाकर एक विदेशी भाषा ताकि विदेश जाने पर कोई दिक्कत न हो। यूपी से पलायन रोकने वाली सरकार अवसरों की तलाश में विदेश जाने वालों के लिए एक भाषा की व्यवस्था करा रही है तो यह एक व्यावहारिक और अच्छा फ़ैसला है। योगी जी के फैसले से कुछ हैरानी भी हुई। क्या वाक़ई यूपी के सरकारी स्कूलों में नर्सरी कक्षा में ए बी सी डी नहीं सीखाई जाती होगी, क्या इसके लिए उन्हें छठी कक्षा तक का इंतज़ार करना पड़ता था? यूपी में कक्षा छह से अंग्रज़ी की पढ़ाई शुरू होती है। अख़बारों ने लिखा है कि योगी सही तरह के फ़ैसले ले रहे हैं। यूपी के सरकारी स्कूलों से निकलने वाला बच्चा, हिन्दी, उर्दू, संस्कृत और स्पेनिश या फ्रेंच में भी दक्ष होगा। दस साल बाद यूपी में तीन तीन चार चार भाषा की जानकारी रखने वाले या बोलने वाले नागरिक मिला करेंगे। ऐसा हो गया तो यूपी भारत का ग्लोबल राज्य हो सकता है।

इस फैसले से सरकारी स्कूलों में बड़े पैमाने पर संस्कृत और विदेशी भाषा के शिक्षकों के लिए संभावना बनती दिख रही है। परमानेंट तो नहीं लेकिन ठेके पर भी किसी को कहां दिक्कत है। समाजवादी पार्टी ने वर्षों के अंग्रेज़ी विरोध के बाद अंग्रेज़ी पर ज़ोर देना शुरू कर दिया था। उनके बाद हिन्दी को लेकर बीजेपी ही अकेली चलती रही। 2014 में केंद्र में सत्ता में आने के बाद हिन्दी और संस्कृत को लेकर काफी शोर हुआ। इतना शोर हुआ कि दक्षिण में लोग हिन्दी के प्रति इस नई

आक्रामकता को लेकर आशंकित हो उठे। संस्कृत को लेकर जितना हंगामा हुआ, उस अनुपात में काम क्या हुआ, इसकी मुझे जानकारी नहीं है। संस्कृत के कितने नए विभाग खुले, कितनी पुरानी संस्थाओं को बेहतर किया गया और इसमें नौकरी की संभावना कितनी बढ़ी? मोदी सरकार के तीन साल होने को आ रहे हैं भाजपा संस्कृत को लेकर अपनी उपलब्धियों का रिपोर्ट कार्ड तो रख ही सकती है।

मुख्यमंत्री योगी आदित्यनाथ कह रहे हैं कि परंपरा और आधुनिकता को मिलकर चलना होगा। संघ के प्रभाव या दबाव में मातृभाषा में शिक्षा को महत्व दिया गया। तो लगा कि इस दिशा में व्यापक बदलाव होगा। गोवा में सुभाष वेलिंगकर ने तो संघ से ही बग़ावत कर दी। बीजेपी सरकार पर आरोप लगाया कि गोवा की बीजेपी सरकार ने मातृभाषा को लेकर किया गया अपना वादा नहीं निभाया है। सरकार अंग्रेज़ी माध्यम में शिक्षा देने वालों को अनुदान क्यों देती है। चुनाव के बाद बाग़ी सुभाष वेलिंकर फिर से संघ में लौट चुके हैं। ऐसा क्यों है कि संघ भी मातृभाषा की लड़ाई इतनी आसानी से हार जाता है। मातृभाषा की लड़ाई सिर्फ दो जगहों पर जीती जाती है। निबंध प्रतियोगिता और सेमिनार में। बाकी हर जगह पर मातृभाषा की लड़ाई संघ भी हार जाता है। मोदी भी हार जाते हैं, योगी भी हार जाते हैं, लेफ्ट राइट सेंटर सबकी यही गति होती है।

इसके बाद भी योगी का यह फैसला व्यावहारिक तो है। वे भले मातृभाषा में यकीन रखते हों लेकिन अंग्रेज़ी का काम कर बता दिया कि जो सामने है उसे अनदेखा नहीं किया जा सकता। समाज में अंग्रेज़ी सीखाने की फैक्ट्री चल रही है। अंग्रेज़ी नहीं जानने की कुंठा युवाओं को मार रही है। सारे प्राइवेट स्कूल अंग्रज़ी माध्यम के ही चल रहे हैं। ऐसे में सरकारी स्कूलों को अंग्रेज़ी से वंचित रखकर योगी जी संघ को खुश कर सकते थे मगर सरकारी बच्चों को बराबरी के अधिकार से वंचित रखकर कैसे खुश हो सकते थे। एक ही बच्चे सरकारी स्कूल से अंग्रेज़ी में लचर होकर निकलें और प्राइवेट स्कूल से मज़बूत यह ठीक नहीं है। इस लिहाज़ से योगी जी ने ठीक ही किया मगर यह कोई बड़ा फैसला नहीं है, एक सामान्य फ़ैसला ही है।

नवंबर 2014 में 'हिन्दू' अख़बार के संदीप जोशी ने रिपोर्ट लिखी है कि तब के मुख्यमंत्री अखिलेश यादव ने फैसला किया था कि हर ज़िले में एक सरकारी इंग्लिश मीडियम स्कूल खोला जाएगा।

यह स्कूल प्राइवेट और कांवेंट स्कूलों की बराबरी करने वाला होगा। अखिलेश यादव इस बात से चिंतित थे कि माता पिता सरकारी स्कलों में बच्चों को नहीं भेज रहे हैं क्योंकि वहां हिन्दी माध्यम में पढ़ाई होती है। जो माता पिता प्राइवेट स्कूल में नहीं भेज सकते हैं वे ही अपने बच्चों को सरकारी स्कूलों में भेजते हैं। 'हिन्दू' अख़बार के मुताबिक इसके लिए अंग्रेज़ी पढ़ाने योग्य शिक्षकों की भर्ती का अभियान चलेगा। ख़बर के अनुसार सरकार अगले ही सत्र से इंग्लिश मीडियम स्कूल खोल देना चाहती थी। पूर्व मुख्यमंत्री इंग्लिश मीडियम के ज़रिय सरकारी स्कूलों के प्रति लोगों का नज़रिया बदल देना चाहते थे। योगी जी को बताना चाहिए कि 2014-2017 के बीच कितने ज़िलों में सरकारी इंग्लिश मीडियम स्कूल खुले हैं या सिर्फ पूर्व मुख्यमंत्री ने ख़बरबाज़ी ही की।

इस बहस के केंद्र में गुणवत्ता का सवाल होना चाहिए। हिन्दी या अंग्रेज़ी का नहीं। हिन्दी में ही बोका होंगे तो हिन्दी माध्यम के होने भर से प्रतिभाशाली नहीं हो जाएँगे। हर साल असर की रिपोर्ट आती है। यूपी के बारे में 2016 की रिपोर्ट कहती है कि कक्षा तीन में 16.8 प्रतिशत बच्चे अक्षर तक नहीं पढ़ सकते हैं। आठवीं कक्षा में 14 प्रतिशत ऐसे हैं जो पहली कक्षा के स्तर का पाठ ही पढ़ सकते हैं। कक्षा पांच में 24 प्रतिशत बच्चे ही जो दूसरी कक्षा का पाठ पढ़ सकते हैं। असर की रिपोर्ट बताती है कि कक्षा पांच में पढ़ाई का स्तर 2010 की तुलना में गिरता ही जा रहा है। 2010 में 34 प्रतिशत बच्चे दूसरी कक्षा का पाठ पढ़ लेते थे, अब 24 प्रतिशत बच्चे ही पांचवी में जाकर दूसरी कक्षा का पाठ पढ़ पाते हैं। तो गुणवत्ता का यह स्तर है। इसमें अंग्रेज़ी आ जाए या हिन्दी चली जाए इससे कोई फर्क नहीं पड़ता। माध्यम से भी बड़ी समस्या यह है कि बच्चा मातृभाषा में पढ़ते हुए भी पढ़ने लायक नहीं है। इसे देखकर लगता है कि इस समस्या का समाधान रात को बारह बजे फैसला लेकर लोगों के बीच छवि बनाने से नहीं होगा बल्कि वाकई कुछ अलग करना होगा। अगर कुछ अलग करना है तो वो किया जाना चाहिए न कि अलग करने के नाम पर बारह बजे रात को या सवा चार बजे सुबह फैसला लेना चाहिए। इससे कुछ नहीं होता है।

इसी साल 15 जनवरी के 'इंडियन एक्सप्रेस' में एक और ख़बर छपी है। प्रधानमंत्री मोदी ने शिक्षा और सामाजिक विकास पर अफ़सरों की एक कमेटी बनाई है। इस कमेटी ने सुझाव दिया है कि सभी सेकेंडरी स्कूलों में अंग्रेज़ी पढ़ाई जानी चाहिए। भारत के 6,612 ब्लॉक में कम से कम एक

सरकारी इंग्लिश मीडियम स्कूल तो होना ही चाहिए। छठी क्लास से सभी विषयों को अंग्रेज़ी में पढ़ाया जाना अनिवार्य कर दिया जाना चाहिए। इस कमेटी में उच्च शिक्षा के तमाम सचिव सदस्य थे जिसने राज्य सरकारों से बात कर यह सुझाव दिया था। अक्तूबर 2016 में राष्ट्रीय स्वयंसेवक संघ से जुड़ी एक संस्था शिक्षा संस्कृति उत्थान न्यास ने मानव संसाधन मंत्रालय को सुझाव दिया था कि प्राथमिक से लेकर उच्च शिक्षा का माध्यम मातृभाषा ही होना चाहिए। किसी भी स्तर पर अंग्रेज़ी को अनिवार्य नहीं किया जाए।

दिसंबर 2016 की ख़बरें हैं कि लोकसभा में मानव संसाधन मंत्री की तरफ़ से एक आंकड़ा पेश किया गया है कि सिर्फ 17 प्रतिशत बच्चे ही अंग्रेज़ी माध्यम स्कूलों में पढ़ रहे हैं। 49 फीसदी बच्चे हिन्दी माध्यम स्कूलों में पढ़ रहे हैं। यह आंकड़ा राष्ट्रीय स्तर का है। धारणा से तो लगता है कि सब अंग्रेजी माध्यम स्कूल में ठेले जा रहे हैं लेकिन 83 प्रतिशत बच्चे इस देश के हिन्दी या अन्य मातृभाषा में शिक्षा ले रहे हैं। सरकार ने यह आंकड़ा सदन में दिया है। बिहार में मात्र 3 प्रतिशत बच्चे ही ऐसे स्कूल में जाते हैं जो अंग्रेज़ी माध्यम के हैं। इसका मतलब है कि आज भी भारत में ज़्यादा बच्चे हिन्दी माध्यम में पढ़ रहे हैं तो कायदे से सरकार को अंग्रेज़ी माध्यम को प्रोत्साहित करना चाहिए या हिन्दी माध्यम को। आंदोलन हिन्दी माध्यम में सामग्री उपलब्ध कराने का चलना चाहिए या अंग्रेज़ी माध्यम का करके वाहवाही लूटने का चलना चाहिए।

योगी या मोदी जी को भाषा की राजनीति आती होगी, उन्हें यह नहीं पता होगा कि दुनिया के कई देशों में यह आधुनिक सोच है कि शिक्षा मातृभाषा में हो। मातृभाषा में शिक्षा पारंपरिक सोच नहीं है। शिक्षा की गुणवत्ता और सहजता के लिए ज़रूरी है कि पढ़ाई का माध्यम मातृभाषा हो। मैं ख़ुद अपने बच्चों के लिए इस फार्मूले पर चल रहा हूं। पांचवी के बाद कब अंग्रेज़ी आ गई मुझे पता ही नहीं। अंग्रेज़ी तो आनी ही चाहिए। मैं ख़ुद इसकी वकालत करता हूं क्योंकि हिन्दी को लेकर हम थर्ड क्लास की राजनीति ही कर सकते हैं, अंग्रेज़ी का कुछ बिगाड़ नहीं सकते। इसलिए हिन्दी माध्यम के छात्रों से कहता हूं कि इन नेताओं के चक्कर में मत रहो। आराम से और लगन से अंग्रेज़ी में ख़ुद को दक्ष करो। क्योंकि व्यवस्था पर कब्ज़ा करने का तरीका तो सबको मालूम है, बदलने का किसी को नहीं मालूम।

किसी भी तर्क और शोध से शिक्षा का बेहतर माध्यम मातृभाषा ही है। योगी जी ने अच्छा किया इसके चक्कर में टाइम बर्बाद नहीं किया। हिन्दी माध्यम पार्टी, जिसके नेता हिन्दी माध्यम के अंग्रेज़ी के विकास के लिए इतना कुछ कर रहे हैं, तारीफ़ होनी चाहिए। दलित चिंतक चंद्रभान प्रसाद ने अंग्रेजी देवी की स्थापना की है। अंबेडकर कहते थे कि अंग्रेज़ी शेरनी का दूध है। इसे पीना ही होगा। अंग्रेज़ी से कोई नहीं बच सकता। अंग्रज़ी को हराने का सपना सब देखते हैं, पर अफ़सोस होता है कि मातृभाषा की लड़ाई सबसे पहले हिन्दी ही क्यों हार जाती है। बाकी योगी जी का फैसला ही ठीक है दोस्तों।

I. टिप्पणियाँ

1. **रवीश कुमार** (1974-) एक भारतीय पत्रकार हैं। वे एनडीटीवी समाचार नेटवर्क के हिन्दी समाचार चैनल 'एनडीटीवी इंडिया' में संपादक थे, और चैनल के प्रमुख कार्यक्रमों जैसे 'हम लोग' और 'रवीश की रिपोर्ट' के होस्ट रहे हैं। रवीश कुमार का 'प्राइम टाइम शो' के साथ 'देस की बात' भी काफी लोकप्रिय है। 2016 में 'द इंडियन एक्सप्रेस' ने अपनी '100 सबसे प्रभावशाली भारतीयों' की सूची में उन्हें भी शामिल किया था।
2. **मानकर चलना** : suppose, take for granted

   例 : विशेषज्ञों का यह भी कहना है कि कोरोना संक्रमण को किसी भी स्थिति में हल्के में लेने की गलती न करें, विशेषकर इसे इन्फ्लूएँजा या सामान्य सर्दी-खांसी मानकर चलना काफी गंभीर हो सकता है।

   हमें भी यह मानकर चलना है कि चाहे जो हो जाए, हमें बाहर नहीं निकलना है, घर पर ही रहना है।

   बदल रही सामाजिक परिस्थितियों में आपको दूसरों से उम्मीद कम और खुद पर भरोसा अधिक करना चाहिए। यह मानकर चलना चाहिए कि अहितकर स्थितियों का मुकाबला आपको ही करना होगा।
3. **योगी आदित्यनाथ** (1972-) गोरखपुर के प्रसिद्ध गोरखनाथ मन्दिर के महन्त तथा राजनेता

हैं। इन्होंने 19 मार्च 2017 को उत्तर प्रदेश के विधान सभा चुनावों में भारतीय जनता पार्टी की बड़ी जीत के बाद यहाँ के 21वें मुख्यमन्त्री पद की शपथ ली। 1994 में ये पूर्ण संन्यासी बन गए, जिसके बाद इनका नाम अजय सिंह बिष्ट से योगी आदित्यनाथ हो गया। ये हिन्दू युवाओं के सामाजिक, सांस्कृतिक और राष्ट्रवादी समूह 'हिन्दू युवा वाहिनी' के संस्थापक भी हैं तथा इनकी छवि एक प्रखर राष्ट्रवादी नेता की है।

4. **समाजवादी पार्टी** भारत का एक राजनीतिक दल है जो उत्तर प्रदेश में सक्रिय है। यह 4 अक्टूबर 1992 को स्थापित किया गया था। समाजवादी पार्टी के संस्थापक स्वर्गीय मुलायम सिंह यादव उत्तर प्रदेश के तीन बार मुख्यमंत्री और भारत के पूर्व रक्षा मंत्री रह चुके थे। उत्तर प्रदेश के पूर्व मुख्यमंत्री अखिलेश यादव वर्तमान में इस दल के राष्ट्रीय अध्यक्ष हैं।

5. **सुभाष वेलिंगकर** राष्ट्रीय स्वयंसेवक संघ (आरएसएस) की गोवा इकाई के पूर्व प्रमुख थे और भारतीय भाषा सुरक्षा मंच (बीबीएसएम) के संयोजक हैं। सुभाष वेलिंगकर अंग्रेजी माध्यम के स्कूलों को दिया जाने वाला अनुदान रद्द किए जाने की मांग करते रहे हैं। इनका कहना है कि गोवा में शिक्षा के माध्यम के तौर पर क्षेत्रीय भाषाओं के प्रचार-प्रसार की जरूरत है।

6. 'गोवा आरएसएस के प्रमुख सुभाष वेलिंगकर को हटाए जाने के बाद राज्य में सत्तारूढ़ बीजेपी पर सियासी संकट के बादल मंडराने लगे हैं। वेलिंगकर को हटाए जाने के विरोध में 400 से अधिक संघ कार्यकर्ताओं ने इस्तीफा दे दिया है। इन्होंने अगले विधानसभा चुनाव में बीजेपी को हराने की धमकी भी दी है।

स्कूलों में शिक्षा का माध्यम के मुद्दे पर बीजेपी सरकार के साथ वेलिंगकर का टकराव चल रहा था। हाल में वेलिंगकर के संगठन बीबीएसएम के सदस्यों ने बीजेपी अध्यक्ष अमित शाह को काले झंडे भी दिखाए थे, जिसके चलते आरएसएस ने बीते 31 अगस्त को उन्हें हटा दिया। आरएसएस की दलील थी कि वह 'राजनीतिक गतिविधियों' में शामिल होने की कोशिश कर रहे थे जो संघ की परंपराओं के विरुद्ध है।' (स्रोत : https://www.aajtak.in 01/09/2016)

7. **असर** (ASER , Annual Status of Education Report) एक वार्षिक सर्वेक्षण है जिसका उद्देश्य भारत में प्रत्येक जिले और राज्य के लिए बच्चों (कक्षा 1 से 8 तक) के नामांकन और

बुनियादी सीखने के स्तर का विश्वसनीय अनुमान प्रदान करना है। यह भारत में सबसे बड़ा नागरिक-नेतृत्व वाला सर्वेक्षण है। यह आज भारत में उपलब्ध बच्चों के सीखने के परिणामों पर जानकारी का एकमात्र वार्षिक स्रोत भी है।

8.

ASER assessment tasks

The testing process addresses ASER's central question - are children acquiring foundational skills? The process is designed to record the highest level that each child can comfortably achieve. That is, rather than testing grade level competencies, ASER is a 'floor test' focusing on basic learning.

Testing is conducted at home, rather than in schools, so as to include out of school children and children attending different types of schools. All children in the 5-16 age group in a sampled household are tested using the same tools, irrespective of age/grade or schooling status. Children are assessed on basic reading and simple arithmetic. In 2016, tests of basic English reading and comprehension were also conducted.

ASER's testing process incorporates various measures to ensure that the it captures the best that each child can do. Surveyors are trained to build rapport with children to create a relaxed and encouraging environment. Testing is conducted in the local language of the child. Children are given the time they need to do each task on the assessment. The testing process is adaptive to the child's ability so that she does not have to attempt all levels. Thus, placed at the core of this test design is the child's comfort and a commitment to accurately record the highest level the child can perform at.

The following pages outline information about ASER testing and the process followed to assess each child on reading, arithmetic and English.

READING TASKS:

All children are assessed using a simple reading tool. The reading test has 4 tasks:

- **Letters:** Set of commonly used letters.
- **Words:** Common, familiar words with 2 letters and 1 or 2 *matras*.
- **Std I level text:** Set of 4 simple linked sentences, each having no more than 6 words. These words (or their equivalent) are in the Std I textbooks of the states.
- **Std II level text:** Short story with 7-10 sentences. Sentence construction is straightforward, words are common and the context is familiar to children. These words (or their equivalent) are in the Std II textbooks of the states.

While developing reading tool in each regional language, care is taken to ensure:

- Comparability with previous years' tools with respect to word count, sentence count, type of words and conjoint letters in words.
- Compatibility with the vocabulary and sentence construction used in Std I and Std II language textbooks of the states.
- Familiarity of words and context, established through extensive field piloting.

Sample: Hindi reading test*

Similar tests are developed in 19 regional languages

* Shortened to a more concise layout for purposes of this report. However, the four components or 'levels' of the tool remain the same in the full version.

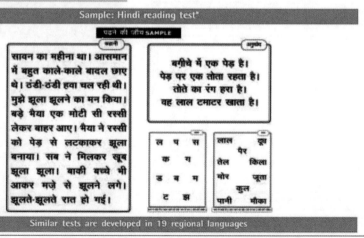

Uttar Pradesh RURAL

Annual Status of Education Report
असर ASER 2016 RURAL
Facilitated by PRATHAM

Data is not presented where sample size is insufficient.

Reading

ASER assessments are conducted in the household. The type of school in which children are enrolled (government or private) is also recorded.

Table 4: % Children by grade and reading level
All children 2016

Std	Not even letter	Letter	Word	Std I level text	Std II level text	Total
I	49.7	32.8	8.3	4.8	4.4	100
II	27.3	36.4	14.4	10.1	11.9	100
III	16.8	29.9	15.7	15.1	22.5	100
IV	11.7	23.6	14.1	16.3	34.4	100
V	8.3	19.0	12.3	17.2	43.2	100
VI	5.2	14.7	11.0	16.5	52.7	100
VII	4.0	10.5	8.5	14.9	62.1	100
VIII	3.3	9.0	5.9	14.0	67.9	100

Each row shows the variation in children's reading levels within a given grade. For example, among children in Std III, 16.8% cannot even read letters, 29.9% can read letters but not words or higher, 15.7% can read words but not Std I level text or higher, 15.1% can read Std I level text but not Std II level text, and 22.5% can read Std II level text. For each grade, the total of these exclusive categories is 100%.

Reading Tool

Std II level text

राजू नाम का एक लड़का था। उसकी एक बड़ी बहन व एक छोटा भाई था। उसका भाई गाँव के पास के विद्यालय में पढ़ने जाता था। वह खूब मेहनत करता था। उसकी बहन बहुत अच्छी खिलाड़ी थी। उसे लंबी दौड़ लगाना अच्छा लगता था। ये तीनों रोज़ साथ-साथ मौज-मस्ती करते थे।

Std I level text

हर रविवार नानी घर आती है।
हमारे लिए मिठाई लाती है।
मैं नानी के साथ सोता हूँ।
वह मुझे कहानी सुनाती है।

Letters

ह च ट
ल न
फ म र
स त

Words

कुल बड़ा
रोटी
पानी चूना
चलो हीरा
पैर
देर कौन

Table 5: Trends over time
Reading in Std III by school type
2010, 2012, 2014 and 2016

Year	% Children in Std III who can read Std II level text		
	Govt.	Pvt.	Govt. & Pvt.*
2010	8.4	27.1	15.4
2012	6.5	31.5	18.8
2014	6.0	36.0	21.7
2016	7.2	36.6	22.6

* This is the weighted average for children in government and private schools only.

The highest level in the ASER reading assessment is a Std II level text. Table 5 shows the proportion of children in Std III who can read Std II level text. This figure is a proxy for "grade level" reading for Std III. Data for children enrolled in government schools and private schools is shown separately.

Table 6: Trends over time
Reading in Std V and Std VIII by school type
2010, 2012, 2014 and 2016

Year	% Children in Std V who can read Std II level text			% Children in Std VIII who can read Std II level text		
	Govt.	Pvt.	Govt. & Pvt.*	Govt.	Pvt.	Govt. & Pvt.*
2010	36.0	58.4	44.1	71.8	84.8	77.7
2012	25.6	59.6	42.7	57.3	81.8	69.7
2014	26.8	61.4	44.6	59.3	81.9	70.9
2016	24.3	61.2	43.1	56.3	78.6	67.8

* This is the weighted average for children in government and private schools only.

Chart 3: Trends over time
% Children who can read Std II level text
Cohorts of children in Std IV in 2008, 2010 and 2012

This graph shows the progress of three cohorts from Std IV to Std VIII. For example, the first cohort was in Std IV in 2008, in Std VI in 2010, and in Std VIII in 2012. For this cohort: % children who could read Std II level text in Std IV (in 2008) was 30.4%, and in Std VI (in 2010) was 60.6%. When the cohort reached Std VIII in 2012, this figure was 69.7%. The progress of each of these cohorts can be understood in the same way.

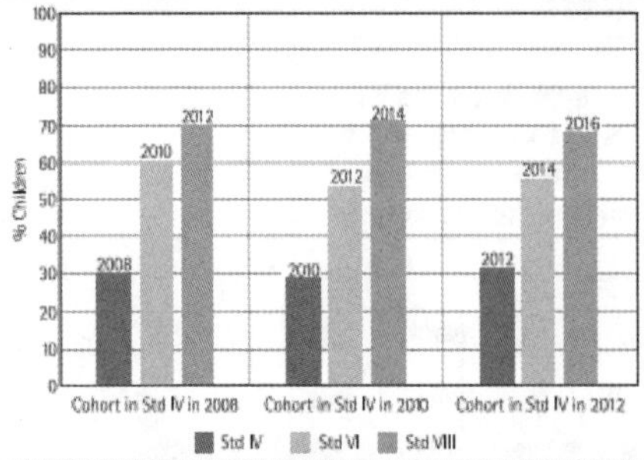

पहला प्रकरण : हिन्दी और 'राष्ट्रभाषा'

Reading

ASER assessments are conducted in the household. The type of school in which children are enrolled (government or private)

Table 4: % Children by grade and reading level
All children 2016

Std	Not even letter	Letter	Word	Std I level text	Std II level text	Total
I	49.7	32.8	8.3	4.8	4.4	100
II	27.3	36.4	14.4	10.1	11.9	100
III	16.8	29.9	15.7	15.1	22.5	100
IV	11.7	23.6	14.1	16.3	34.4	100
V	8.3	19.0	12.3	17.2	43.2	100
VI	5.2	14.7	11.0	16.5	52.7	100
VII	4.0	10.5	8.5	14.9	62.1	100
VIII	3.3	9.0	5.9	14.0	67.9	100

Each row shows the variation in children's reading levels within a given grade. For example, among children in Std III, 16.8% cannot even read letters, 29.9% can read letters but not

Readi

Std II level text

राजू नाम का एक लड़का था। उसकी एक बड़ी बहन व एक छोटा भाई था। उसका भाई गाँव के पास के विद्यालय में पढ़ने जाता था। वह खूब मेहनत करता था। उसकी बहन बहुत अच्छी खिलाड़ी थी। उसे लंबी दौड़ लगाना अच्छा लगता था। वे तीनों रोज़ साथ-साथ मौज-मस्ती करते थे।

Table 6: Trends over time
Reading in Std V and Std VIII by school type
2010, 2012, 2014 and 2016

Year	% Children in **Std V** who can read Std II level text			% Children in **Std VIII** who can read Std II level text		
	Govt.	Pvt.	Govt. & Pvt.*	Govt.	Pvt.	Govt. & Pvt.*
2010	36.0	58.4	44.1	71.8	84.8	77.7
2012	25.6	59.6	42.7	57.3	81.8	69.7
2014	26.8	61.4	44.6	59.3	81.9	70.9
2016	24.3	61.2	43.1	56.3	78.6	67.8

* This is the weighted average for children in government and private schools only.

9. **शिक्षा संस्कृति उत्थान न्यास** भारत में शिक्षा एवं संस्कृति के क्षेत्र में कार्य करने वाला एक न्यास है। इसकी स्थापना 18 मई 2007 को की गयी थी। इसके संस्थापक दीनानाथ बत्रा हैं जो राष्ट्रीय स्वयंसेवक संघ के पूर्व प्रचारक तथा विद्या भारती के पूर्व निदेशक हैं। इस न्यास का घोषित लक्ष्य वर्तमान शिक्षा व्यवस्था की वैकल्पिक व्यवस्था की स्थापना करना है। इस लक्ष्य की प्राप्ति के लिये यह संस्था शिक्षा के पाठ्यक्रम, प्रणाली, विधि और नीति को बदलने तथा शिक्षा के 'भारतीयकरण' को आवश्यक मानती है।

10. **चंद्रभान प्रसाद** (1958-) एक भारतीय पत्रकार, लेखक, कार्यकर्ता और राजनीतिक टिप्पणीकार हैं।

11. अंग्रेजी देवी की मूर्ति और मंदिर की परम्परा की शुरुआत उत्तर प्रदेश की राजधानी लखनऊ से लगभग 175 किलोमीटर दूर लखीमपुर खीरी जिले के एक दलित प्रधान विद्यालय से हुई है। इसका उद्देश्य यह है कि दलित वर्ग के लोगों को रोजी-रोटी के बाजार में अंग्रेजी के महत्व को समझाया जाए और उन्हें अंग्रेजी सीखने के लिये प्रेरित किया जाये। अंग्रेजी देवी की प्रतिमा लखीमपुर खीरी जिले में दलितों द्वारा संचालित नालंदा पब्लिक शिक्षा निकेतन में स्थापित की गयी थी, जहाँ सामूहिक चंदे से जुटाए गए धन से इसका मंदिर बनाया गया है।
(स्रोत: hindi.webdunia.com)

12. **भीमराव रामजी आम्बेडकर** (1891-1951) भारतीय अर्थशास्त्री, राजनीतिज्ञ और समाजसुधारक थे। उन्होंने दलित बौद्ध आंदोलन को प्रेरित किया और दलितों से सामाजिक भेदभाव के विरुद्ध अभियान चलाया था। वे स्वतंत्र भारत के प्रथम विधि एवं न्याय मन्त्री, भारतीय संविधान के जनक एवं भारत गणराज्य के निर्माताओं में से एक थे। सन् 1990 में उन्हें भारत रत्न, भारत के सर्वोच्च नागरिक सम्मान से मरणोपरांत सम्मानित किया गया था। 14 अप्रैल को उनका जन्म दिवस आम्बेडकर जयंती के तौर पर मनाया जाता है।

II. शब्दावली

वर्णमाला : (स्त्री.) किसी लिपि विशेष के समस्त वर्णों की क्रमवार सूची, अल्फाबेट

दिक्कत : (स्त्री.) कठिनाई, परेशानी

पलायन : (पु.) भागना, अन्यत्र चले जाना

दक्ष : (वि.) कुशल, निपुण

आक्रामिता : (स्त्री.) आक्रमण

आशंकित : (वि.) जिस की शंका हो, त्रस्त, भयभीत

हंगामा : (पु.) हल्ला-गुल्ला

अनुपात : (पु.) एक वस्तु का दूसरी वस्तु से सापेक्षिक संबंध; मान, माप आदि की तुलना के विचार से परस्पर संबंध या अपेक्षा, तुलनात्मक स्थिति

बगावत : (स्त्री.) बागी होना, किसी के किलाफ़ खड़ा होना, विद्रोह

अनुदान : (पु.) सरकार से मिलने वाली वित्तीय सहायता राशि, आर्थिक मदद

गति : (स्त्री.) हालत, दशा

कुंठा : (स्त्री.) निराशाजन्य अतृप्त भावना

वंचित : (वि.) जिससे वांछित वस्तु प्राप्त न हुई हो या प्राप्त करने से रोका गया हो

लचर : (वि.) तथ्यहीन और कमजोर

इस लिहाज से : इस दृष्टि से

कांवेंट : convent

भर्ती : (स्त्री.) भरती, प्रवेश, दाखिला, नाम लिखा जाना

सत्र : (पु.) नियत काल, सेशन

नजरिया : (पु.) दृष्टिकोण, सोच

प्रतिभाशाली : (वि.) जो प्रतिभा से युक्त हो, प्रतिभावान

गुणवत्ता : (स्त्री.) विशिष्टता या गुण संबंधी उत्कृष्टता, quality

वाकई : (क्रि.वि.) वास्तव में, सचमुच, वस्तुतः

सचिव : (पु.) वज़ीर, मंत्री

ठेलना : (स.क्रि.) बलप्रयोग या ज़बरदस्ती करना, बलपूर्वक हटाना, धकेलना

कायदे से : विधि या नियम के अनुसार

वकालत : (स्त्री.) वकील का काम, पैरवी करना

III. निम्नलिखित सवालों पर गौर कीजिए और इनके जवाब दीजिए।

1. निम्नलिखित वाक्यों का चीनी में अनुवाद कीजिए।

    १. मीडिया रिपोर्ट से यह साफ नहीं हो सका कि नर्सरी की पढ़ाई अंग्रेज़ी माध्यम में होगी या

अंग्रेज़ी वर्णमाला सिखाई जाएगी। तब तक मान कर चलना चाहिए कि योगी जी ने यूपी के सरकारी स्कूलों को इंग्लिश मीडियम बनाने का फ़ैसला नहीं किया है, बल्कि अंग्रेजी एक विषय के रूप में होगा।

२. इस फैसले से सरकारी स्कूलों में बड़े पैमाने पर संस्कृत और विदेशी भाषा के शिक्षकों के लिए संभावना बनती दिख रही है। परमानेंट तो नहीं लेकिन ठेके पर भी किसी को कहां दिक्कत है।

३. 2014 में केंद्र में सत्ता में आने के बाद हिन्दी और संस्कृत को लेकर काफी शोर हुआ। इतना शोर हुआ कि दक्षिण में लोग हिन्दी के प्रति इस नई आक्रामकता को लेकर आशंकित हो उठे। संस्कृत को लेकर जितना हंगामा हुआ, उस अनुपात में काम क्या हुआ, इसकी मुझे जानकारी नहीं है।

४. मातृभाषा की लड़ाई सिर्फ दो जगहों पर जीती जाती है। निबंध प्रतियोगिता और सेमिनार में। बाकी हर जगह पर मातृभाषा की लड़ाई संघ भी हार जाता है। मोदी भी हार जाते हैं, योगी भी हार जाते हैं, लेफ्ट राइट सेंटर सबकी यही गति होती है।

५. धारणा से तो लगता है कि सब अंग्रेजी माध्यम स्कूल में ठेले जा रहे हैं लेकिन 83 प्रतिशत बच्चे इस देश के हिन्दी या अन्य मातृभाषा में शिक्षा ले रहे हैं। सरकार ने यह आंकड़ा सदन में दिया है। बिहार में मात्र 3 प्रतिशत बच्चे ही ऐसे स्कूल में जाते हैं जो अंग्रेज़ी माध्यम के हैं। इसका मतलब है कि आज भी भारत में ज़्यादा बच्चे हिन्दी माध्यम में पढ़ रहे हैं तो कायदे से सरकार को अंग्रेज़ी माध्यम को प्रोत्साहित करना चाहिए या हिन्दी माध्यम को। आंदोलन हिन्दी माध्यम में सामग्री उपलब्ध कराने का चलना चाहिए या अंग्रेज़ी माध्यम का करके वाहवाही लूटने का चलना चाहिए।

६. मैं ख़ुद इसकी वकालत करता हूं क्योंकि हिन्दी को लेकर हम थर्ड क्लास की राजनीति ही कर सकते हैं, अंग्रेज़ी का कुछ बिगाड़ नहीं सकते। इसलिए हिन्दी माध्यम के छात्रों से कहता हूं कि इन नेताओं के चक्कर में मत रहो। आराम से और लगन से अंग्रेज़ी में ख़ुद को दक्ष करो। क्योंकि व्यवस्था पर कब्ज़ा करने का तरीका तो सबको मालूम है, बदलने का किसी को नहीं मालूम।

2. 'यूपी से पलायन रोकने वाली सरकार अवसरों की तलाश में विदेश जाने वालों के लिए एक भाषा की व्यवस्था करा रही है तो यह एक व्यावहारिक और अच्छा फ़ैसला है।'

   इस वाक्य का चीनी में अनुवाद कीजिए और बताइए लोगों के यूपी से पलायन होने के मुख्य कारण क्या हैं? यूपी सरकार क्यों उसे रोकना चाहती है और आपके विचार में उसे रोकने के कौन कौन से तरीके होंगे?
3. लेखक ने क्यों उपरोक्त लेख में लिखा है- निबंध प्रतियोगिता और सेमिनार के अलावा मातृभाषा की लड़ाई हर जगह पर हार जाती है, चाहे संघ हो, मोदी हो या योगी हो, लेफ्ट राइट सेंटर सबकी यही गति होती है? क्या अभी तक ऐसी गति होती रहती है?
4. लेखक क्यों मानते हैं कि यूपी के सीएम योगी आदित्यनाथ का सरकारी स्कूलों में नर्सरी कक्षा से ही अंग्रेज़ी की पढ़ाई शुरू होने का फैसला व्यावहारिक है? क्या यह फैसला मातृभाषा में शिक्षा को महत्व दिया जाने की मान्यता के विरुद्ध है?
5. आपके विचार में लेखक मातृभाषा में शिक्षा देने के पक्ष में हैं या नहीं? अगर वे इसके पक्ष में हैं, तो वे क्यों हिन्दी माध्यम के छात्रों से कहते हैं- 'आराम से और लगन से अंग्रेज़ी में ख़ुद को दक्ष करो'?
6. आप संक्षिप्त रूप में बताइए लेखक उपरोक्त लेख के माध्यम से क्या विचार रखना चाहते हैं?
7. निम्न लेख पढ़िए और बताइए हिन्दी में चिकित्सा की पढ़ाई करने का फ़ायदा या नुकसान क्या होगा?

शिक्षा क्षेत्र में क्रांतिकारी कदम, हिन्दी में चिकित्सा पाठ्यक्रम

डॉ. सौरभ मालवीय

(21/10/2022)

(www.naidunia.com)

मध्य प्रदेश की शिवराज सरकार ने हिन्दी भाषा में चिकित्सा की पढ़ाई प्रारम्भ करके शिक्षा के

क्षेत्र में इतिहास रच दिया है। इस पहल के लिए मुख्यमंत्री शिवराज चौहान की सरहाना की जानी चाहिए। भारत एक विशाल देश है। यहाँ के विभिन्न राज्यों की अपनी क्षेत्रीय भाषाएँ हैं। स्वतंत्रता के पश्चात से ही मातृभाषा को प्रोत्साहित करने की बातें चर्चा में रही हैं, परंतु इनके विकास के लिए कोई ठोस उपाय नहीं किए गए। इसके कारण प्रत्येक क्षेत्र में विदेशी भाषा अंग्रेजी का वर्चस्व स्थापित हो गया। अब भारतीय जनता पार्टी की सरकारों ने देश के विभिन्न राज्यों की मातृभाषाओं के विकास का बीड़ा उठाया है। इसका प्रारम्भ मध्य प्रदेश से हुआ है। मध्य प्रदेश के पश्चात अब उत्तर प्रदेश में भी चिकित्सा एवं तकनीकी पढ़ाई हिन्दी में होगी। उत्तर प्रदेश के मुख्यमंत्री योगी आदित्यनाथ ने अपने ट्वीट के माध्यम से इसकी घोषणा करते हुए कहा है कि उत्तर प्रदेश में मेडिकल और इंजीनियरिङ्ग की कुछ पुस्तकों का हिन्दी में अनुवाद कर दिया गया है। आगामी वर्ष से प्रदेश के विश्वविद्यालयों और महाविद्यालयों में इन विषयों के पाठ्यक्रम हिन्दी में भी पढ़ने के लिए मिलेंगे।

उल्लेखनीय है कि गत 16 अक्टूबर को केंद्रीय गृहमंत्री अमित शाह ने भोपाल में चिकित्सा शिक्षा की हिन्दी भाषा की तीन पुस्तकों का विमोचन किया। इनमें एमबीबीएस (MBBS, Bachelor of Medicine, Bachelor of Surgery) प्रथम वर्ष की एनाटॉमी, फिजियोलॉजी एवं बायो केमिस्ट्री की पुस्तकें सम्मिलित हैं, जिनका हिन्दी में अनुवाद किया गया है। उल्लेख करने योग्य बात यह भी है कि चिकित्सीय शब्दावली को ज्यों का त्यों रखा गया है, क्योंकी संपूर्ण पाठ का हिन्दी में अनुवाद करना संभव नहीं है। यदि ऐसा किया जाता है, तो इससे छात्रों के लिए कई प्रकार की समस्याएँ उत्पन्न हो सकती हैं। राज्य के 13 राजकीय महाविद्यालयों में हिन्दी में चिकित्सा की पढ़ाई प्रारम्भ हो गई है।

केंद्रीय गृहमंत्री अमित शाह ने इस पहल के लिए शिवराज सरकार को बधाई देते हुए कहा कि आज का दिन शिक्षा के क्षेत्र में नवनिर्माण का दिन है। शिवराज सरकार ने देश में सर्वप्रथम चिकित्सा की हिन्दी में पढ़ाई प्रारम्भ करके प्रधानमंत्री नरेंद्र मोदी जी की इच्छा की पूर्ति की है। प्रधानमंत्री नरेंद्र मोदी ने हिन्दी, तमिल, तेलुगू, मलयालम, गुजराती, बंगाली आदि सभी क्षेत्रीय भाषाओं में चिकित्सा एवं तकनीकी शिक्षा उपलब्ध कराने का आह्वान किया था।

उन्होंने कहा कि देश के विद्यार्थी जब अपनी भाषा में पढ़ाई करेंगे, तभी वह सच्ची सेवा कर पाएँगे। साथ ही लोगों की समस्याओं को ठीक प्रकार से समझ पाएँगे। चिकित्सा के पश्चात अब 10 राज्यों में इंजीनियरिङ्ग की पढ़ाई उनकी मातृभाषा में प्रारम्भ होने वाली है। देशभर में आठ भाषाओं में इंजीनियरिङ्ग की पुस्तकों का अनुवाद का कार्य प्रारम्भ हो चुका है और कुछ ही समय में देश के सभी विद्यार्थी अपनी मातृभाषा में चिकित्सा एवं तकनीकी शिक्षा प्राप्त करना प्रारम्भ करेंगे। मैं देश भर के युवाओं से कहता हूं कि अब भाषा कोई बाध्यता नहीं है। आप इससे बाहर आएँ। आपको अपनी मातृभाषा पर गर्व करना चाहिए। अपनी मातृभाषा में शिक्षा प्राप्त करके आप अपनी प्रतिभा का और अच्छी तरह प्रदर्शन करने के लिए स्वतंत्र हैं। मातृभाषा में व्यक्ति सोचने, समझने, अनुसंधान, तर्क एवं कार्य और अच्छे ढंग से कर सकता है। मुझे पूर्ण विश्वास है कि भारतीय छात्र जब मातृभाषा में चिकित्सा और तकनीकी शिक्षा का अध्ययन करेंगे तो भारत विश्व में शिक्षा का बड़ा केन्द्र बन जाएगा। जो लोग मातृभाषा के समर्थक हैं, उनके लिए आज का दिन गौरव का दिन है। उन्होंने नेल्सन मंडेला का स्मरण करते हुए कहा कि किसी भी व्यक्ति के सोचने की प्रक्रिया अपनी मातृभाषा में ही होती है। नेल्सन मंडेला ने कहा था कि अगर व्यक्ति से उसकी मातृभाषा में बात करें तो वह बात उसके दिल में पहुंचती है।

यह सर्वविदित है कि मातृभाषा में शिक्षा प्राप्त करना अत्यंत सहज एवं सुगम होता है। अपनी मातृभाषा में विद्यार्थी किसी भी विषय को सरलता से समझ लेता है, जबकि अन्य भाषा में उसे कठिनाई का सामना करना पड़ता है। विश्व भर के शिक्षाविदों ने मातृभाषा में शिक्षा प्रदान किए जाने को महत्व दिया है। विश्व स्वास्थ्य संगठन की एक रिपोर्ट के अनुसार अपनी मातृभाषा में चिकित्सा की पढ़ाई करवाने वाले देशों में चिकित्सा एवं स्वास्थ्य व्यवस्था अन्य देशों से अच्छी स्थिति में है। चीन, रूस, जर्मनी, फ्रांस एवं जापान सहित अनेक देश अपनी मातृभाषा में शिक्षा प्रदान कर रहे हैं। सर्वविदित है कि ये देश लगभग प्रत्येक क्षेत्र में अग्रणी हैं। इन देशों ने अपनी मातृभाषा में शिक्षा प्रदान करके ही उन्नति प्राप्त की है। यदि स्वतंत्रता के पश्चात भारत में भी मातृभाषा में चिकित्सा एवं तकनीकी शिक्षा प्रदान की जाती तो हम भी आज उन्नति के शिखर पर होते।

उल्लेखनीय है कि नई शिक्षा नीति के अंतर्गत भारतीय भाषाओं को प्रोत्साहित किया जा रहा है। प्रधानमंत्री नरेंद्र मोदी का कहना है कि हिन्दी में चिकित्सा की पढ़ाई प्रारंभ होने से देश में बड़ा सकारात्मक परिवर्तन आएगा। लाखों छात्र अपनी भाषा में अध्ययन कर सकेंगे तथा उनके लिए कई नये अवसरों के द्वार भी खुलेंगे।

निसंदेह ग्रामीण परिवेश एवं मध्यम वर्ग के हिन्दी माध्यम में पढ़ने वाले विद्यार्थियों के लिए चिकित्सा एवं तकनीकी पढ़ाई सुगम हो जाएगी, क्योंकि उन्हें चिकित्सा विज्ञान की पुस्तकों में अंग्रेजी भाषा के कठिन शब्द समझने में कठिनाई होती है। चिकित्सा एवं इंजीनियरिङ्ग की शिक्षा के पश्चात विज्ञान, वाणिज्य एवं न्याय की शिक्षा भी मातृभाषा में होनी चाहिए। न्यायिक क्षेत्र में सारे कार्य भी मातृभाषा में होने चाहिए। न्यायिक मामलों की कार्यवाही भी मातृभाषा में होनी चाहिए। प्राय: न्यायालयों का सारा कार्य अंग्रेजी में होता है। लोगों को पता नहीं होता कि अधिवक्ता न्यायाधीश से क्या कह रहा है और क्या नहीं। उन्हें कार्यवाही की कोई जानकारी नहीं होती। अपनी मातृभाषा में न्यायिक कार्य होने से लोगों को आसानी हो जाएगी।

कुछ लोग हिन्दी में चिकित्सा एवं तकनीकी की पढ़ाई का विरोध कर रहे हैं। उनका कहना है कि छात्रों को हिन्दी में पुस्तकें उपलब्ध नहीं होंगी। वास्तव में यही वे लोग हैं, जो अंग्रेजी का वर्चस्व स्थापित रखने के पक्ष में हैं। ये लोग नहीं चाहते कि भारतीय भाषाएँ उन्नति करें। ऐसे लोगों के कारण ही स्वतंत्रता के पश्चात भी अंग्रेजी फलती-फूलती रही तथा भारतीय भाषाओं का विकास अवरुद्ध होता चला गया। वर्तमान में इन विषयों की बहुत सी पाठ्य पुस्तकें हिन्दी में उपलब्ध नहीं हैं, किन्तु अभी चिकित्सा एवं तकनीकी पुस्तकों का अनुवाद का कार्य चल रहा है। पाठ्यक्रम की पुस्तकों के अतिरिक्त चिकित्सा से संबंधित अन्य पुस्तकों का अनुवाद का कार्य भी होगा। भविष्य में इन विषयों की पुस्तकों का कोई अभाव नहीं रहेगा। इसलिए पुस्तकों की उपलब्धता के कारण इस नई पहल का विरोध करना उचित नहीं है।

पूर्व में अंग्रेजी भाषा का अच्छा ज्ञान न होने के कारण योग्य एवं प्रतिभाशाली विद्यार्थी चिकित्सा एवं तकनीकी आदि विषयों की पढ़ाई नहीं कर पाते थे, किन्तु अब भाषा की बाधा दूर हो रही है। अब अंग्रेजी भाषा विद्यार्थियों के सुनहरे भविष्य के आड़े नहीं आएगी। यह देश का दुर्भाग्य है कि

पहला प्रकरण : हिन्दी और 'राष्ट्रभाषा'

हिन्दी को देश की राजभाषा घोषित करने पश्चात भी एक राजनीतिक षड्यंत्र के कारण विदेशी भाषा अंग्रेजी में कार्य करने को विशेष महत्व दिया जाता रहा है। अंग्रेजी के कारण हिन्दी सहित लगभग सभी भारतीय भाषाएँ पिछड़ती चली गईं। ये सब भाषाएँ आज भी अपने मान-सम्मान के लिए संघर्ष कर रही हैं। किन्तु प्रधानमंत्री नरेंद्र मोदी के अथक प्रयासों से चिकित्सा एवं तकनीकी पढ़ाई हिन्दी में प्रारम्भ होने से यह आशा जगी है कि भारतीय भाषाओं को उनका खोया हुआ मान-सम्मान पुन: प्राप्त हो सकेगा।

दूसरा प्रकरण : अयोध्या मंदिर-मस्जिद विवाद

प्रस्तावना

अयोध्या विवाद एक ऐतिहासिक, राजनीतिक और सामाजिक-धार्मिक मुद्दा है। भारत में कई लोग दावा करते हैं कि मुगल बादशाह बाबर ने राम मंदिर को तुड़वाकर मस्जिद का निर्माण करवाया था। अयोध्या का विवाद तब से शुरू हुआ था और पांच सदियों तक चलता जाता है। आजादी के बाद से लंबे समय तक इस विवाद ने भारत के समाज और राजनीति पर खूब प्रभाव डाला है। इसकी वजह से हिंसा हुई, दंगा हुआ और बहुत लोग मारे गए। साथ ही साथ कुछ लोग ऐसे भी हैं जिन्होंने इस विवाद का पूरा लाभ उठाया है। यह विवाद 9 नवम्बर 2019 को भारत के सुप्रीम कोर्ट के एक ऐतिहासिक फैसले के बाद खत्म हुआ होगा, हालांकि सुप्रीम कोर्ट के इस फैसले पर भारत में भी लोगों की अपनी-अपनी प्रतिक्रियाएँ हो रही हैं।

इस प्रकरण में चार लेख चुने गए हैं जो परस्पर विरोधी विचार एवं राय व्यक्त करते हैं। इन निबंधों के जरिए आप जान सकें कि अयोध्या विवाद कब और कहाँ से शुरू हुआ था, ऐतिहासिक दृष्टिकोण से इसमें सच्चाई क्या होनी चाहिए थी, इस मुद्दे को लेकर हिन्दू राष्ट्रवादी, सामाजिक विश्लेषक व बुद्धिजीवि की भिन्न भिन्न राय क्या होती है, यह विवाद कैसे राजनीतिक मुद्दा बन गया है तथा भारतीय समाज पर कौन सा प्रभाव डाला है और डालेगा।

यूनिट १ जानें, कब और कहां से शुरू हुआ था अयोध्या विवाद, यहां पढ़ें पूरा इतिहास

('न्यूज स्टेट ब्यूरो' एवं 'एफ़ई ऑनलाइन' ई-अखबार की रिपोर्टों के आधार पर)

अयोध्या में राम जन्मभूमि मंदिर के निर्माण के लिए भूमिपूजन आज प्रधानमंत्री नरेन्द्र मोदी के हाथों सम्पन्न हो गया। मुगल साम्राज्य, ब्रिटिश शासन...और फिर स्वतंत्रता के बाद भी दशकों तक अनसुलझा रहा अयोध्या राम जन्मभूमि विवाद 9 नवम्बर 2019 को सुप्रीम कोर्ट के ऐतिहासिक फैसले के बाद खत्म हुआ। आइए राम मंदिर के विवाद, उसके समाधान से लेकर भूमि पूजन तक के घटनाक्रम को जानते हैं।

-1528 में मुगल बादशाह बाबर के कमांडर मीर बाकी ने अयोध्या में बाबरी मस्जिद का निर्माण कराया।

-अयोध्या विवाद का इतिहास बेहद ही लंबा है जो 1853 से शुरू होता है। 1853 में इस जगह के आसपास पहली बार दंगे हुए थे।

-1859 में अंग्रेजों ने विवादित जगह के आसपास बाड़ लगा दी। मुसलमानों को ढांचे के अंदर और हिन्दुओं को बाहर चबूतरे पर पूजा करने की इजाजत दी गई।

-1885 में महंत रघुबर दास ने फैजाबाद के उप-जज के सामने याचिका दायर कर विवादित ढांचे के बाहर शामियाना तानने की अनुमति मांगी। लेकिन जज ने इसे खारिज कर दिया। यह चबूतरा मस्जिद के बेहद करीब था जिसकी वजह से मंदिर बनाने की इजाजत नहीं दी गई।

-23 दिसंबर 1949 को असली विवाद शुरू हुआ। विवादित ढांचे के बाहर केंद्रीय गुंबद में रामलला की मूर्तियां स्थापित की गईं। मस्जिद के अंदर राम की मूर्तियां मिलने पर हिन्दुओं में मंदिर बनाने की इच्छा प्रबल हुई। हिन्दुओं का कहना था कि भगवान राम वहां प्रकट हुए हैं। जबकि मुस्लिमों का कहना था कि चुपके से मूर्ति वहां रख दी गई।

तब तत्कालीन पीएम जवाहर लाल नेहरू ने यूपी के तत्कालीन मुख्यमंत्री जी.बी.पंत से इस मामले में फौरन कार्रवाई करने को कहा। लेकिन जिला मजिस्ट्रेट के.के.नायर ने हिन्दुओं की भावनाओं को

भड़कने और दंगे फैलने के डर से राम की मूर्तियां हटाने से मना कर दिया। जिसके बाद इसे विवादित ढांचा मानकर ताला लगवा दिया गया।

-16 जनवरी 1950 को गोपाल सिंह विशारद नामक शख्स ने फैजाबाद के सिविल जज के सामने अर्जी दाखिल कर यहाँ पूजा की इजाजत मांगी। जिसे जज एन.एन.चंदा ने इजाजत दे दी। मुसलमानों ने इस फैसले के खिलाफ अर्जी दायर की।

-1959 में निर्मोही अखाड़े ने जमीन पर अधिकार दिए जाने के लिए याचिका दायर की।

-1981 में उत्तरप्रदेश सुन्नी केंद्रीय वक्फ बोर्ड ने स्थल पर अधिकार के लिए याचिका दायर की।

-1984 में विवादित ढांचे की जगह मंदिर बनाने के लिए विश्व हिन्दू परिषद ने एक कमिटी गठित की।

-1फरवरी 1986 को यू.सी.पांडे की याचिका पर फैजाबाद के जिला जज के.एम.पांड ने पूजा करने की इजाजत देते हुए विवादित ढांचे से ताला हटाने का आदेश दिया। जिसके विरोध में बाबरी मस्जिद संघर्ष समिति का गठन किया गया।

-14 अगस्त 1986 को इलाहाबाद हाई कोर्ट ने विवादित ढांचे के लिए यथास्थिति बनाए रखने का आदेश दिया।

-6 दिसंबर 1992 को बीजेपी, वीएचपी और शिवसेना समेत दूसरे हिन्दू संगठनों के लाखों कार्यकर्ताओं ने विवादित ढांचे को गिरा दिया। जिसके बाद पूरे देश में दंगे भड़क गए जिनमें करीब 2 हजार लोगों की जानें गईं।

-16 दिसंबर 1992 को लिब्रहान आयोग गठित किया गया। लिब्रहान आयोग को 16 मार्च 1993 को यानी तीन महीने में रिपोर्ट देने को कहा गया था। लेकिन आयोग ने रिपोर्ट देने में 17 साल लगा दिए।

-3 अप्रैल 1993 को विवादित स्थल में जमीन अधिग्रहण के लिए केंद्र ने 'अयोध्या में निश्चित क्षेत्र अधिग्रहण कानून' पारित किया।

-24 अक्टूबर 1994 को सुप्रीम कोर्ट ने ऐतिहासिक इस्माइल फारूकी मामले में कहा कि मस्जिद इस्लाम से जुड़ी हुई नहीं है।

-30 जून 2009 को लिब्रहान आयोग ने चार भागों में 700 पन्नों की रिपोर्ट तत्कालीन प्रधानमंत्री मनमोहन सिंह और गृह मंत्री पी.चिदंबरम को सौंपा, जांच आयोग का कार्यकाल 48 बार बढ़ाया गया। आयोग ने अटल बिहारी वाजपेयी और मीडिया को दोषी ठहराया और नरसिंह राव को क्लीन चिट दी।

-2010 में इलाहाबाद उच्च न्यायालय की लखनऊ पीठ ने निर्णय सुनाया जिसमें विवादित भूमि को रामजन्मभूमि घोषित किया गया। कोर्ट ने बहुमत से निर्णय दिया कि विवादित भूमि जिसे रामजन्मभूमि माना जाता है उसे हिन्दू गुटों को दे दिया जाए। यह भी कोर्ट ने आदेश दिया कि रामलला की प्रतिमा को वहां से नहीं हटाया जाएगा।

इसके साथ ही सीता रसोई और राम चबूतरा आदि के कुछ भागों पर निर्मोही अखाड़े का भी कब्ज़ा रहा है इसलिए यह हिस्सा निर्माही अखाड़े के पास ही रहेगा। दो न्यायधीशों ने यह निर्णय भी दिया कि इस भूमि के कुछ भागों पर मुसलमान प्रार्थना करते रहे हैं इसलिए विवादित भूमि का एक तिहाई हिस्सा मुसलमान गुटों को दे दिया जाए। यानी हाई कोर्ट ने 2:1 बहुमत से विवादित क्षेत्र को सुन्नी वक्फ बोर्ड, निर्मोही अखाड़ा और रामलला के बीच तीन हिस्सों में बांटने का आदेश दिया। कोर्ट के इस फैसले को हिन्दू और मुस्लिम पक्ष ने मानने से इंकार कर दिया और सुप्रीम कोर्ट का दरवाजा खटखटाया।

-9 मई 2011 को सुप्रीम कोर्ट ने अयोध्या जमीन विवाद में इलाहाबाद हाई कोर्ट के फैसले पर रोक लगाई।

-26 फरवरी 2016 को सुब्रमण्यम स्वामी ने सुप्रीम कोर्ट में याचिका दायर कर विवादित स्थल पर राम मंदिर बनाए जाने की मांग की।

-2017 में उत्तर प्रदेश विधानसभा चुनाव से पहले एक बार फिर बीजेपी ने राम मंदिर का मुद्दा उठाना शुरू किया। पार्टी ने चुनावों के लिए जारी घोषणापत्र में 'संविधान के दायरे में सभी संभावित तरीकों से अयोध्या में राम मंदिर के निर्माण' की बात कही।

-7 अगस्त 2017 को सुप्रीम कोर्ट ने तीन सदस्यीय पीठ का गठन किया जो 1994 के इलाहाबाद हाई कोर्ट के फैसले को चुनौती देने वाली याचिकाओं पर सुनवाई करेगी। सुनवाई से ठीक पहले

शिया वक्फ बोर्ड ने न्यायालय में याचिका लगाकर विवाद में पक्षकार होने का दावा किया और 70 वर्ष बाद 30 मार्च 1946 के ट्रायल कोर्ट के फैसले को चुनौती दी जिसमें मस्जिद को सुन्नी वक्फ बोर्ड की सम्पत्ति घोषित कर दिया गया था।

-20 नवम्बर 2017 को यूपी शिया केंद्रीय वक्फ बोर्ड ने सुप्रीम कोर्ट से कहा कि मंदिर का निर्माण अयोध्या में किया जा सकता है और मस्जिद का लखनऊ में।

-सुप्रीम कोर्ट ने कहा कि 5 दिसंबर 2017 से इस मामले की अंतिम सुनवाई शुरू की जाएगी। लेकिन विवाद इतना लंबा था कि एक बार फिर से सुप्रीम कोर्ट को कहना पड़ा कि 5 फरवरी 2018 से इस मामले की अंतिम सुनवाई शुरू की जाएगी।

-27 सितंबर 2018 को सुप्रीम कोर्ट ने यह तय किया कि इस्लाम में मस्ज़िद की अनिवार्यता के सवाल पर फिर से विचार नहीं हो। साल 1994 में आए इस्माइल फारुखी मामले में सुप्रीम कोर्ट ने माना था कि मस्ज़िद इस्लाम का अनिवार्य हिस्सा नहीं है। अयोध्या राम जन्मभूमि मामले में मुख्य न्यायाधीश दीपक मिश्रा की अध्यक्षता वाली तीन सदस्यीय पीठ ने मुस्लिम पक्ष की ओर से उठाए गए मसलों पर यह फैसला सुनाया।

-29 अक्टूबर 2018 को सुप्रीम कोर्ट ने मामले की सुनवाई उचित पीठ के समक्ष जनवरी के पहले हफ्ते में तय की, जो सुनवाई के समय पर निर्णय करेगी।

-8 जनवरी 2019 को सुप्रीम कोर्ट ने मामले की सुनवाई के लिए पांच न्यायाधीशों की संविधान पीठ का गठन किया, जिसकी अध्यक्षता प्रधान न्यायाधीश रंजन गोगोई करेंगे। इसमें जस्टिस एस.ए.बोबडे, जस्टिस एन.वी.रमन्ना, जस्टिस यू.यू.ललित और जस्टिस डी.वाई.चंद्रचूड़ शामिल होंगे।

-10 जनवरी 2019 को जस्टिस यू.यू.ललित ने मामले से खुद को अलग किया, जिसके बाद सुप्रीम कोर्ट ने मामले की सुनवाई 29 जनवरी को नई पीठ के समक्ष तय की।

-25 जनवरी 2019 को सुप्रीम कोर्ट ने मामले की सुनवाई के लिए पांच सदस्यीय संविधान पीठ का पुनर्गठन किया। नई पीठ में चीफ जस्टिस रंजन गोगोई, जस्टिस एस.ए.बोबडे, जस्टिस डी.वाई.चंद्रचूड़, जस्टिस अशोक भूषण और न्यायमूर्ति एस.ए.नजीर शामिल थे।

-26 फरवरी 2019 को सुप्रीम कोर्ट ने मध्यस्थता का सुझाव दिया और फैसले के लिए 5 मार्च की तारीख तय की, जिसमें मामले को अदालत की तरफ से नियुक्त मध्यस्थ के पास भेजा जाए अथवा नहीं इस पर फैसला लिया जाएगा।

-मार्च 2019 में सुप्रीम कोर्ट ने मध्यस्थता के लिए विवाद को एक समिति के पास भेज दिया, जिसके अध्यक्ष सुप्रीम कोर्ट के पूर्व न्यायाधीश एफ.एम.आई.कलीफुल्ला बनाए गए।

-2 अगस्त 2019 को सुप्रीम कोर्ट ने मध्यस्थता नाकाम होने पर 6 अगस्त से रोजाना सुनवाई शुरू करने का फैसला किया।

-9 नवंबर 2019 को सुप्रीम कोर्ट ने 2.77 एकड़ की पूरी विवादित जमीन राम जन्मभूमि न्यास को देने और सुन्नी वक्फ बोर्ड को अयोध्या में 5 एकड़ की वैकल्पिक जमीन देने का फैसला दिया। निर्मोही अखाड़े का दावा खारिज किया गया।

-5 फरवरी 2020 को केंद्रीय मंत्रिमंडल की बैठक में श्रीराम जन्मभूमि तीर्थ क्षेत्र के गठन के प्रस्ताव को मंजूरी दी गई। प्रधानमंत्री नरेन्द्र मोदी ने लोकसभा में इस बात का एलान किया। प्रधानमंत्री मोदी ने कहा कि सरकार ने अयोध्या कानून के तहत अधिग्रहीत 67.70 एकड़ भूमि राम जन्मभूमि तीर्थ क्षेत्र को हस्तांतरित करने का फैसला किया है। प्रधानमंत्री मोदी ने सदन को यह भी बताया कि उच्चतम न्यायालय के फैसले के आलोक में सुन्नी वक्फ बोर्ड को 5 एकड़ जमीन देने के संबंध में उत्तर प्रदेश सरकार से आग्रह किया गया था और उत्तर प्रदेश सरकार ने इसे मंजूरी दे दी है।

-19 फरवरी 2020 को श्रीराम जन्मभूमि तीर्थ क्षेत्र ट्रस्ट की नई दिल्ली में पहली बैठक हुई। इसमें रामजन्मभूमि न्यास के महंत नृत्य गोपाल दास को चेयरमैन और चम्पत राय को महासचिव चुना गया।

-22 जुलाई 2020 को प्रधानमंत्री नरेंद्र मोदी के 5 अगस्त को अयोध्या में राम मंदिर की आधारशिला रखने का एलान हुआ।

-5 अगस्त 2020 को राम मंदिर का भूमिपूजन और शिलान्यास पूरा हुआ। राम मंदिर का उद्घाटन 22 जनवरी 2024 को होगा।

I. टिप्पणियाँ

1. **फैजाबाद** भारत के राज्य उत्तर प्रदेश का एक प्रमुख शहर है, जो अयोध्या शहर के साथ मिला हुआ एक नगर निगम है। फैजाबाद का इतिहास अत्यन्त गौरवपूर्ण एवं समृद्ध है। माना जाता है कि यह प्रभु श्रीराम की जन्मभूमि एवं कर्मस्थली है।

2. **रामलला :** 22 दिसंबर 1949 की रात को बाबरी मस्जिद के गुम्बद के ठीक नीचे राम की प्रतिमा रख दी गई। यह प्रतिमा राम के बाल रूप की थी। मूर्ति रखने वाले चूंकि गुम्बद के नीचे राम के जन्म की बात को बल देना चाहते थे, उन्होंने राम के साथ 'लला' लगाया, इसका संदेश यह है कि 'प्रकट' हुए राम छोटे बालक हैं, लला हैं।

3. **निर्मोही अखाड़ा** वैष्णव सम्प्रदाय का एक अखाड़ा है। उसने खुद को उस स्थल का संरक्षक बताया जहाँ माना जाता है कि भगवान राम का जन्म हुआ था। कहा जाता है कि 14वीं सदी में वैष्णव संत और कवि रामानंद ने इस अखाड़े की नींव रखी थी। राम की पूजा करने वाले इस अखाड़े के बारे में माना जाता है कि वो आर्थिक रूप से काफी संपन्न है, उसके उत्तर प्रदेश, उत्तराखंड, मध्य प्रदेश, राजस्थान, गुजरात और बिहार में कई अखाड़े और मंदिर हैं।

4. **वक्फ बोर्ड** का गठन साल 1964 में भारत सरकार ने वक्फ कानून 1954 के तहत किया था। इसका मकसद भारत में इस्लामिक इमारतों, संस्थानों और जमीनों के सही रखरखाव और इस्तेमाल को देखना था। इस संस्था में एक अध्यक्ष और बतौर सदस्य 20 लोग होते हैं। इन लोगों को केंद्र सरकार नियुक्त करती है। इसके अलावा अलग-अलग राज्यों में अपने वक्फ बोर्ड भी होते हैं।

5. **विश्व हिन्दू परिषद** एक हिन्दू संगठन है। यह राष्ट्रीय स्वयंसेवक संघ (आरएसएस) का एक अनुषंगिक संगठन है। विश्व हिन्दू परिषद, वीएचपी और विहिप के नाम से भी जाना जाता है।

6. **शिवसेना** भारत का एक क्षेत्रीय राजनैतिक दल है जो मुख्य रूप से महाराष्ट्र में सक्रिय है। इसकी स्थापना 1966 में बालासाहेब ठाकरे ने की थी। शिवसेना को एक कट्टर हिन्दू राष्ट्रवादी दल के रूप में जाना जाता है।

7. **लिब्रहान आयोग** भारत सरकार द्वारा 1992 में अयोध्या में विवादित ढांचे बाबरी मस्जिद के

विध्वंस की जांच पड़ताल के लिए गठित एक जांच आयोग है। इसका अध्यक्ष भारतीय सर्वोच्च न्यायालय के सेवानिवृत्त न्यायाधीश मनमोहन सिंह लिब्रहान को बनाया गया था।

8. **अयोध्या में कतिपय क्षेत्र अर्जन अधिनियम, 1993** : इस कानून के तहत ही भारत के तत्कालीन केंद्र सरकार ने अयोध्या में 67.707 एकड़ जमीन का अधिग्रहण किया था, इसमें राम जन्मभूमि-बाबरी मस्जिद की विवादित भूमि भी शामिल है।

9. **इस्माइल फारूकी मामला** : अयोध्या में भारत की तत्कालीन केंद्र सरकार के भूमि अधिग्रहण फैसले को डा.इस्माइल फारूकी ने सुप्रीम कोर्ट में चुनौती देते हुए अपनी याचिका में कहा था कि धार्मिक स्थल का सरकार नहीं अधिग्रहण कर सकती। सुप्रीम कोर्ट ने 1994 में इस मामले में दिए फैसले में कहा था कि नमाज के लिए मस्जिद इस्लाम धर्म का अभिन्न हिस्सा नहीं है। मुसलमान कहीं भी नमाज पढ़ सकते हैं। यहाँ तक कि खुले में भी नमाज अदा की जा सकती है।

10. **मनमोहन सिंह** (1932-) भारत गणराज्य के 13वें प्रधानमन्त्री हैं। साथ ही साथ वे एक अर्थशास्त्री भी हैं। इन्हें 1991 से 1996 तक पी.वी. नरसिंह राव के प्रधानमंत्रित्व काल में वित्त मन्त्री के रूप में किए गए आर्थिक सुधारों के लिए भी श्रेय दिया जाता है।

11. **पलनिअप्पन चिदम्बरम** (1945-) भारतीय राष्ट्रीय कांग्रेस से सम्बद्ध एक भारतीय राजनीतिज्ञ एवं भारत गणराज्य के पूर्व केन्द्रीय वित्त मन्त्री हैं। वे मई 2004 से नवम्बर 2008 तक भारत के वित्त मन्त्री रह चुके हैं। नवम्बर 2008 में मुम्बई पर हुए आतंकी हमलों के पश्चात् विवादों में घिरे शिवराज पाटिल के इस्तीफे की वजह से चिदम्बरम को भारत के गृह मन्त्री बनाया गया था। गृह मन्त्री के रूप में साढ़े तीन साल के कार्यकाल के बाद इन्हें मनमोहन सिंह सरकार में पुनः वित्त मन्त्री नियुक्त किया गया।

12. **पामुलापति वेंकट नरसिंहा राव** (1921-2004) भारत के 10वें प्रधानमंत्री थे। 'लाइसेंस राज' की समाप्ति और भारतीय अर्थनीति में खुलेपन उनके प्रधानमंत्रित्व काल में ही आरम्भ हुआ। वे आन्ध्र प्रदेश के मुख्यमंत्री भी रहे।

13. **सुब्रमण्यम स्वामी** एक भारतीय राजनेता, अर्थशास्त्री और सांख्यिकीविद् हैं, जो राज्यसभा में मनोनीत सदस्य के रूप में कार्य करते हैं। वे 1977 से 2013 तक जनता पार्टी के सदस्य रहे,

2013 में वे भारतीय जनता पार्टी में शामिल हुए।

14. **संविधान पीठ** (संवैधानिक पीठ) भारत में सर्वोच्च न्यायालय की एक पीठ होती है जिसमें पांच या उससे अधिक न्यायाधीश शामिल होते हैं। इस पीठ का गठन नियमित तौर पर नहीं होता है। सर्वोच्च न्यायालय के समक्ष अधिकांश मामलों की सुनवाई और निर्णय दो न्यायाधीशों (जिन्हें डिवीजन बेंच कहा जाता है) और कभी-कभी तीन सदस्यों की पीठ द्वारा किया जाता है। भारत के संविधान के अनुच्छेद 145(3) के तहत, 'संविधान की व्याख्या के संबंध में कानून के महत्वपूर्ण प्रश्न से जुड़े किसी भी मामले' का निर्णय कम से कम पांच न्यायाधीशों की पीठ द्वारा किया जाना चाहिए। ऐसी पीठ को संविधान पीठ कहा जाता है।

15. अयोध्या में **विवादित जमीन** कुल 2.77 एकड़ की है। इसके पास ही 67 एकड़ की जमीन सरकार के पास है। लेकिन विवाद छोटे भूमिखंड को लेकर ही है जहाँ बाबरी मस्जिद का गुंबद और राम लला विराजमान हैं। इस भूमिखंड में बाबरी मस्जिद ढांचा, राम लला विराजमान, राम चबूतरा, सिंहद्वार और सीता रसोई है।

16. **राम जन्मभूमि न्यास** (The Ram Janmabhoomi Nyas) : राम जन्मभूमि के स्थान की कमान संभालने और प्रस्तावित राम मंदिर के निर्माण की देखरेख करने के लिए 25 जनवरी, 1993 को विश्व हिन्दू परिषद के सदस्यों द्वारा एक स्वतंत्र ट्रस्ट के रूप में राम जन्मभूमि

न्यास की स्थापना की गई थी।

17. **'श्री राम जन्मभूमि तीर्थ क्षेत्र' ट्रस्ट** अयोध्या में राम मंदिर निर्माण के लिए गठित ट्रस्ट का नाम है। लंबे समय तक चले अयोध्या विवाद में सर्वोच्च न्यायालय ने रामलला के पक्ष में फैसला सुनाया था। कोर्ट ने सरकार को आदेश दिया था कि वह राम मंदिर निर्माण के लिए ट्रस्ट का गठन करे। सुप्रीम कोर्ट के इसी आदेश के तहत ट्रस्ट का गठन करते हुए केंद्र सरकार ने इसका नाम 'श्री रामजन्मभूमि तीर्थ क्षेत्र' ट्रस्ट रखा। इस ट्रस्ट में कुल 15 सदस्य हैं। ट्रस्ट के नियमों के मुताबिक, इसमें 10 स्थायी सदस्य हैं, जिन्हें वोटिंग का अधिकार होगा, बाकी पांच सदस्यों को वोटिंग का अधिकार नहीं है। लगभग सभी सदस्यों के हिन्दू होने की अनिवार्यता भी रखी गई है।
18. **महंत नृत्य गोपाल दास** (1938-) अयोध्या के सबसे बड़े मंदिर, मणिराम दास की छावनी के प्रमुख और 'राम जन्मभूमि न्यास' और 'श्री राम जन्मभूमि तीर्थ क्षेत्र' ट्रस्ट के प्रमुख हैं। 1992 में बाबरी मस्जिद के विध्वंस के बाद, सीबीआई उनके और 48 अन्य के खिलाफ मस्जिद के विध्वंस में उनकी कथित भूमिका के लिए एक मामला लाया।
19. **चंपत राय** (1946-) विश्व हिन्दू परिषद के नेता और उपाध्यक्ष हैं, और वर्तमान में 'श्री राम जन्मभूमि तीर्थ क्षेत्र' ट्रस्ट के महासचिव के रूप में कार्यरत हैं।

II. शब्दावली

भूमिपूजन : (पु.) शिलान्यास, आरंभिक कर्म, भवन आदि बनाने से पहले उसकी नींव डालते समय किया जाने वाला धार्मिक कृत्य

सम्पन्न : (वि.) पूरा किया हुआ, पूर्ण, सिद्ध

दंगा : (पु.) उपद्रव, बहुत से लोगों का ऐसा झगड़ा जिसमें मारपीट अथवा ख़ून-ख़राब हो

बाड़ : (स्त्री.) सुरक्षा के लिए बनाया गया काँटे-बांस आदि का घेरा

ढाँचा : (पु.) कोई चीज़ बनाने के पहले निर्मित रूपरेखा; ऐसी रचना या आकार जिसके बीच में कोई वस्तु जमाई या लगाई जा सके, फ्रेम

चबूतरा : (पु.) ईंट या पत्थर से बनी ऊँची जगह

इजाज़त : (स्त्री.) अनुमति, स्वीकृति

उप-जज : (पु.) sub-judge, subordinate judge

याचिका : (स्त्री.) आवेदन पत्र, अर्ज़ी, प्रार्थना पत्र

दायर : (वि.) न्याय के लिए दर्ज किया गया, पेश किया गया

शामियाना : (पु.) अपेक्षाकृत बड़ा और खुला हुआ तंबू

ख़ारिज : (वि.) अस्वीकृत किया गया

जिला मजिस्ट्रेट : district magistrate

सिविल जज : civil judge

सुन्नी : (पु.) मुसलमानों का एक संप्रदाय

यथास्थित : (वि.) जिस रूप में अब तक चल रहा हो

पीठ : (स्त्री.) न्यायाधीशों का वर्ग, नयायालय के न्यायकर्ताओं का वह समूह जो किसी मुकदमे की सनवाई करता है 法庭（审议庭/合议庭）

क्लीन चिट : किसी के दोषमुक्त होने का अभिप्रमाणन, न्यायालय द्वारा पूर्णतः निर्दोष करार दिया जाना, clean chit

सुनवाई : (स्त्री.) मुक़दमे का सुना जाना

पक्षकार : (पु.) किसी कार्य में भाग लेने वाला व्यक्ति, झगड़ा करने या मुकदमा लड़नेवाले दलों या पक्षों में से प्रत्येक

ट्रायल कोर्ट : (पु.) वह कोर्ट जो शुरुआती मुक़द्दमा सुनती है, trial court

मध्यस्थता : (स्त्री.) मध्यस्थ होने की अवस्था, एक वैकल्पिक विवाद समाधान प्रक्रम है जिसमें किसी तीसरे व्यक्ति के हस्तक्षेप के माध्यम से तथा न्यायालय का सहारा लिए बिना किसी विवाद का निपटारा करवाना

मध्यस्थ : (पु.) आपस में मेल या समझौता कराने वाला व्यक्ति, वह जो बीच में रहकर किसी प्रकार का विवाद दूर कराता हो

दूसरा प्रकरण : अयोध्या मंदिर-मस्जिद विवाद

न्यायाधीश : (पु.) विवाद–ग्रस्त मामलों पर अपना फ़ैसला देने वाले अदालत का अधिकारी, न्यायकर्ता, जज

न्यायमूर्ति : (पु.) न्यायाधीश, जस्टिस

वैकल्पिक : (वि.) कई में से एक को चुनने की सुविधा से युक्त, ऐच्छिक, ऑप्शनल

अधिग्रहीत : (वि.) जिसका अधिग्रहण किया गया हो, ज़बरदस्ती अपने अधिकार में लिया गया

हस्तांतरित : (वि.) जो संपत्ति एक हाथ से दूसरे हाथ में गई हो, जिसका हस्तांतरण हुआ

आलोक : (पु.) प्रकाश, रोशनी, स्पष्टीकरण

--- के आलोक में : ---को ध्यान में रखते हुए, in the light of

महासचिव : (पु.) प्रधान सचिव, सबसे बड़ा सचिव

महंत : (पु.) वह साधू जो किसी मठ का प्रधान हो, मठ का स्वामी, मठाधीश

आधारशिला : (स्त्री.) नींव का पत्थर

III. निम्नलिखित सवालों पर गौर कीजिए और इनके जवाब दीजिए।

1. निम्नलिखित वाक्यों का चीनी में अनुवाद कीजिए।

१. अयोध्या में राम जन्मभूमि मंदिर के निर्माण के लिए भूमिपूजन आज प्रधानमंत्री नरेन्द्र मोदी के हाथों सम्पन्न हो गया। मुगल साम्राज्य, ब्रिटिश शासन...और फिर स्वतंत्रता के बाद भी दशकों तक अनसुलझा रहा अयोध्या राम जन्मभूमि विवाद 9 नवम्बर 2019 को सुप्रीम कोर्ट के ऐतिहासिक फैसले के बाद खत्म हुआ।

२. 23 दिसंबर 1949 को असली विवाद शुरू हुआ। विवादित ढांचे के बाहर केंद्रीय गुंबद में रामलला की मूर्तियां स्थापित की गईं। मस्जिद के अंदर राम की मूर्तियां मिलने पर हिन्दुओं में मंदिर बनाने की इच्छा प्रबल हुई। हिन्दुओं का कहना था कि भगवान राम वहां प्रकट हुए हैं। जबकि मुस्लिमों का कहना था कि चुपके से मूर्ति वहां रख दी गई।

३. 30 जून 2009 को लिब्रहान आयोग ने चार भागों में 700 पन्नों की रिपोर्ट तत्कालीन प्रधानमंत्री मनमोहन सिंह और गृह मंत्री पी.चिदंबरम को सौंपा, जांच आयोग का कार्यकाल

48 बार बढ़ाया गया। आयोग ने अटल बिहारी वाजपेयी और मीडिया को दोषी ठहराया और नरसिंह राव को क्लीन चिट दी।

४. हाई कोर्ट ने 2:1 बहुमत से विवादित क्षेत्र को सुन्नी वक्फ बोर्ड, निर्मोही अखाड़ा और रामलला के बीच तीन हिस्सों में बांटने का आदेश दिया। कोर्ट के इस फैसले को हिन्दू और मुस्लिम पक्ष ने मानने से इंकार कर दिया और सुप्रीम कोर्ट का दरवाजा खटखटाया।

५. 2017 में उत्तर प्रदेश विधानसभा चुनाव से पहले एक बार फिर बीजेपी ने राम मंदिर का मुद्दा उठाना शुरू किया। पार्टी ने चुनावों के लिए जारी घोषणापत्र में 'संविधान के दायरे में सभी संभावित तरीकों से अयोध्या में राम मंदिर के निर्माण' की बात कही।

2. 9 नवंबर 2019 को भारत के उच्चतम न्यायालय ने अयोध्या में भूमि विवाद पर जो फैसला सुनाया है, आप संक्षेप में अपनी बातों से उसका मुख्य कन्टेंट बताइए।

3. आप इंटरनेट पर अयोध्या में राम मंदिर के भूमिपूजन पर दिए भारत के प्रधानमंत्री नरेंद्र मोदी के भाषण को डाउनलोड करके पढ़िए।

4. राम मंदिर के भूमिपूजन पर अपने भाषण में प्रधानमंत्री मोदी ने कहा कि श्री राम देश में विविधता में एकता का सूत्र हैं। उन्होंने कहा- 'श्री राम, प्राचीन काल में वाल्मीकि रामायण और तुलसीदास के माध्यम से, मध्यकालीन युग में कबीर और गुरु नानक के माध्यम से और आधुनिक युग में महात्मा गाँधी के अहिंसा और सत्याग्रह तथा उनके भजनों के माध्यय से एक मार्गदर्शक प्रकाश के रूप में आज भी मौजूद हैं। भगवान बुद्ध भी श्री राम से जुड़े हैं, और अयोध्या शहर सदियों से जैनियों की आस्था का केंद्र रहा है।' आप इस बारे में क्या समझते हैं?

5. 6 दिसंबर 1992 को बाबरी मसजिद ध्वंस मामला हुआ था। आप इस बारे में ज़्यादा सामग्रियाँ खोजकर जानें उस दिन क्या और कैसे हुआ।

6. अयोध्या विवाद को लेकर सुप्रीम कोर्ट के फैसले के बारे में निम्न समाचार पढ़िए।

सुप्रीम कोर्ट का फैसला- विवादित जमीन पर राम मंदिर बने, मुस्लिमों को मस्जिद के लिए जमीन मिले

'दैनिक भास्कर' अखबार

(11/11/2019)

(https://www.bhaskar.com)

134 साल पुराने अयोध्या मंदिर-मस्जिद विवाद पर शनिवार को (9 नवम्बर,2019) सुप्रीम कोर्ट ने अपना फैसला सुना दिया। चीफ जस्टिस रंजन गोगोई की अगुआई वाली पांच सदस्यीय संविधान पीठ ने सर्वसम्मति से यह फैसला सुनाया। इसके तहत अयोध्या की 2.77 एकड़ की पूरी विवादित जमीन राम मंदिर निर्माण के लिए दे दी। शीर्ष अदालत ने कहा कि मंदिर निर्माण के लिए 3 महीने में ट्रस्ट बने और इसकी योजना तैयार की जाए। चीफ जस्टिस ने मस्जिद बनाने के लिए मुस्लिम पक्ष को 5 एकड़ वैकल्पिक जमीन दिए जाने का फैसला सुनाया, जो कि विवादित जमीन की करीब दोगुना है। चीफ जस्टिस ने कहा कि ढहाया गया ढांचा ही भगवान राम का जन्मस्थान है और हिन्दुओं की यह आस्था निर्विवादित है।

6 अगस्त से 16 अक्टूबर तक इस मामले पर 40 दिन सुनवाई के बाद सुप्रीम कोर्ट ने अपना फैसला सुरक्षित रख लिया था। संविधान पीठ द्वारा शनिवार को 45 मिनट तक पढ़े गए 1045 पन्नों के फैसले ने देश के इतिहास के सबसे अहम और एक सदी से ज्यादा पुराने विवाद का अंत कर दिया। चीफ जस्टिस गोगोई, जस्टिस एस.ए. बोबोडे, जस्टिस डीवाई चंद्रचूड़, जस्टिस अशोक भूषण, जस्टिस एस. अब्दुल नजीर की पीठ ने स्पष्ट किया कि मंदिर को अहम स्थान पर ही बनाया जाए। रामलला विराजमान को दी गई विवादित जमीन का स्वामित्व केंद्र सरकार के रिसीवर के पास रहेगा।

फैसले के मुख्य बिन्दु
रामलला विराजमान/मंदिर

चीफ जस्टिस रंजन गोगोई ने कहा- राम जन्मभूमि स्थान न्यायिक व्यक्ति नहीं है, जबकि भगवान राम न्यायिक व्यक्ति हो सकते हैं। ढहाया गया ढांचा ही भगवान राम का जन्मस्थान है, हिन्दुओं की यह आस्था निर्विवादित है। विवादित 2.77 एकड़ जमीन रामलला विराजमान को दी जाए। इसका स्वामित्व केंद्र सरकार के रिसीवर के पास रहेगा। 3 महीने के भीतर ट्रस्ट का गठन कर मंदिर निर्माण की योजना बनाई जाए।

सुन्नी वक्फ बोर्ड

अदालत ने कहा- उत्तर प्रदेश सुन्नी वक्फ बोर्ड विवादित जमीन पर अपना दावा साबित करने में विफल रहा। मस्जिद में इबादत में व्यवधान के बावजूद साक्ष्य यह बताते हैं कि प्रार्थना पूरी तरह से कभी बंद नहीं हुई। मुस्लिमों ने ऐसा कोई साक्ष्य पेश नहीं किया, जो यह दर्शाता हो कि वे 1857 से पहले मस्जिद पर पूरा अधिकार रखते थे।

बाबरी मस्जिद

सुप्रीम कोर्ट ने कहा, 'मीर बकी ने बाबरी मस्जिद बनवाई। धर्मशास्त्र में प्रवेश करना अदालत के लिए उचित नहीं होगा। बाबरी मस्जिद खाली जमीन पर नहीं बनाई गई थी। मस्जिद के नीचे जो ढांचा था, वह इस्लामिक ढांचा नहीं था।'

बाबरी विध्वंस

सुप्रीम कोर्ट ने कहा कि यह एकदम स्पष्ट है कि 16वीं शताब्दी का तीन गुंबदों वाला ढांचा हिन्दू कारसेवकों ने ढहाया था, जो वहां राम मंदिर बनाना चाहते थे। यह ऐसी गलती थी, जिसे सुधारा जाना चाहिए था।

नई मस्जिद

सुप्रीम कोर्ट ने कहा- अदालत अगर उन मुस्लिमों के दावे को नजरंदाज कर देती है, जिन्हें मस्जिद के ढांचे से पृथक कर दिया गया तो न्याय की जीत नहीं होगी। इसे कानून के हिसाब से चलने के लिए प्रतिबद्ध धर्मनिरपेक्ष देश में लागू नहीं किया जा सकता। गलती को सुधारने के लिए केंद्र पवित्र अयोध्या की अहम जगह पर मस्जिद के निर्माण के लिए 5 एकड़ जमीन दे।

धर्म और आस्था

सुप्रीम कोर्ट ने कहा, 'अदालत को धर्म और श्रद्धालुओं की आस्था को स्वीकार करना चाहिए। अदालत को संतुलन बनाए रखना चाहिए। हिन्दू इस स्थान को भगवान राम का जन्मस्थान मानते हैं। मुस्लिम भी विवादित जगह के बारे में यही कहते हैं। प्राचीन यात्रियों द्वारा लिखी किताबें और प्राचीन ग्रंथ दर्शाते हैं कि अयोध्या भगवान राम की जन्मभूमि रही है। ऐतिहासिक उदाहरणों से संकेत मिलते हैं कि हिन्दुओं की आस्था में अयोध्या भगवान राम की जन्मभूमि रही है।'

एएसआई की रिपोर्ट

पीठ ने कहा, 'मस्जिद के नीचे जो ढांचा था, वह इस्लामिक ढांचा नहीं था। ढहाए गए ढांचे के नीचे एक मंदिर था, इस तथ्य की पुष्टि आर्कियोलॉजिकल सर्वे ऑफ इंडिया (एएसआई) कर चुका है। पुरातात्विक प्रमाणों को महज एक ओपिनियन करार दे देना एएसआई का अपमान होगा। हालांकि, एएसआई ने यह तथ्य स्थापित नहीं किया कि मंदिर को गिराकर मस्जिद बनाई गई।'

निर्णय के संकेतक

सुप्रीम कोर्ट ने कहा, 'सीता रसोई, राम चबूतरा और भंडार गृह की मौजूदगी इस स्थान की धार्मिक वास्तविकता के सबूत हैं। हालांकि, आस्था और विश्वास के आधार पर मालिकाना हक तय नहीं किया जा सकता है। यह केवल विवाद के निपटारे के संकेतक।'

सरकारी रिकॉर्ड

पीठ ने कहा- विवादित जमीन रेवेन्यू रिकॉर्ड में सरकारी जमीन के तौर पर चिह्नित थी। यह सबूत मिले हैं कि राम चबूतरा और सीता रसोई पर हिन्दू 1857 से पहले भी यहाँ पूजा करते थे, जब यह ब्रिटिश शासित अवध प्रांत था। रिकॉर्ड में दर्ज साक्ष्य बताते हैं कि विवादित जमीन का बाहरी हिस्सा हिन्दुओं के अधीन था।

निर्मोही अखाड़ा

संविधान पीठ ने जन्मभूमि के प्रबंधन का अधिकार मांगने की निर्मोही अखाड़े की याचिका खारिज कर दी। हालांकि, कोर्ट ने केंद्र से कहा कि मंदिर निर्माण के लिए बनने वाले ट्रस्ट में निर्मोही अखाड़े को किसी तरह का प्रतिनिधित्व दिया जाए।

शिया वक्फ बोर्ड

1946 के फैजाबाद कोर्ट के आदेश को चुनौती देती शिया वक्फ बोर्ड की विशेष अनुमति याचिका को सुप्रीम कोर्ट ने खारिज किया। शिया वक्फ बोर्ड का दावा विवादित ढांचे पर था। इसी को खारिज किया गया।

यूनिट २ लड़ाई मंदिर की नहीं, अयोध्या के उस झूठ से है जहाँ राम की मर्यादा बसती है

रवीश कुमार

('सत्य हिन्दी डॉटकम' पर रवीश कुमार के छपे लेख से चुना है)

(10/01/ 2019)

(www.satyahindi.com)

'यदि आप अयोध्या जाएँगे तो आपको फुटपाथों पर इतिहास की ऐसी किताबें बिकती मिल जाएँगी कि आपका दिमाग़ चकरा जाएगा। भ्रष्ट भाषा और ख़राब शैली में लिखी गई ये किताबें लाखों-करोड़ों धर्मप्राण हिन्दुओं को इतिहास की गम्भीर पुस्तकों से अधिक प्रमाणिक लगती हैं।' आज़ादी के बाद से अयोध्या का इतिहास झूठ और प्रपंच से रचा गया इतिहास है। हिन्दू गौरव की राजनीति का आधार झूठ हो यह उस राम की मर्यादा के अनुकूल नहीं है जिनके बारे में शीतला सिंह लिखते हैं कि 'राम ऐसा व्यापक चरित्र है जो धर्मों और मान्यताओं के घेरे से बाहर 65 देशों में रामकथा और 29 देशों में रामकथा के मंचन के रूप में विद्यमान है।' राम अगर मर्यादाओं के नायक हैं तो एक दिन अयोध्या को राम की मर्यादाओं से टकराना ही होगा। तमाम तरह की राजनैतिक अनैतिकताओं से राम की मर्यादा को रौंदा गया है। यह खेल स्थानीय स्तर पर कांग्रेस की अंदरूनी राजनीति से शुरू होता है जिसे 90 के दशक में विश्व हिन्दू परिषद, राष्ट्रीय स्वयंसेवक संघ और बीजेपी व्यापक स्तर पर खेलते हैं। 1948 के साल में कांग्रेस का स्थानीय नेतृत्व छोटे स्तर पर आस्था के नाम पर जो भीड़ बना रहा था उसे 1992 में बीजेपी ने बड़ा और शक्तिशाली कर दिया। शीतला सिंह ने अयोध्या विवाद में कांग्रेस और बीजेपी को एक-दूसरे का पूरक बताया है। शीतला सिंह ने हिन्दी में 'अयोध्या रामजन्मभूमि-बाबरी-मस्जिद सच' नाम से एक किताब लिखी है जिसे कोशल पब्लिशिंग हाउस ने छापा है। इस किताब की क़ीमत 550 रुपये है। किताब के पीछे प्रकाशक ने अपना फोन नंबर भी दिया है- 9415048021, 9984856095। मैं अयोध्या पर आई किताबों की सूची अपने दर्शकों और पाठकों को देता रहा हूँ। ताकि एक अच्छे पाठक की तरह

आपमें हर बात को जानने का साहस विकसित होना चाहिए। अयोध्या विवाद को लेकर लोगों में जिस इतिहास और धारणा को घुसा दिया गया है अब उससे ये किताबें भले न पढ़ पाएँ मगर कोई तो राम का असली साधक होगा जो उनकी मर्यादाओं पर चलते हुए सत्य का अनुसंधान करेगा। व्यक्तिगत जानकारी और समझ के लिए अयोध्या पर लिखी गईं इन किताबों को ज़रूर पढ़ा जाना चाहिए।

हाल ही में वलय सिंह की किताब 'AYODHYA, CITY OF FAITH CITY OF DISOCORD' (Aleph Publication) आई है। उसके पहले 2012 में कृष्णा झा और धीरेंद्र झा की किताब 'AYODHYA THE DARK NIGHT, THE SECRET HISTORY OF RAMA'S APPEARANCE IN BABRI MASJID' (Harpercolins Publication) आई थी। यह किताब अभी अंग्रेज़ी में ही है। जिनके समय बाबरी मसजिद ढहाई गई थी, पी.वी.नरसिम्हा राव ने भी एक किताब लिखी है- 'AYODHYA 6 DECEMBER 1992' जिसे पेंग्विन ने छापा था। 2016 में इस विवाद में याचिकाकर्ता रहे और केंद्र की तरफ़ से वार्ताकार रहे किशोर कुणाल की किताब 'AYODHYA REVISITED' की भी जानकारी दी है। पत्रकार हेमंत शर्मा की 'युद्ध में अयोध्या' किताब प्रभात प्रकाशन से आई है।

किशोर कुणाल ने कहा था कि वे मंदिर के पक्ष में हैं मगर अयोध्या को लेकर फैलाए जा रहे ग़लत इतिहास के पक्ष में नहीं हैं। बताते हैं कि अयोध्या में न तो मसजिद बनाने और न ही मंदिर तोड़ने में बाबर की कोई भूमिका थी। लेकिन किशोर कुणाल अयोध्या के ग़लत इतिहास को ठीक करने के मक़सद से 700 पन्नों की किताब तो लिखते हैं मगर विवादित परिसर में रोपे गए झूठ के इतिहास पर नहीं लिखते हैं जिसे शीतला सिंह ने लिखा है और उस रात मसजिद में मूर्ति रखने के प्रसंग पर पूरी किताब लिखते हुए धीरेंद्र कुमार झा ने लिखा है। अब यह आप पर निर्भर है कि आप बाबरी मसजिद ध्वंस के इतिहास को जानने के लिए कितने ईमानदार हैं। अगर ईमानदार हैं तो सभी किताबें पढ़ें और समझें कि क्या हुआ था। उनकी भी किताबें पढ़ें जिन्होंने बाबरी मस्जिद ध्वंस के पक्ष में लिखा है। इन सभी किताबों को पढ़ें। आपकी नागरिकता का धर्म कहता है कि आप थोड़ी मेहनत कर सभी पक्षों की किताबों को पढ़ें और अपनी समझ विकसित करें। देखें कि कौन

प्रमाण दे रहा है, कौन झूठ गढ़ रहा है।

इलाहाबाद हाईकोर्ट ने दो तिहाई ज़मीन पर मंदिर बनाने का फैसला तो दे ही दिया है। सुप्रीम कोर्ट के पास नया करने के लिए कुछ नहीं है। सवाल है कि क्या सुप्रीम कोर्ट की संविधान पीठ झूठ के आधार पर फैलाए जा रहे इस विवाद से टकराने का साहस दिखा पाएगी?

मूर्ति रखने से लेकर बाबरी मसजिद ढहाने के आरोपियों को आज तक सज़ा नहीं मिली। आरोपी का अपराध तय होने से पहले उस ज़मीन पर फ़ैसला आ रहा है जिसे लेकर अपराध हुआ। भारत का आने वाला इतिहास इस न्याय को अपराध बोध की तरह ढोएगा या सर उठाकर ढोएगा, यह लोगों को तय करना है।

फ़िलहाल झूठ के आधार पर बनाई गई जनभावना के सामने सत्य बेमानी हो चुका है। उसके लिए उसका झूठ ही सत्य है। यह सुप्रीम कोर्ट का ही इम्तहान नहीं है, राम की भक्ति करने वालों के रामत्व का भी है।

शीतला सिंह बाबरी मसजिद विवाद के प्रमाणिक पत्रकार रहे हैं तभी तो चार-चार प्रधानमंत्रियों ने उनकी सलाह ली। अयोध्या पर रिपोर्टिंग करने वाले पत्रकारों ने उनकी मदद ली और किताबें लिखीं। मेरी राय में हर हिन्दी के पाठक के पास शीतला सिंह की यह किताब होनी चाहिए। जानना चाहिए कि यह विवाद कैसे शुरू होता है। इसके किरदार कौन हैं। राम में आस्था अलग बात है। राम में आस्था को लेकर झूठ फैलाना ग़लत बात है। शीतला सिंह की किताब का पहला चैप्टर है 'भये प्रकट कृपाला'। सामने से दिखता है कि बाबरी मसजिद में 22-23 दिसंबर 1949 की रात राम की मूर्ति रखी जाती है। इसका थाने में मुक़दमा दर्ज़ होता है। मगर पीछे बहुत कुछ घटित होता है। इस मुक़दमे के मूल किरदारों को कैसे हिन्दू से मुसलमान में बदला जाता है और क्या क्या होता है, किताब एक फ़िल्म की तरह शुरू होती है।

'क़रीब 7 बजे सुबह के जब मैं जन्मभूमि पहुँचा तो मालूम हुआ कि तखमीनन 50-60 आदमियों का मजमा कुफल जो बाबरी-मसजिद के कम्पाउंड में लगे हुए थे, तोड़कर व नीज दीवार द्वारा सीढ़ी फाँद कर अन्दर मसजिद मदाखिलत करके मूर्ति श्री भगवान को स्थापित कर दिया और दीवारों पर अन्दर व बाहर सीता राम जी वगैरह गेरू व पीले रंग से लिख दिया। कांस्टेबल नंबर

70 हंसराज ने मना किया, नहीं माने। पीएसी की गारद को जो वहाँ मौजूद थी इमदाद के लिए बुलाया, लेकिन उस वक्त लोग मसजिद में दाखिल हो चुके थे।'

मैंने यहाँ सारा हिस्सा नहीं लिखा है। शीतला सिंह लिखते हैं कि इसे लेकर झूठी कहानी बनाई गई कि वहाँ कोई मुसलिम सिपाही था जिसने रात को तेज़ रोशनी के बीच रामलला को प्रकट होते देखा था। तमाम दस्तावेज़ों की छानबीन के बाद शीतला सिंह लिखते हैं कि जिस रात रामलला प्रकट हुए वहाँ कोई मुसलमान सिपाही नहीं था। फैज़ाबाद पुलिस लाइन से जो गारद भेजी गई थी उसमें एक भी मुसलमान कांस्टेबल नहीं था। उस गारद का हेड कांस्टेबल अबुल बरकत मुसलिम था जो पुलिस मैनुअल के हिसाब से कमांडर संतरी ड्युटी पर नहीं होता है। लेकिन इस तथ्य को 1992 में फैज़ाबाद के वरिष्ठ पुलिस अधीक्षक डी.बी.राय ने अपनी किताब 'अयोध्या का सच' में बदल दिया। जबकि वे मूल एफ़आईआर की कॉपी देख सकते थे। यही नहीं जिस शेर सिंह कांस्टेबल के बारे में किस्सा गढ़ा गया वह भी पुलिस लाइन के रिकॉर्ड के मुताबिक़ विवादित स्थल पर नहीं था। डी.बी.राय को इस झूठ का इनाम मिलता है। बीजेपी के टिकट से दो बार सांसद बनते हैं। तीसरी बार टिकट नहीं मिला तो निर्दलीय लड़ते हैं और हार जाते हैं।

अक्षय ब्रह्मचारी एक अलग किरदार हैं। वैष्णव भक्ति करने वाले फैज़ाबाद कांग्रेस कमेटी के ज़िलामंत्री। वह मसजिद में मूर्ति रखने की घटना का विरोध करते हैं और लखनऊ जाकर कांग्रेस कार्यालय पर अनशन भी करते हैं। मूर्ति रखने के समय अयोध्या में कोई तनाव नहीं हुआ। अगली सुबह भी कोई भीड़ नहीं थी। अक्षय ब्रह्मचारी ने लिखा है कि ज़िलाधिकारी के.के.नायर चाहते तो मूर्ति हटाकर विवाद ख़त्म कर सकते थे। इसी नायर की कहानी को कृष्णा झा और धीरेंद्र झा ने अपनी किताब में विस्तार से लिखा है। इनकी पत्नी हिन्दू महासभा के टिकट पर गोंडा से चुनाव जीतती है और नायर ख़ुद जनसंघ के टिकट पर बहराईच से 1967 में लोकसभा पहुँचते हैं।

विवाद का आइडिया

धीरेंद्र झा ने अपनी किताब के पेज नंबर 25 पर लिखा है कि इस विवाद का आइडिया जन्म लेता है तीन दोस्तों के बीच। महाराजा पटेश्वरी प्रसाद सिंह, महंत दिग्विजय नाथ और ज़िलाधिकारी

के.के.नायर। तीनों लॉन टेनिस के दीवाने थे। महंत दिग्विजय नाथ इतना अच्छा लॉन टेनिस खेलते थे कि के.के.नायर और महाराजा पटेश्वरी उन्हें टेनिस कोर्ट पर काफ़ी सम्मान देते थे। महंत दिग्विजय नाथ के ही उत्तराधिकारी आगे चलकर 2017 में यूपी के मुख्यमंत्री बनते हैं। नाम है योगी आदित्यनाथ। भारत में लॉन टेनिस ने भले ही नडाल जैसा खिलाड़ी नहीं दिया मगर इसने भारतीय इतिहास का सबसे बड़ा विवाद ज़रूर दिया है।

कांग्रेस की अंदरूनी राजनीति

इन्हीं सब बातों के बीच शीतला सिंह की किताब घूमती है कांग्रेस की अंदरूनी राजनीति की तरफ़। कांग्रेस में गोविन्द वल्लभ पंत को आचार्य नरेंद्र देव से ख़तरा था। नेहरू नरेंद्र देव को यूपी का पहला मुख्यमंत्री बनाना चाहते थे। कांग्रेस के राष्ट्रीय स्तर से उनके नाम का प्रस्ताव पास होता है मगर गोविन्द वल्लभ पंत झूठ बोल देते हैं कि नरेंद्र देव ने पद स्वीकार करने से मना कर दिया है। नेहरू आचार्य नरेंद्र देव की प्रतिभा से काफ़ी प्रभावित थे। नरेंद्र देव और कुछ समाजवादी विधायक सदस्यता छोड़ देते हैं और फैज़ाबाद में उपचुनाव होता है। पंत योजना बनाते हैं कि नरेंद्र देव को निपटा देना है। यह समय है विभाजन का जब हिन्दू और मुसलमान के बीच अविश्वास की खाई इतनी गहरी थी कि हर अफ़वाह पर यक़ीन किया जाता था। नेहरू मुसलमानों के साथ हो गए हैं। पाकिस्तान में एक भी मंदिर नहीं बचा है। इस तरह की बातें चल रही थीं। इसी का लाभ उठाकर पंत एक खेल खेलते हैं। देवरिया के बरहज से बाबा राघव दास को लाकर उम्मीदवार बनाते हैं जो मूल रूप से मराठी चितपावन ब्राह्मण थे। उस वक़्त के कांग्रेस में सब तरह के लोग थे। राष्ट्रवादी, कम्युनिस्ट, समाजवादी, हिन्दूवादी।

उपचुनाव में अयोध्या और आस्था का सवाल पहली बार बड़ा किया जाता है। पोस्टर छपते हैं जिसमें नरेंद्र देव को रावण बताया जाता है। समाजवादी को नास्तिक और मुसलमान कहा जाता है। धार्मिक और सांप्रदायिक नारे खुलकर लगते हैं।

मसजिद में मूर्ति रखने के आरोप में जिन 6 लोगों के ख़िलाफ़ एफ़आईआर दर्ज़ होती है वे सब राघव दास के लिए प्रचार करते हैं। विद्वान माने जाने वाले आचार्य नरेंद्र देव हार जाते हैं। चंद्रभानु

गुप्त, कमलापति त्रिपाठी, सुचेता कृपलानी, संपूर्णानंद, अलगू राय शास्त्री जैसे बड़े नेता नरेंद्र देव हराओ अभियान से अलग हो जाते हैं। लाल बहादुर शास्त्री, पुरुषोत्तम दास टंडन, ए.जी.खेर जैसे नेता पंत के साथ खड़े हो जाते हैं।

बीजेपी जैसी कांग्रेस की भाषा

जो काम 1990 में बीजेपी करती है वही काम स्थानीय स्तर पर उसी स्केल में कांग्रेस करती है। गोविन्द वल्लभ पंत पहली बार इसे फैज़ाबाद उपचुनाव को कश्मीर से जोड़ते हैं। भाषण में कहते हैं कि कांग्रेस के ख़िलाफ़ दिया गया वोट पंडित नेहरू और पटेल द्वारा देश को मज़बूती देने की दिशा में बाधक होगा। ठीक यही भाषा आज की राजनीति में सुनाई देती है। फैज़ाबाद का उपचुनाव संविधान लागू होने से पहले का था, उस उपचुनाव में सांप्रदायिकता चरम पर थी। आज वह राष्ट्रवाद में बदल कर चरम से परम हो चुकी है।

नेहरू नरेंद्र देव को पसंद करते थे मगर इस चुनाव में सांप्रदायिकता को रोकने के लिए उनकी भूमिका कुछ ज़्यादा ही उदार नज़र आती है। वे अपने उस मुख्यमंत्री पर भरोसा करते हैं जो उनकी ही बात को टाल रहा है और नरेंद्र देव को ख़त्म करने के लिए सांप्रदायिकता का सहारा ले रहा है।

शीतला सिंह ने लिखा है कि पंडित नेहरू ने गोविन्द वल्लभ पंत को फ़ोन कर और टेलीग्राम से संदेश दिया कि मूर्ति हटवा दी जाए। सरदार पटेल ने भी चिट्ठी लिख कर मूर्ति रखने को अनुचित बताया।

17 अप्रैल 1950 को नेहरू पंत को पत्र लिखकर मूर्ति नहीं हटाने को लेकर नाराज़गी ज़ाहिर करते हैं। बंगाल के पहले मुख्यमंत्री विधान चंद राय को भी लिखते हैं कि उन्हें अफसोस है कि यूपी सरकार ने इस मामले से निपटने में कमज़ोरी दिखाई है। इस कहानी में कांग्रेस का एक ही हीरो नज़र आता है। अक्षय ब्रह्मचारी। यह शख़्स लाल बहादुर शास्त्री को मेमोरेंडम देता है कि कांग्रेस के उम्मीदवार राघव दास संतुलन खो चुके हैं और प्रतिक्रियावादी ताक़तों की भाषा बोल रहे हैं। मसजिद में मूर्ति रखना अन्याय है। राघव दास चुनाव जीतते हैं और भाषण देते हैं कि कोई धार्मिक

दूसरा प्रकरण : अयोध्या मंदिर-मस्जिद विवाद

स्थल तोड़ा नहीं जाना चाहिए। यह अत्याचार की श्रेणी में आता है।

विश्व हिन्दू परिषद का गठन 1964 में होता है। 1984 तक यह संगठन राम मंदिर की बात नहीं करता है। जनसंघ भी अपने अस्तित्व के दौरान राम मंदिर की बात नहीं करता है। बीजेपी बनती है लेकिन वह भी 1998 से पहले तक इस विवाद से दूर नज़र आती है। 1989 में राजीव गाँधी रहस्यमयी तरीके ताला खुलवाते हैं। जिस रहस्यमयी तरीके से राम की मूर्ति रखी जाती है। इसके आगे का इतिहास सबको लगता है कि सब पता है मगर 26 साल बाद फिर से उन विवादों की तरफ़ लौटना चाहिए।

शीतला सिंह की एक और बात दिलचस्प है। वे लिखते हैं कि 31 साल पहले आरएसएस ने साफ़-साफ़ कहा था कि राम मंदिर उसका मक़सद नहीं है। वह इसके ज़रिए दिल्ली की गद्दी पाना चाहता है और भारत को हिन्दू राष्ट्र बनाना चाहता है।

1987 में संघ के सरसंघचालक बालासाहब देवरस ने विहिप के महामंत्री दिवंगत अशोक सिंघल को इस बात पर डाँट लगाई थी कि वह राम मंदिर निर्माण पर तैयार कैसे हो गए। उस वक्त एक फॉर्मूला बना था कि विदेशी तकनीक के इस्तेमाल से बाबरी मसजिद को बिना कोई नुक़सान पहुंचाए अपने स्थल से हटाया जाएगा और राम चबूतरे से राम मंदिर का निर्माण होगा। जब यह बात देवरस को पता चली तो उन्होंने सिंघल से कहा था कि 'इस देश में 800 राम मंदिर हैं, एक और बन जाए तो 801वां होगा। लेकिन यह आंदोलन जनता के बीच लोकप्रिय हो रहा था, उसका समर्थन बढ़ रहा था, जिसके बल पर हम राजनीतिक रूप से दिल्ली में सरकार बनाने की स्थिति तक पहुँचते। तुमने इसका स्वागत करके वास्तव में आंदोलन की पीठ पर छुरा भोंका है।'

यह बात 1987 दिसंबर की है। हाल ही में इस प्रसंग को लेकर सत्यहिन्दी.कॉम ने इसकी समीक्षा पेश की थी। जिसे आम आदमी पार्टी की राजनीति छोड़ पत्रकारिता में फिर से लौटने वाले आशुतोष ने शुरू किया है। शीतला सिंह की किताब को हेडलाइन की खोज में नहीं पढ़ा जाना चाहिए। बल्कि राम जन्म भूमि विवाद और बाबरी मसजिद ध्वंस की राजनीति को जानने-समझने के लिए पढ़ा जाना चाहिए। ताकि हम यह तो समझ सकें कि एक झूठ के आस-पास कांग्रेस और बीजेपी ने किस तरह अपनी-अपनी झूठ की इमारतें खड़ी कीं। जिसे जल्दी ही मंदिर कहा

जाएगा।

I. टिप्पणियाँ

1. **भये प्रकट कृपाला** का उल्लेख 'रामचरित्तमानस' (1.1.192) में हुआ था। पूरा छंद तो यही है-

भए प्रकट कृपाला दीनदयाला कौसल्या हितकारी।

हरषित महतारी मुनि मन हारी अद्भुत रूप बिचारी॥

लोचन अभिरामा तनु घनस्यामा निज आयुध भुजचारी।

भूषन बनमाला नयन बिसाला सोभासिंधु खरारी॥

'भए प्रकट कृपाला दीनदयाला कौसल्या हितकारी।' का भावार्थहै- दीनों पर दया करनेवाले, कौसल्या के हितकारी कृपालु प्रभु प्रकट हुए।

2. **पीएसी** (PAC) प्रादेशिक सशस्त्र बल, यानी Pradeshik Armed Constabulary या Uttar Pradesh Provincial Armed Constabulary (UP-PAC) है।

3. **पुलिस लाइन** (Police Line) : भारत के अधिकांश जिलों में पुलिस लाइन पुलिस का केंद्र होती है। यह वह जगह होती है, जहाँ से जिले भर के पुलिसकर्मियों की तैनाती दी जाती है, उनकी ड्यूटी आवंटित की जाती है। साधारण भाषा में कहें तो किसी भी जनपद में स्थापित पुलिस लाइन उस जिले की पुलिस का मुख्यालय होती है।

4. **एफ़आईआर** (FIR,First Information Report) : किसी (आपराधिक) घटना के संबंध में पुलिस के पास कार्रवाई के लिए दर्ज की गई सूचना को एफ़आईआर (FIR), प्राथमिकी या प्रथम सूचना रिपोर्ट कहा जाता है।

एफआईआर पुलिस द्वारा तैयार किया हुआ एक दस्तावेज है जिसमें अपराध की सुचना वर्णित होती है। सामान्यतः पुलिस द्वारा अपराध संबंधी अनुसन्धान प्रारम्भ करने से पूर्व यह पहला अनिवार्य कदम है। किसी अपराध के बारे में पुलिस को कोई भी व्यक्ति मौखिक या लिखित रूप में सूचित कर सकता है।

5. **जिलाधिकारी** भारतीय प्रशासनिक सेवा का एक प्रमुख प्रशासनिक पद है, जिसे अंग्रेजी में 'District Magistrate' 'IAS' या फिर सिर्फ 'कलेक्टर' के नाम से भी जाना जाता है। अंग्रेज शासन के दौरान सन् 1772 में गव्हर्नर जनरल लोर्ड वॉरेन हेस्टिङ्ग द्वारा बुनियादी रूप से नागरिक प्रशासन और 'भू राजस्व की वसूली' के लिए गठित 'जिलाधिकारी' का पद अब राज्य के लोक-प्रशासन के सर्वाधिक महत्वपूर्ण पदों में प्रमुख स्थान है।
6. **के.के.नायर** : कृष्ण करुणाकर नायर (1907-1977) उत्तर प्रदेश में कई स्थानों पर कलेक्टर रहे। 1 जून, 1949 को उन्हें फैजाबाद का कलेक्टर बनाया गया। उनके कलेक्टर रहते हुए 22-23 दिसंबर, 1949 की रात को इसी स्थान पर रामलला की मूर्ति रखी गई थी।
7. **अखिल भारत हिन्दू महासभा** (The Hindu Mahasabha, ABHM) भारत का एक राजनीतिक दल है। यह एक भारतीय हिन्दू राष्ट्रवादी संगठन है। इसकी स्थापना सन् 1915 में हुई थी। राष्ट्रीय स्वयंसेवक संघ को बनवाने में इसका बहुत योगदान था। भारत के स्वतन्त्रता के उपरान्त जब महात्मा गाँधी की हत्या हुई तब इसके बहुत से कार्यकर्ता इसे छोड़कर भारतीय जनसंघ में भर्ती हो गये।
8. **पाटेश्वरी प्रसाद सिंह** (1914-1964) बलरामपुर रियासत के महाराजा थे। बलरामपुर अब तो भारत के उत्तर प्रदेश के बलरामपुर ज़िले में स्थित एक नगर है।
9. **महंत दिग्विजय नाथ** (1894-1969) भारत के गोरखपुर में गोरखनाथ मंदिर (नाथ संप्रदाय) के महंत थे। वह एक हिन्दू राष्ट्रवादी कार्यकर्ता और हिन्दू महासभा के राजनेता भी थे, जिन्हें महात्मा गाँधी के खिलाफ हिन्दुओं में भावनाएँ भड़काने और उनकी हत्या के आरोप में गिरफ्तार किया गया था। महंत दिग्विजय नाथ ने 1949 में राम जन्मभूमि आंदोलन में अग्रणी भूमिका निभाई। वे 1967 में हिन्दू महासभा के टिकट पर गोरखपुर से सांसद चुने गए।
10. **पंडित गोविन्द बल्लभ पन्त** या जी.बी.पन्त (1887-1961) प्रसिद्ध स्वतन्त्रता सेनानी और वरिष्ठ भारतीय राजनेता थे। वे उत्तर प्रदेश राज्य के प्रथम मुख्य मन्त्री और भारत के चौथे गृहमंत्री थे। गृहमंत्री के रूप में उनका मुख्य योगदान भारत को भाषा के अनुसार राज्यों में विभक्त करना तथा हिन्दी को भारत की राजभाषा के रूप में प्रतिष्ठित करना था।

11. **आचार्य नरेंद्र देव** (1889-1956) भारत के प्रमुख स्वतन्त्रता संग्राम सेनानी, पत्रकार, साहित्यकार एवं शिक्षाविद थे। वे कांग्रेस समाजवादी दल के प्रमुख सिद्धान्तकार थे। राजनैतिक कार्यकर्ता और विचारक के साथ-साथ नरेंद्र देव एक साहित्यकार और महान शिक्षाविद भी थे। उन्हें संस्कृत, हिन्दी के अलावा अंग्रेज़ी, उर्दू, फ़ारसी, पाली, बंगला, फ़्रेंच और प्राकृत भाषाओं का बहुत अच्छा ज्ञान था। 'काशी विद्यापी' के बाद वो 'लखनऊ विश्वविद्यालय' और 'काशी हिन्दू विश्वविद्यालय' के भी कुलपति रहे और शिक्षा के क्षेत्र में अपना योगदान दिया।
12. **उपचुनाव** : भारत में चुनाव तीन तरह के होते हैं। अगर चुनाव सदन का निर्धारित कार्यकाल पूरा करने के बाद हो तो उसे आम चुनाव कहा जाता है। अगर सदन किसी वजह से अपना निर्धारित कार्यकाल नहीं पूरा कर सके तो मध्यावधि चुनाव कराया जाता है। अगर किसी सदन में कोई एक या कुछ सीटें किसी कारणवश रिक्त हो जाएँ तो उन सीटों पर उपचुनाव कराया जाता है।
13. **देवरिया** भारत के उत्तर प्रदेश राज्य के देवरिया ज़िले में स्थित एक नगर है। देवरिया गोरखपुर से क़रीब 50 किमी दक्षिण-पूर्व में स्थित है। देवरिया के पास ही कुशीनगर स्थित है जो महात्मा बुद्ध के निर्वाणस्थल के रूप में एक प्रसिद्ध बौद्ध तीर्थस्थल है। गौरा बरहज देवरिया ज़िले में स्थित एक नगर है।
14. **बाबा राघवदास** (1896-1978) भारत के एक सन्त तथा भारतीय स्वतन्त्रता संग्राम के सेनानी थे। उन्हें 'पूर्वांचल का गाँधी' कहा जाता है।
15. **चितपावन ब्राह्मण** बिहार के भूमिहार ब्राह्मणों का एक समूह है जिनका वर्तमान निवास स्थान मुख्यतः महाराष्ट्र एवं कोंकण क्षेत्र है।
16. **वल्लभभाई झावेरभाई पटेल** (1875-1950), जो सरदार पटेल के नाम से लोकप्रिय थे, एक भारतीय राजनीतिज्ञ थे। उन्होंने भारत के पहले उप-प्रधानमंत्री के रूप में कार्य किया। उन्होंने भारत के राजनीतिक एकीकरण और 1947 के भारत-पाकिस्तान युद्ध के दौरान गृह मंत्री के रूप में कार्य किया।

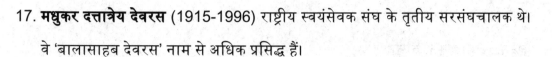

17. **मधुकर दत्तात्रेय देवरस** (1915-1996) राष्ट्रीय स्वयंसेवक संघ के तृतीय सरसंघचालक थे। वे 'बालासाहब देवरस' नाम से अधिक प्रसिद्ध हैं।

18. **अशोक सिंघल** (1926-2015) हिन्दू संगठन विश्व हिन्दू परिषद के 20 वर्षों तक अंतर्राष्ट्रीय अध्यक्ष थे। दिसंबर 2011 में बिगड़ते स्वास्थ्य के कारण उन्हें अपना स्थान छोड़ना पड़ा।

II. शब्दावली

प्रपंच : (पु.) छल-कपट से भरा कार्य, छलपूर्ण कार्य, मायावी मिथ्या दृश्य

अनैतिकता : (स्त्री.) अनौतिक होने की अवस्था या भाव, मर्यादाहीनता

अंदरूनी : (वि.) जो अंदर स्तर हो, भीतरी, आंतरिक

स्थानीय : (वि.) स्थान विशेष से संबंध रखने वाला, स्थान संबंधी

धारणा : (स्त्री.) व्यक्तिगत विश्वास या विचार, निश्चित मति या मानसिकता

साधक : (पु.) योगी, तपस्वी

परिसर : (पु.) किसी संस्था के चारों ओर का अधिकृत क्षेत्र या अहाता

ध्वंस : (पु.) किसी व्यक्ति या चीज़ के अस्तित्व का मिट जाना, विनष्टीकरण, विनाश

गढ़ना : (स.क्रि.) रचना, निर्माण करना

इम्तहान : (पु.) परीक्षा, परख, आज़माइश

ढहाना : (स.क्रि.) गिराना, ध्वस्त करना

ढोना : (स.क्रि.) बोझ एक स्थान से दूसरे स्थान पर पहुँचाना, वहन करना

प्रमाण : (पु.) सबूत, प्रूफ़, साक्षी, एविडेंस

प्रमाणिक : (वि.) प्रमाण द्वारा सिद्ध

इमदाद : (स्त्री.) मदद, सहायता

किरदार : (पु.) नाटक का पात्र, किसी रचना का वह पात्र जिसके लिए अभिनय किया जाए

तखमीनन : (कि.वि.) अंदाज़ से, अटकल से, अनुमानतः

मजमा : (पु.) भीड़भाड़

कुफल : (पु.) कुफ्ल, ताला

मदाखिलत : (स्त्री.) प्रवेश, दाखिल होना, दखल देना

गारद : (स्त्री.) सिपाहियों का छोटा दस्ता, सुरक्षा के लिए नियुक्त सैनिक टुकड़ी

छानबीन : (स्त्री.) छानने या बीनने की क्रिया या भाव, जाँच-पड़ताल

अधीक्षक : (पु.) प्रशासन का अधिकारी, निरीक्षक

संतरी : (पु.) किसी स्थान पर पहरा देने वाला सिपाही, पहेरदार

तनाव : (पु.) तनने की अवस्था, खींचतान, द्वेष की स्थिति, टैंशन

किस्सा : (पु.) कथा, दास्ताँ, कहानी

इनाम : (पु.) पुरस्कार, बख़्शीश, पारितोषिक

निर्दलीय : (वि.) जो किसी भी दल का सदस्य न हो, स्वतंत्र

अनशन : (पु.) आहार त्याग, उपवास, भूख-हड़ताल

दीवाना : (वि.) पागल, विक्षिप्त, प्रेम में पागल रहनेवाला

उत्तराधिकारी : (पु.) किसी की मृत्यु के बाद उसकी संपत्ति पाने का अधिकारी, किसी के बाद पद या अधिकार पानेवाला

निपटाना : (स.क्रि.) कार्य संपादित करना, झगड़ा खत्म करना

विधायक : (पु.) विधान सभा या विधान परिषद का सदस्य

उम्मीदवार : (पु.) नौकरी,पद विशेष का प्रार्थी

III. निम्नलिखित सवालों पर गौर कीजिए और इनके जवाब दीजिए।

1. निम्नलिखित वाक्यों का चीनी में अनुवाद कीजिए।

१. यदि आप अयोध्या जाएँगे तो आपको फुटपाथों पर इतिहास की ऐसी किताबें बिकती मिल जाएँगी कि आपका दिमाग़ चकरा जाएगा। भ्रष्ट भाषा और ख़राब शैली में लिखी गई ये किताबें लाखों-करोड़ों धर्मप्राण हिन्दुओं को इतिहास की गम्भीर पुस्तकों से अधिक प्रामाणिक

लगती हैं।

२. 1948 के साल में कांग्रेस का स्थानीय नेतृत्व छोटे स्तर पर आस्था के नाम पर जो भीड़ बना रहा था उसे 1992 में बीजेपी ने बड़ा और शक्तिशाली कर दिया। शीतला सिंह ने अयोध्या विवाद में कांग्रेस और बीजेपी को एक-दूसरे का पूरक बताया है।

३. भारत का आने वाला इतिहास इस न्याय को अपराध बोध की तरह ढोएगा या सर उठाकर ढोएगा, यह लोगों को तय करना है।

४. कांग्रेस के ख़िलाफ़ दिया गया वोट पंडित नेहरू और पटेल द्वारा देश को मज़बूती देने की दिशा में बाधक होगा। ठीक यही भाषा आज की राजनीति में सुनाई देती है। फैज़ाबाद का उपचुनाव संविधान लागू होने से पहले का था, उस उपचुनाव में सांप्रदायिकता चरम पर थी। आज वह राष्ट्रवाद में बदल कर चरम से परम हो चुकी है।

५. अयोध्या विवाद को लेकर लोगों में जिस इतिहास और धारणा को घुसा दिया गया है अब उससे ये किताबें भले न पड़ पाएँ मगर कोई तो राम का असली साधक होगा जो उनकी मर्यादाओं पर चलते हुए सत्य का अनुसंधान करेगा। व्यक्तिगत जानकारी और समझ के लिए अयोध्या पर लिखी गईं इन किताबों को ज़रूर पढ़ा जाना चाहिए।

2. 'शीतला सिंह की किताब को हेडलाइन की खोज में नहीं पढ़ा जाना चाहिए। बल्कि राम जन्म भूमि विवाद और बाबरी मसजिद ध्वंस की राजनीति को जानने-समझने के लिए पढ़ा जाना चाहिए। ताकि हम यह तो समझ सकें कि एक झूठ के आस-पास कांग्रेस और बीजेपी ने किस तरह अपनी-अपनी झूठ की इमारतें खड़ी कीं। जिसे जल्दी ही मंदिर कहा जाएगा।'

आप उपरोक्त वाक्य से क्या समझते हैं? अपनी बातों से बताइए शीतला सिंह की लिखी इस किताब का मुख्य विचार क्या है?

3. 'फ़िलहाल झूठ के आधार पर बनाई गई जनभावना के सामने सत्य बेमानी हो चुका है। उसके लिए उसका झूठ ही सत्य है। यह सुप्रीम कोर्ट का ही इम्तहान नहीं है, राम की भक्ति करने वालों के रामत्व का भी है।'

इस वाक्य में 'जनभावना' शब्द का क्या मतलब है? लेखक के विचार में अयोध्या में फैले हुए

झूठ के आधार पर बनाई गई जनभावना क्या है? आप अपनी बातों से 'रामत्व' को समझाइए।

4. लेखक क्यों मानते हैं कि हिन्दुओं को वह लड़ाई लड़नी चाहिए जो राम मंदिर की नहीं, बल्कि अयोध्या के झूठ से?

5. राम मंदिर को लेकर अयोध्या का वह झूठ आखिर क्या है? और वह कैसे आम लोगों के दिलों में रोपा गया है?

6. उपरोक्त आलेख में रवीश कुमार द्वारा अयोध्या विवाद पर शीतला सिंह, वलय सिंह, कृष्णा झा व धीरेंद्र झा, पी.वी.नरसिम्हा राव, किशोर कुणाल और हेमंत शर्मा की छपी कई किताबों का उल्लेख है, इनमें से कोई एक किताब चुनकर या तो उसे पढ़ें या उस किताब के बारे में ज्यादा जानकारियाँ प्राप्त करें।

7. वलय सिंह की छपी किताब पर 'द वायर' न्यूज़ वेबसाइट पर प्रकाशित निम्न निबंध पढ़िए।

विवाद के चश्मे से देखना क्या इसके साथ न्याय करना होगा?

'द वायर' स्टाफ

(16/01/2019)

(https://thewirehindi.com)

अपनी किताब 'अयोध्या- सिटी ऑफ फेथ, सिटी ऑफ डिस्कॉर्ड' में पत्रकार वलय सिंह ने बताया है कि अयोध्या को सिर्फ़ मंदिर-मस्जिद के विवाद के रूप में देखना इसके बहुपक्षीय एवं बहुधार्मिक इतिहास का अपमान करने जैसा है।

नई दिल्ली: अयोध्या पिछले तीन से भी अधिक दशक से भारतीय राजनीति के केंद्र में बना हुआ है किन्तु क्या क़रीब 3300 वर्ष पुरानी इस आस्था की नगरी को महज़ राम मंदिर विवाद के चश्मे से देखना इसके साथ न्याय करना होगा?

पत्रकार एवं लेखक वलय सिंह इस सवाल का उत्तर नहीं मानते हैं। वह पुराने नगर को केवल राम मंदिर विवाद से परिभाषित करने और एक धर्म के आधार पर देखा जाने से सहमत नहीं हैं।

उनका कहना है कि इस पवित्र शहर को उन घटनाओं के माध्यम से देखा जाना जो 1992 में बाबरी मस्जिद विध्वंस का कारण बनीं, इसके बहुपक्षीय एवं बहुधार्मिक इतिहास का अपमान करने जैसा है।

सिंह की किताब 'अयोध्या- सिटी ऑफ फेथ, सिटी ऑफ डिस्कॉर्ड' का हाल ही में विमोचन हुआ है जिसमें उन्होंने कहा है कि मंदिर विवाद ने शहर की विशेषताओं को फीका कर दिया है।

सिंह ने बताया, 'अयोध्या का विस्तृत इतिहास रहा है जो इस नगर को बौद्ध, इस्लाम एवं जैन धर्म से भी जोड़ता है। चीनी यात्रियों ने बौद्ध इतिहास का प्रमाण भी दिया है। यह एक बड़ा जैन तीर्थ स्थल भी रहा है। अमीर खुसरो अयोध्या आए थे और इस बारे में लिखा था। इसके समृद्ध इतिहास एवं लोक साहित्य को नज़रअंदाज़ करना शहर को हानि पहुंचाने जैसा है।'

सिंह की इस पुस्तक में अयोध्या के समग्र इतिहास का वर्णन है।

सिंह आगे कहते हैं, 'अयोध्या को केवल विवादित स्थल के इतिहास रूप में नहीं देखा जाना चाहिए वरना ये इस शहर का अपमान होगा। इस विवाद ने कई परतों को खुलने नहीं दिया है। यह बनाया गया और निर्मित इतिहास है।'

यह किताब सिर्फ़ राम मंदिर बनाने के विवाद के बारे में नहीं है, जहां माना जाता है कि भगवान राम का जन्म हुआ है और जहां 6 दिसंबर 1992 को बाबरी मस्जिद विध्वंस तक खड़ी रही, लेकिन अयोध्या के इतिहास का एक व्यापक विवरण है।

दिल्ली में रहने वाले पत्रकार वलय सिंह लगभग 3,300 साल पीछे जाते हैं, जब अयोध्या का पहली बार उल्लेख मिलता है। किताब में वे इस शहर के इतिहास की पड़ताल करते हैं। पिछले 1200 सालों में आए उस बदलाव की जानकारी देते हैं जब एक उपेक्षित जगह राजाओं, फकीरों, समाज सुधारकों के लिए महत्वपूर्ण स्थान बन जाती है।

इस किताब में पुराने लेखों और विभिन्न जातियों, समुदायों और धर्मों की प्रमुख हस्तियों के साक्षात्कारों को संकलित किया गया है। यह किताब बताती है कि बीती तीन हज़ार सालों में अयोध्या किस तरह से धर्मनिरपेक्षता और धार्मिक कट्टरता के बीच का प्रमुख युद्धस्थल बन गया।

सिंह लिखते हैं, 'एक अर्थ में अयोध्या का इतिहास उत्तर भारतीय हृदयभूमि के इतिहास की

कहानी है। एक अन्य अर्थ में यह हिन्दू चेतना में वैष्णववाद के विकास का इतिहास है। एक तीसरे अर्थ में यह एक आक्रामक हिन्दू सांस्कृतिक और धार्मिक चेतना की प्रसार के गठन की कहानी है, जिसे 18वीं शताब्दी में उत्तर भारत में ईस्ट इंडिया कंपनी के आगमन के समय सैन्य शक्ति के रूप में देखा जा सकता है।'

किताब के दूसरे भाग में सिंह ने अयोध्या के **हिंसक** वर्षों में बाबरी मस्जिद के विध्वंस और उसके बाद के प्रभाव की चर्चा की है, जिसके माध्यम से दक्षिणपंथी दलों ने चुनावी राजनीति में ज़मीन हासिल की।

मालूम हो कि अयोध्या मामला अभी सुप्रीम कोर्ट में है, जिसकी सुनवाई पिछले हफ्ते 29 जनवरी तक के लिए टाल दी गई, क्योंकि पीठ के सदस्य जस्टिस यू.यू.ललित ने ख़ुद को मामले की सुनवाई से अलग कर लिया।

आरएसएस, शिवसेना समेत हिन्दूवादी संगठन अयोध्या में राम मंदिर निर्माण के लिए केंद्र की नरेंद्र मोदी सरकार पर अध्यादेश लाने का दबाव बना रहे हैं। इस संबध में हाल ही में प्रधानमंत्री नरेंद्र मोदी ने कहा कि क़ानूनी प्रक्रिया पूरी होने के बाद सरकार की जो भी ज़िम्मेदारी होगी वह उसे पूरा करेगी।

दूसरा प्रकरण : अयोध्या मंदिर-मस्जिद विवाद

यूनिट ३ अगर राम मंदिर बन भी जाता है तो इससे आम हिन्दू की ज़िंदगी में रत्ती भर फ़र्क नहीं पड़ेगा

सौरभ बाजपेयी

(06/12/2017)

(https://thewirehindi.com)

23 दिसंबर 1949 को हिन्दू कट्टरपंथ ने अयोध्या की धरती पर एक कड़वा बीज रोपा था जिसमें अस्सी के दशक के बीच से फल आने शुरू हुए।

गाँधी जी की हत्या के बाद हिन्दू कट्टरपंथी संगठनों के लिए खुलकर काम करना मुहाल हो गया था। उनके हाथ गाँधी की हत्या के खून से सने हुए थे और निकट भविष्य में ये दाग़ धुलने की कोई उम्मीद नहीं थी इसलिए बेहतर समझा गया कि एक नन्हा बीज रोप दो और सही समय का इंतज़ार करो।

जब 22-23 दिसंबर की रात के.के.नैयर नामक स्थानीय प्रशासक ने अयोध्या की बाबरी मस्जिद में मूर्तियां रखीं तो आरएसएस के मुखपत्र ने लिखा, '23 दिसंबर की ऐतिहासिक सुबह जन्मस्थान पर श्री रामचंद्र और सीता देवी की मूर्तियां प्रकट होने का चमत्कार हुआ।'

इसी 'चमत्कार' के एवज में नैयर की पत्नी शकुन्तला नैयर को 1951 के चुनावों में आरएसएस ने जनसंघ का टिकट देकर जितवाया था। अब इन दोनों तथ्यों का आपस में क्या संबंध है, यह पाठक के अपने विवेक पर छोड़ा जा सकता है।

नैयर ने जिस मस्जिद में ये मूर्तियां स्थापित करवाईं उसकी स्थापना मीर बाक़ी ने 1528 में की थी। वो बाबर का सिपहसालार था इसीलिए इसे बाबरी मस्जिद के नाम से पुकारा गया।

इतिहास की बात करें तो इस मस्जिद की बाहरी और भीतरी दीवारों पर अंकित अभिलेख बताता है कि मीर बाक़ी ने इस मस्जिद का निर्माण बाबर के आदेश पर किया था। लेकिन जब इस मस्जिद का निर्माण हो रहा था उसी दौरान बाबर अपनी आत्मकथा में दो बार अयोध्या आने का ज़िक्र करता है। लेकिन वो न ही किसी राममंदिर का नाम लेता है और न ही बाक़ी द्वारा बनवाई गयी

इस मस्जिद को ज़िक्र के लायक समझता है। अगर यह मस्जिद वाकई बाबर के आदेश पर रामजन्मभूमि को तोड़कर बनाई गयी होती तो निश्चित ही यह बाबर के लिए शेखी बघारने का विषय होता।

यहाँ तक बाद में अबुल फ़ज़ल भी अपनी 'आइन-ए-अकबरी' में अयोध्या को भारत के महानतम शहरों में गिनते हुए कहता है कि यह शहर त्रेता युग में हुए भगवान राम के सीधे संरक्षण में है। परंतु वो भी ऐसी किसी मस्जिद का ज़िक्र नहीं करता जिसे रामजन्मभूमि को तोड़कर बाबर ने बनवाया हो।

तुलसीदास जैसे महान रामभक्त भी इस मस्जिद के निर्माण के महज़ तीस साल बाद लिखी अपनी 'रामचरितमानस' में न ही किसी ऐसी मस्जिद का नाम लेते हैं न ही उनके तमाम लेखन में कहीं इस तथाकथित अत्याचार का कोई विवरण मिलता है।

इस तरह ऐतिहासिक दस्तावेजों में इस बात का कहीं ज़िक्र नहीं मिलता कि इस मस्जिद का निर्माण किसी राम मंदिर को तोड़कर करवाया गया था।

इसके अलावा पुरातात्विक स्रोतों की दृष्टि से भी मस्जिद के नीचे के स्तरों पर किसी ध्वंस के प्रमाण नहीं मिलते। यह तब भी नहीं मिलते जब अटल बिहारी सरकार के समय बी.बी.लाल जैसे पुरातत्वविद ने अयोध्या का व्यापक उत्खनन और सर्वेक्षण करवाया था जिनका रिश्ता इतिहासलेखन की दक्षिणपंथी विचारधारा से जगजाहिर है।

बावजूद इसके वहां कभी कोई राम मंदिर था या नहीं- यह बहस अनंत काल तक चलाई जा सकती है। लेकिन यह मुद्दा दरअसल इतिहास और तार्किकता का कतई मोहताज़ नहीं है। यह आधुनिक राजनीति में लोगों को धर्म के नाम पर बरगलाने और उसके सहारे राजनीतिक सत्ता पर कब्जे की सांप्रदायिक योजना से जुड़ा मुद्दा है।

सांप्रदायिक विचारधारा वास्तव में इतिहास पर नहीं इतिहास की सांप्रदायिक व्याख्या पर टिकी होती है। इस व्याख्या में स्रोत और विवेचना की जगह आस्था और भावना प्रधान हो जाती है। इसीलिए ऐतिहासिक रूप से राममंदिर के साक्ष्य न प्रस्तुत कर पाने की स्थिति में यह आराम से कहा जा सकता है कि मुद्दा दरअसल इतिहास से नहीं हिन्दुओं की आस्था से जुड़ा है।

हाल के दिनों में सांप्रदायिकता राजनीतिक रूप से बहुत मजबूत हो गयी है। इसलिए वो इतिहास का मिथ्याकरण करने, उसे जनभावना का मुद्दा बना देने और उसकी बिसात पर लोगों के सांप्रदायीकरण करने में पहले से कहीं ज्यादा सक्षम है।

यह काल्पनिक पद्मावती को इतिहास बनाकर उसे राजपूत अस्मिता पर हमला करार देकर तलवारें लहराने का ज़माना है। जहां इतिहास के चरित्रों पर शिगूफे छोड़कर भीड़ को उकसाया जा रहा हो वहां इतिहास और इतिहासलेखन की भला किसे फ़िक्र है?

बहरहाल, प्राचीन और मध्यकालीन भारत में तमाम धर्मस्थान तोड़े गए इससे कोई इनकार नहीं कर सकता। इन धर्मस्थानों में हिन्दू मंदिर भी हैं, जैन और बौद्ध मठ भी। भारतीय इतिहास में मस्जिद शायद आधुनिक काल में ही तोड़ी गयी है।

जब आरएसएस जैसे सांप्रदायिक संगठन ने अपने छद्म नामों से राममंदिर आंदोलन को इस आधार पर जिंदा किया कि वो अतीत में हिन्दुओं के खिलाफ किये गए हर अन्याय का बदला लेंगे। इतिहास का बदला चुकाने की यह सोच हमेशा गड़े मुर्दे उखाड़ती है क्योंकि सांप्रदायिक राजनीति नहीं चाहती कि लोग अपना ध्यान वर्तमान के मुद्दों यानी उनकी जिंदगी से जुड़े मुद्दों पर केन्द्रित करें। दुनिया में हर कहीं जहां इस तरह का कट्टरपंथ पैदा हुआ उसके पीछे पैसे और संसाधन लगाने वाला वर्ग हमेशा समाज का अभिजात्य वर्ग रहा है।

जर्मनी में संपन्न बुर्जुवा पूंजीपति वर्ग ने हिटलर के यहूदी-विरोधी आंदोलन को खाद-पानी मुहैय्या कराया था। गुलाम भारत में मुस्लिम लीग के पीछे यूनाइटेड प्रोविंस (आज का उत्तर प्रदेश) सहित कई राज्यों का मुस्लिम जमींदार तबका सक्रिय था जिसे डर था कि आज़ाद भारत में कांग्रेस उनकी जमींदारियां छीन लेगी।

आरएसएस की दिन दूनी-रात चौगुनी तरक्की के पीछे विदेशों, खासकर अमेरिका और यूरोप में बसे एनआरआई चंदे का बड़ा हाथ है। नरेंद्र मोदी को केंद्र की सत्ता तक पहुंचाने में अडानी और अम्बानी जैसे धनकुबेरों के साथ किस तरह की अंदरूनी सांठगांठ हुई थी, यह इस सरकार के साढ़े तीन साल के कामकाज से पता चल जाता है।

बहरहाल ख़ास बात यह है कि मध्यकाल में धर्मस्थलों को नुकसान पहुंचाना एक राजनीतिक आदत की तरह था। इसका उद्देश्य अपनी जीत की घोषणा के साथ-साथ मुल्ला वर्ग को खुश करके उनका समर्थन जुटाना होता था।

यह इतनी आम बात थी कि मंदिर तोड़ने वाले न सिर्फ मुस्लिम थे बल्कि तमाम हिन्दू राजाओं और पंथों ने भी अपनी विजय के प्रतीक के रूप में एक-दूसरे के मंदिर तोड़ने से कभी परहेज नहीं किया। जैसे मराठों ने श्रृंगेरी के शारदा मठ को न सिर्फ लूटा बल्कि उसकी मूर्ति को भी खंडित कर दिया। इसी क्रम में आलवार और नायनार संतों के आपसी **हिंसक** संघर्ष में एक-दूसरे के मंदिरों को तोड़ना एक आम बात थी। शैव और वैष्णव मतों के इस आपसी संघर्ष ने एक-दूसरे की धार्मिक आस्था को हतोत्साहित करने के लिए मंदिर तोड़े। चोल और चालुक्यों के बीच के संघर्ष में दोनों के ही आज की परिभाषा में 'हिन्दू' होने के बावजूद तमाम बार मंदिर तोड़े गए।

मुस्लिम शासक भी इस मामले में कतई पीछे न रहे। औरंगजेब ने तो अपने दिनों-दिन कमजोर होते साम्राज्य में उलेमा वर्ग का समर्थन बनाये रखने के लिए अपेक्षाकृत कट्टरपंथी नीति अपनाई। अयोध्या में उसके समय निर्मित दो मस्जिदों के बारे में कुछ भी नहीं कहा जा सकता लेकिन काशी विश्वनाथ मंदिर और मथुरा का केशव देव मंदिर तो उसने तोड़े ही थे।

यकीन मानिए बनारस के मंदिर को ध्वस्त करने वाले औरंगजेब के आदेश पर वी.एन.पांडेय के अध्ययन से कोई फर्क नहीं पड़ेगा। कच्छ के राजा की रानी के साथ बदसलूकी करने वाले पंडों को सजा देने के लिए मंदिर गिराने का आदेश किसी ऐसे 'हिन्दू' को आश्वस्त नहीं कर सकता जिसका खून सांप्रदायिक राजनीति की कढाई में खौलाया जा रहा हो।

हालांकि दूसरी तरफ बांदा-चित्रकूट के कई मंदिरों सहित अन्य कई मंदिरों को औरंगजेब द्वारा प्रश्रय देने के ऐतिहासिक प्रमाण मौजूद हैं। लेकिन काशी और मथुरा के मंदिरों को तोड़ने का औरंगजेबी फरमान किसी भी प्रकार अकबर द्वारा स्थापित और बाद के दिनों में विकसित हुई साझी मुगलिया संस्कृति के अनुरूप नहीं था।

इसीलिए सवाल उठता है कि भले ही इतिहास के धरातल पर रामजन्मभूमि-बाबरी मस्जिद विवाद को ऐतिहासिक रूप से सुलझा लिया जाए; काशी और मथुरा का क्या करेंगे?

उसके लिए तो इस बहस की कोई गुंजाइश नहीं है कि वहां पहले कोई मंदिर मौजूद था या नहीं। भूलिए मत कि रामजन्मभूमि और बाबरी मस्जिद विवाद के समय एक अत्यंत प्रचलित नारा था- 'अयोध्या तो अभी झांकी है, काशी-मथुरा बाकी है।'

दरअसल, जनता का इतिहास लिखना और उसे आम लोगों की चेतना का हिस्सा बनाना एक बहुत बड़ा प्रोजेक्ट है। सेकुलर बुद्धिजीवियों में अगर कुछ मुट्ठी भर लोगों को छोड़ दें तो बाकी लोग स्थानीय भाषाओं में लिखना अपनी बेइज्जती समझते हैं।

दूसरी तरफ आरएसएस अपने सामान्य बुद्धि प्रचारकों के माध्यम से जनता के एक बड़े हिस्से की ऐतिहासिक चेतना को बुरी तरह विकृत कर चुकी है।

लोगों को यह बात समझाना जरूरी है कि इतिहास का सबसे बड़ा सबक है कि अतीत की गलतियां दोहराई नहीं जानी चाहिए। अगर हम आज पुराने बदले चुकाने बैठ जाएँगे तो वर्तमान चौपट हो जाएगा।

मध्यकाल में जो कुछ हुआ है वो इसीलिए नहीं दोहराया जाना चाहिए क्योंकि वो अपनी चेतना में 'मध्यकालीन' है। जो कुछ मध्यकालीन है वो निश्चय ही आधुनिक नहीं है।

एक बात यह भी बतानी जरूरी है कि मध्यकाल में मंदिर ढहाने वालों की ढहती हुई राजनीतिक सत्ता भले ही मुल्ला वर्ग के समर्थन से कुछ मजबूत हुई हो, आम मुसलमान की जिंदगी में उससे इंच-भर भी परिवर्तन नहीं आया था।

ठीक उसी तरह अगर राममंदिर का निर्माण हो भी जाता है तो आम हिन्दू की जिंदगी में इससे राई-रत्ती कोई फर्क नहीं पड़ेगा। बदला चुकाने के झूठे अहसास से भले ही लोग पिछले साढ़े तीन साल में हुए अपने कष्टों को कुछ समय के लिए भूल जाएँ।

I. टिप्पणियाँ

1. **डॉ. सौरभ बाजपेयी** एक लोकप्रिय लेखक एवं इतिहासकार हैं। उन्होंने जवाहरलाल नेहरू विश्वविद्यालय से पीएचडी की डिग्री हासिल की है। उन्हें भारत में इतिहासकारों की सर्वोच्च संस्था द्वारा एम. अतहर अली मेमोरियल प्राइज 2012 से सम्मानित किया गया है। वर्तमान

में, वे देशबंधु कॉलेज, दिल्ली विश्वविद्यालय में इतिहास पढ़ाते हैं। देश के प्रमुख अखबारों, पत्रिकाओं और न्यूज-पोर्टल में उनके लेख प्रकाशित होते रहते हैं।

2. **अबुल फजल** (1551-1602) का पूरा नाम अबुल फजल इब्न मुबारक था। अबुल फजल मुगल बादशाह अकबर के नवरत्नों में से एक थे। एक महान राजनेता, राजनायिक और सैन्य जनरल होने के साथ साथ उन्होने अपनी पहचान एक इतिहास लेखक के रूप में बनाई। अबुल फजल ने 'आइन-ए-अकबरी' जैसी प्रसिद्ध पुस्तक की रचना की। उन्होंने भारतीय मुगलकालीन समाज और सभ्यता को इस पुस्तक के माध्यम से बड़े ही अच्छे तरीके से वर्णन किया है।

3. **'आइन-ए-अकबरी'** एक 16वीं शताब्दी का ब्यौरेवार ग्रन्थ है। इसकी रचना अबुल फजल ने की थी। इसमें अकबर के दरबार, उसके प्रशासन के बारे में चर्चा की गई है। इसके तीन खण्ड हैं, जिनमें अंतिम खंड 'अकबरनामा' के नाम से जाना जाता है।

4. **त्रेता युग** हिन्दू मान्यताओं के अनुसार चार युगों में से एक युग है। त्रेता युग मानवकाल के द्वितीय युग को कहते हैं। इस युग में विष्णु के तीन अवतार प्रकट हुए थे जो वामन, परशुराम और राम थे।

5. **बी.बी.लाल** यानी ब्रज बासी लाल (1921-2022) भारत के पुरातत्त्वविद् थे। उन्होंने भारत के विभिन्न क्षेत्रों में अनेक पुरातात्विक स्थलों का अन्वेषण एवं उत्खनन किया था। 1968 में उन्हें भारतीय पुरातत्व सर्वेक्षण का महानिदेशक नियुक्त किया गया जहाँ वे 1972 तक रहे। उनको सन् 2000 में भारत सरकार ने विज्ञान एवं अभियांत्रिकी क्षेत्र में पद्म भूषण से सम्मानित किया था। सन् 2021 में उन्हें भारत के दूसरे सर्वोच्च नागरिक पुरस्कार पद्म विभूषण से सम्मानित किया गया।

6. **दक्षिणपंथी** : राजनीति में दक्षिणपंथी राजनीति (right-wing politics/rightist politics) उस पक्ष या विचारधारा को कहते हैं जो सामाजिक स्तरीकरण या सामाजिक समता को अपरिहार्य, प्राकृतिक, सामान्य या आवश्यक मानते हैं। वैश्विक स्तर पर बात की जाए तो उदार कहे जाने वाले तबके के लिए वामपंथी यानी लेफ्ट विङ्ग और कंजर्वेटिव के लिए दक्षिणपंथी यानी राइट विङ्ग का इस्तेमाल किया जाता है। भारत की बात करें तो यहाँ मार्क्सवादी

पार्टियों को वामपंथी पार्टियाँ और हिन्दुत्व की विचारधारा वाली पार्टियों को दक्षिणपंथी पार्टियाँ कहा जाता है।

7. **पद्मावती** : माना जाता है कि पद्मावती या पद्मिनी चित्तौड़ के राजा रत्नसिंह (रतनसेन) (13वीं-14वीं शताब्दी) की रानी थी। इस राजपूत रानी के नाम का ऐतिहासिक अस्तित्व बहुत गौरवशाली है। और इनका ऐतिहासिक अस्तित्व तो प्रायः इतिहासकारों द्वारा काल्पनिक स्वीकार कर लिया गया है। इस नाम का मुख्य स्रोत मलिक मुहम्मद जायसी कृत 'पद्मावत' नामक महाकाव्य है। अन्य जिस किसी ऐतिहासिक स्रोत या ग्रंथ में 'पद्मावती' या 'पद्मिनी' का वर्णन हुआ है वे सभी 'पद्मावत' के परवर्ती हैं।

8. **संयुक्त प्रांत** या 'युनाइटेड **प्रोविंसेस**' (United Provinces) ब्रिटिशकालीन भारत में तथा भारत के स्वतंत्र होने के बाद तक एक प्रमुख प्रान्त था। यह 1 अप्रैल 1937 को अस्तित्व में आया। इसके अन्तर्गत लगभग वही भूभाग आता था जो वर्तमान में उत्तर प्रदेश और उत्तराखण्ड को मिलाकर बनता है। स्वतंत्रत होने पर सन् 1947 में बनारस, रामपुर और टेहरी-गढ़वाल की रियासतें भी 'संयुक्त प्रांत' में मिला ली गयीं। 24 जनवरी 1950 को इसका नाम बदलकर 'उत्तर प्रदेश' कर दिया गया। सन् 2000 में इसी से उत्तरांचल (अब 'उत्तराखण्ड') नामक प्रदेश का निर्माण हुआ।

9. **एनआरआई** (NRI) : एनआरआई का फुल फॉर्म होता है नॉन रेसिडेंट इंडियन (Non-Resident Indian) यानी अनिवासी भारतीय। एक व्यक्ति जो अनुमानित वित्तीय वर्ष के दौरान भारत में 182 दिनों से कम समय बिताता है उसे अनिवासी भारतीय माना जाता है। एक एनआरआई भी एक ऐसा व्यक्ति है जो नौकरी की तलाश में या काम से संबंधित कारणों से विदेश यात्रा करता है।

10. **गौतम शान्तिलाल अडानी** (1962-) एक भारतीय उद्यमी जो अदानी समूह के अध्यक्ष हैं। अदानी समूह कोयला व्यापार, कोयला खनन, तेल एवं गैस खोज, बंदरगाहों, मल्टी मॉडल लॉजिस्टिक्स, बिजली उत्पादन एवं पारेषण और गैस वितरण में फैले कारोबार को सम्भालने वाला विश्व स्तर का एकीकृत बुनियादी ढाँचा है। अप्रैल 2022 में गौतम अडानी दुनिया के

छठे सबसे अमीर शख्स बन गए थे।

11. **मुकेश धीरूभाई अंबानी** (1957-   ) एक भारतीय व्यवसायी हैं, वे रिलायंस इंडस्ट्रीज के अध्यक्ष, प्रबंध निदेशक और कंपनी के सबसे बड़े शेयरधारक हैं जो भारत में निजी क्षेत्र की सबसे बड़ी तथा फोर्च्यून 500 कंपनी है। मुकेश अंबानी मार्च, 2022 तक एशिया के दूसरे सबसे अमीर और दुनिया के 10वें सबसे अमीर व्यक्ति बने हुए थे।

12. **शृंगेरी शारदा पीठ** आदि गुरु शंकराचार्य द्वारा सन् 725 में भारत में स्थापित हिन्दू धर्म की चार पीठों में से दक्षिण पीठ है। यह कर्नाटक राज्य के चिकमंगलुर जिले में तुंगा नदी के तीर पर स्थित है।

13. **आलवार** : विष्णु या नारायण की उपासना करनेवाले भक्त 'आलवार' कहलाते हैं। वे तमिल कवि एवं सन्त थे। इनका काल छठी से नौवीं शताब्दी के बीच रहा। आलवार सन्त भक्ति आन्दोलन के जन्मदाता माने जाते हैं।

14. **नायनार** : हिन्दू धर्म में नायनार (नयनार) भगवान शिव के भक्त सन्त थे। इनका उद्भव मध्यकाल में मुख्यतः दक्षिण भारत के तमिलनाडु में हुआ था। कुल 63 नायनारों ने शैव सिद्धान्तों के प्रसार में महत्वपूर्ण भूमिका निभाई।

15. **चोल** प्राचीन भारत का एक राजवंश था। दक्षिण भारत में और पास के अन्य देशों में तमिल चोल शासकों ने 9वीं शताब्दी से 13वीं शताब्दी के बीच एक अत्यंत शक्तिशाली हिन्दू साम्राज्य का निर्माण किया।

16. **चालुक्य** वंश एक भारतीय शाही राजवंश था जिसने 6वीं और 12वीं शताब्दी के बीच दक्षिणी और मध्य भारत के बड़े हिस्से पर शासन किया।

17. **उलेमा वर्ग** इस्लामी धर्माचार्यों तथा शरीयत कानून के व्याख्याकारों का एक महत्वपूर्ण वर्ग था। शासन पर इनका भी अत्यधिक प्रभाव रहता था।

18. **काशी विश्वनाथ मंदिर** बारह ज्योतिर्लिंगों में से एक है। काशी विश्वनाथ मंदिर का हिन्दू धर्म में एक विशिष्ट स्थान है। ऐसा माना जाता है कि जीवन में एक बार इस मंदिर के दर्शन करने और पवित्र गंगा में स्नान कर लेने से मोक्ष की प्राप्ति होती है। इस मंदिर में दर्शन करने के लिए

आदि शंकराचार्य, सन्त एकनाथ, रामकृष्ण परमहंस, स्वामी विवेकानंद, महर्षि दयानंद, गोस्वामी तुलसीदास सभी का आगमन हुआ है।

माना जाता है कि काशी विश्वनाथ मंदिर को मुस्लिम शासकों द्वारा कई बार ध्वस्त किया गया था, हाल ही में औरंगजेब ने इसके स्थान पर ज्ञानवापी मस्जिद का निर्माण कराया था। वर्तमान संरचना का निर्माण निकटवर्ती स्थल पर इंदौर के मराठा शासक अहिल्याबाई होल्कर द्वारा वर्ष 1780 में किया गया था। 1983 से इस मंदिर का प्रबंधन उत्तर प्रदेश सरकार द्वारा किया गया है।

19. **कटरा केशवदेव मन्दिर** अति प्राचीन मंदिर है जो कृष्ण जन्मभूमि आवासीय द्वार के निकट मल्लपुरा (मथुरा, उत्तर प्रदेश) में स्थित है। कालक्रम में यह मंदिर कई बार टूटा और बनाया गया है। मुग़ल बादशाह औरंगज़ेब ने 1670 में कटरा केशवदेव मंदिर को ध्वस्त करवाया था और ताकत प्रदर्शन के लिए ईदगाह मस्जिद के नाम से एक इमारत तामीर करवायी थी।

20. 'मशहूर इतिहासकार डॉक्टर **विश्वंभर नाथ पांडेय** अपनी पुस्तक 'भारतीय संस्कृति, मुग़ल विरासत : औरंगज़ेब के फ़रमान' के पृष्ठ संख्या 119 और 120 में पट्टाभिसीतारमैया की पुस्तक 'फ़ेदर्स एँड स्टोन्स' के हवाले से विश्वनाथ मंदिर को तोड़े जाने संबंधी औरंगज़ेब के आदेश और उसकी वजह के बारे में बताते हैं।

वो लिखते हैं कि एक बार औरंगज़ेब बनारस के निकट के प्रदेश से गुज़र रहे थे। सभी हिन्दू दरबारी अपने परिवार के साथ गंगा स्नान और विश्वनाथ दर्शन के लिए काशी आए। विश्वनाथ दर्शन कर जब लोग बाहर आए तो पता चला कि कच्छ के राजा की एक रानी ग़ायब हैं। खोज की गई तो मंदिर के नीचे तहखाने में वस्त्राभूषण विहीन, भय से त्रस्त रानी दिखाई पड़ीं। जब औरंगज़ेब को पंडों की यह काली करतूत पता चली तो वह बहुत क्रुद्ध हुआ और बोला कि जहां मंदिर के गर्भ गृह के नीचे इस प्रकार की डकैती और बलात्कार हो, वो निस्संदेह ईश्वर का घर नहीं हो सकता। उसने मंदिर को तुरंत ध्वस्त करने का आदेश जारी कर दिया।

विश्वंभर नाथ पांडेय आगे लिखते हैं कि औरंगज़ेब के आदेश का तत्काल पालन हुआ लेकिन जब यह बात कच्छ की रानी ने सुनी तो उन्होंने उसके पास संदेश भिजवाया कि इसमें मंदिर

का क्या दोष है, दोषी तो वहां के पंडे हैं। वो लिखते हैं कि रानी ने इच्छा प्रकट की कि मंदिर को दोबारा बनवा दिया जाए। औरंगज़ेब के लिए अपने धार्मिक विश्वास के कारण, फिर से नया मंदिर बनवाना संभव नहीं था। इसलिए उसने मंदिर की जगह मस्जिद खड़ी करके रानी की इच्छा पूरी की।

प्रोफ़ेसर राजीव द्विवेदी समेत कई अन्य इतिहासकार भी इस घटना की पुष्टि करते हैं और कहते हैं कि औरंगज़ेब का यह फ़रमान हिन्दू विरोध या फिर हिन्दुओं के प्रति किसी घृणा की वजह से नहीं बल्कि उन पंडों के ख़िलाफ़ ग़ुस्सा था जिन्होंने कच्छ की रानी के साथ दुर्व्यवहार किया था। प्रोफ़ेसर हेरंब चतुर्वेदी कहते हैं कि कच्छ के राजा कोई और नहीं बल्कि आमेर के कछवाहा शासक थे।'

--- 'बीबीसी हिन्दी' के संवाददाता समीरात्मज मिश्र द्वारा लिखी 'काशी में विश्वनाथ मंदिर और ज्ञानवापी मस्जिद कैसे बने?' नामक रिपोर्ट (अपडेटेड 17 मई 2022) से चुना है।

21. **प्रचारक** राष्ट्रीय स्वयंसेवक संघ (आरएसएस) में सबसे छोटी इकाई शाखा में होते हैं जो अलग अलग जगह में संघ की शाखाओं को खोलने एवं संघ के लिए कार्य करते हैं। वे पूर्णकालिक रूप से आरएसएस के सिद्धांत का प्रसार करता है। प्रचारक की प्रणाली को आरएसएस का जीवन रक्त कहा जाता है।

II. शब्दावली

बरगलाना : (स.क्रि.) बहकाना, ग़ुमराह करना

कट्टरपंथ : (पु.) रूढिवादी ढंग से या बिना समझे-बूझे के किसी मत को मानने का सिद्धांत

कड़वा : (वि.) कटु और अप्रिय स्वाद का, अप्रिय, जो भला न लगे

मुहाल : (वि.) कठिन, दुष्कर, असंभव

मुखपत्र : (पु.) संस्था के नियम और सिद्धांत आदि विवरण से युक्त पत्र

---के एवज में : ---के बदले में

सिपहसालार : (पु.) फौज का सबसे बड़ा अफसर, सेनापति, सेनानायक

अभिलेख : (पु.) ताम्रपट्ट, पत्थर आदि पर खुदा हुआ लेख

शेखी बघारना : (स.क्रि.) स्वयं अपनी प्रशंसा करना, डींग मारना

तथाकथित : (वि.) जो इस नाम से प्रसिद्ध हो परंतु ऐसा होना विवादास्पद एवं संदिग्ध हो

मोहताज़ : (वि.) मुहताज, जिसे किसी चीज या बात की विशेष अपेक्षा हो

सांप्रदायिकता : (स्त्री.) अपने संप्रदाय या धर्म को श्रेष्ठ मानते हुए दूसरे संप्रदाय या धर्म को गलत ठहराना या द्वेष रखना, अपने संप्रदाय के हित और अन्य संप्रदाय के अहित में संलग्न होने का भाव

बिसात : (स्त्री.) हैसियत, सामर्थ्य, जमा-पूँजी

अस्मिता : (स्त्री.) अहंभाव, अपनी सत्ता का भाव, अहंकार, अभिमान

शिगूफा छोड़ना : (स.क्रि.) कोई नई या अनोखी बात कहना, तमाशा देखने के लिये कोई मामला खड़ा कर देना

गड़े मुर्दा उखाड़ना : (स.क्रि.) दबी हुई बातें फिर से उभारना, पुरानी बातों को याद करना

अभिजात्य : (वि.) अच्छे कुल में उत्पन्न, कुलीन

सांठगांठ : (स्त्री.) मेल मिलाप, छिपा और दूषित संबंध

मुल्ला : (पु.) मुस्लिम धर्मशास्त्र का आचार्य, मुसलमान शिक्षक

हतोत्साहित : (वि.) जिसका उत्साह नष्ट हो गया हो

बदसलूकी : (स्त्री.) बुरा व्यवहार, अशिष्ट व्यवहार

आश्वस्त : (वि.) जिसे प्रोत्साहन मिला हो

कढाई : (स्त्री.) छोटा कड़ाहा

खौलाना : (स.क्रि.) उबालना, क्रुद्ध करना

III. निम्नलिखित सवालों पर गौर कीजिए और इनके जवाब दीजिए।

1. निम्नलिखित वाक्यों का चीनी में अनुवाद कीजिए।

१. इसी 'चमत्कार' के एवज में नैयर की पत्नी शकुन्तला नैयर को 1951 के चुनावों में आरएसएस ने जनसंघ का टिकट देकर जितवाया था। अब इन दोनों तथ्यों का आपस में क्या संबंध है,

यह पाठक के अपने विवेक पर छोड़ा जा सकता है।

२. बावजूद इसके वहां कभी कोई राम मंदिर था या नहीं- यह बहस अनंत काल तक चलाई जा सकती है। लेकिन यह मुद्दा दरअसल इतिहास और तार्किकता का कतई मोहताज़ नहीं है। यह आधुनिक राजनीति में लोगों को धर्म के नाम पर बरगलाने और उसके सहारे राजनीतिक सत्ता पर कब्जे की सांप्रदायिक योजना से जुड़ा मुद्दा है।

३. हाल के दिनों में सांप्रदायिकता राजनीतिक रूप से बहुत मजबूत हो गयी है। इसलिए वो इतिहास का मिथ्याकरण करने, उसे जनभावना का मुद्दा बना देने और उसकी बिसात पर लोगों के सांप्रदायीकरण करने में पहले से कहीं ज्यादा सक्षम है।

४. सांप्रदायिक विचारधारा वास्तव में इतिहास पर नहीं इतिहास की सांप्रदायिक व्याख्या पर टिकी होती है। इस व्याख्या में स्रोत और विवेचना की जगह आस्था और भावना प्रधान हो जाती है।

५. मध्यकाल में जो कुछ हुआ है वो इसीलिए नहीं दोहराया जाना चाहिए क्योंकि वो अपनी चेतना में 'मध्यकालीन' है। जो कुछ मध्यकालीन है वो निश्चय ही आधुनिक नहीं है।

2. लेखक लिखते हैं, 'सांप्रदायिक विचारधारा वास्तव में इतिहास पर नहीं इतिहास की सांप्रदायिक व्याख्या पर टिकी होती है।' आप अपनी बातों से 'इतिहास की सांप्रदायिक व्याख्या' का मतलब समझाइए।

3. लेखक क्यों मानते हैं कि राम मंदिर विवाद दरअसल इतिहास से नहीं हिन्दुओं की आस्था से जुड़ा है?

4. 'अयोध्या तो अभी झांकी है, काशी-मथुरा बाकी है।' आप उपरोक्त नारे से क्या समझते हैं?

5. लेखक के विचार में इतिहास का बदला चुकाने की सोच क्यों ठीक नहीं है?

6. रामजन्मभूमि-बाबरी मस्जिद जैसे विवाद को क्या सचमुच ऐतिहासिक रूप से सुलझा लिया जाए? ऐसे विवाद मूल रूप से ऐतिहासिक मुद्दे हैं या राजनीतिक या धार्मिक?

7. श्रीकृष्ण जन्मस्थान और शाही ईदगाह मस्जिद विवाद पर निम्न लेख पढ़िए।

उत्तर प्रदेश चुनाव : मथुरा में मंदिर-मस्जिद विवाद कितना बड़ा मुद्दा

वात्सल्य राय

(09/02/2022)

(www.bbc.com/hindi)

श्रीकृष्ण जन्मस्थान ट्रस्ट के सचिव कपिल शर्मा का कहना है कि मथुरा और यहाँ स्थित 'जन्मस्थान का विकास और भव्य मंदिर का निर्माण' धर्म प्रेमियों के लिए लंबे समय से एक प्रमुख मुद्दा है। उन्होंने कहा, 'ये विषय किसी राजनीतिक पार्टी का नहीं है। जब भव्य और विशाल मंदिर को तोड़कर उस स्थान पर ईदगाह का निर्माण कराया गया, तभी से करोड़ों-करोड़ कृष्ण भक्तों के मन में अवश्य ये चाह है कि भगवान श्रीकृष्ण की जन्मभूमि का विकास भी पूर्ण दिव्यता और भव्यता के साथ हो।'

कपिल शर्मा ने आगे कहा, 'अयोध्या में भव्य और दिव्य राममंदिर का निर्माण, काशी में बाबा धाम का विस्तार और सौंदर्यीकरण के बाद में धर्म प्रेमी जनता के मन में ये आशा अवश्य जगी है कि जो विकास की गंगा अयोध्या से प्रारंभ होकर काशी तक पहुँची, मथुरा में भी उसकी धारा आ चुकी है। वो मथुरा के विकास के साथ ही त्रिवेणी का रूप धारण करेगी।'

उत्तर प्रदेश में विधानसभा चुनाव क़रीब आते ही मथुरा में मंदिर-मस्जिद मुद्दे को लेकर चर्चा शुरू हो गई। इसे लेकर न्यायालय में भी मामला दाखिल किया गया है।

बीते साल दिसंबर में यूपी के डिप्टी सीएम केशव प्रसाद मौर्य ने 'मथुरा की तैयारी' का नारा दिया। इसके कई मतलब निकाले गए। कई लोगों ने दावा किया कि वो मंदिर मस्जिद मुद्दे की बात उठा रहे हैं।

श्रीकृष्ण जन्मस्थान और शाही ईदगाह मस्जिद

मथुरा के कटरा केशव देव को भगवान श्रीकृष्ण का जन्मस्थान माना जाता है। मंदिर परिसर से सटी शाही ईदगाह मस्जिद है। ये 17वीं शताब्दी में बनी थी। कई हिन्दुओं का दावा है कि मस्जिद मंदिर तोड़कर बनाई गई थी। वहीं कई मुसलमान संगठन इस दावे को ख़ारिज करते हैं।

शाही ईदगाह कमेटी के ज्वाइंट सेक्रेटरी डॉक्टर अबरार हुसैन कहते हैं कि विधानसभा चुनाव में मंदिर मस्जिद का मुद्दा नहीं है।

वो कहते हैं, 'ये मथुरा नगरी योगीराज श्रीकृष्ण और रसखान की नगरी है। यहाँ जब-जब कंस पैदा हुए हैं, उनके विनाश के लिए कृष्ण भी आए हैं। इसको यहाँ का जनमानस हिन्दू मुसलमान भली प्रकार से जानते हैं।'

वो कहते हैं कि असली आवश्यकता जनता की मूलभूत परेशानी को दूर करने की है।

डॉक्टर अबरार आरोप लगाते हैं, 'भारतीय जनता पार्टी का चाल चरित्र और चेहरा झूठ का रहा है, उसने हमेशा मंदिर-मस्जिद और जाति-धर्म के नाम पर राजनीति की है। उनका एक फ़ॉर्मूला बाबरी मस्जिद को लेकर फ़िट हो गया तो उन्होंने सोचा कि ये फ़ॉर्मूला तो यहाँ भी कामयाब हो जाएगा। लेकिन मथुरा नगरी सौहार्द और प्रेम की नगरी है, यहाँ के लोग हिन्दू मुस्लिम सब एक दूसरे के नज़दीक हैं।'

वहीं बीजेपी नेता मोहम्मद रियाज़ुद्दीन डॉक्टर अबरार के आरोपों को ख़ारिज करते हैं। वो दावा करते हैं कि 'मथुरा की तैयारी' नारे का मतलब मथुरा में विकास के कामों की तैयारी से है।

मोहम्मद रियाज़ुद्दीन आगे कहते हैं, 'अभी माननीय योगी जी ने ये कहा था कि काशी और अयोध्या में जो विकास की धारा बही है, वही विकास की धारा मथुरा में भी बहाना चाहते हैं।'

श्रीकृष्ण जन्मस्थान की 13.37 एकड़ ज़मीन पर मालिकाना हक़ को लेकर कई लोग कोर्ट भी गए हैं। इस ज़मीन के ही एक हिस्से पर शाही ईदगाह है।

कांग्रेस समर्थक और मथुरा के एक सामाजिक कार्यकर्ता गोपाल अग्रवाल दावा करते हैं कि असल मुद्दों से ध्यान हटाने के लिए मंदिर-मस्जिद की बात की जा रही है।

वो कहते हैं, 'मथुरा के जो मुद्दे हैं, उन्हें तो पेश ही नहीं किया जा रहा। मथुरा में महंगाई की मार है। सड़कें टूटी हुई हैं। लोग बेरोज़गार हैं। काम धंधा नहीं है। स्वास्थ्य की स्थिति ठीक नहीं है। इसे मुद्दा नहीं बनाया जा रहा है। सिर्फ़ मंदिर और मस्जिद को मुद्दा बनाया जा रहा है।'

बीएसपी नेता संघ रतन सेठी कहते हैं, 'मुद्दा विकास का रहना चाहिए, मुद्दा भाई चारे का रहना चाहिए, मुद्दा समरसता का रहना चाहिए। शिक्षा का मुद्दा रहना चाहिए।'

बीएसपी नेता राहुल रावत इस मुद्दे के समाधान के लिए अपनी पार्टी प्रमुख मायावती से उम्मीद लगाए हुए हैं।

वो दावा करते हैं, 'बहनजी की सरकार बनती है तो आप देखिएगा कि ये जन्मभूमि और ईदगाह वाले मुद्दे को हम कितनी समरसता के साथ हल करते हैं। इनकी (बीजेपी की) कथनी और करनी में अंतर है। मंदिर सुप्रीम कोर्ट ने बनाया। बताओ किसने विरोध किया।'

वहीं, स्थानीय युवा पुंडरीक रत्न कहते हैं, 'मुद्दा मंदिर और मस्जिद नहीं बल्कि विकास होना चाहिए और विकास कोई जादू की छड़ी नहीं जो रातों-रात हो जाए।'

श्रीकृष्ण जन्मभूमि क्षेत्र में रहने वाले गोविंद शर्मा कहते हैं, 'विकास की सिर्फ़ बातें की जा रही हैं। विकास के नाम पर सारी सड़कों को खोदकर पटक दिया गया है। बिजली बहुत महँगी है। महंगाई बहुत बढ़ रही है। इसके अलावा मथुरा में बंदरों की समस्या है। बंदरों की समस्या से कोई निजात नहीं दिला पाया।'

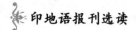

यूनिट ४ मंदिर पर दुराग्रह का प्रदर्शन : राम मंदिर महज एक और मंदिर नहीं है, इसकी महत्ता एक तीर्थस्थल से बढ़कर है

संजय गुप्त

09/08/ 2020

(https://www.jagran.com)

लगभग पांच सदी की लंबी प्रतीक्षा के बाद अयोध्या में राम मंदिर निर्माण का भूमि पूजन समारोह संपन्न हो गया। कोविड महामारी के बावजूद इस समारोह ने दुनिया का ध्यान आकर्षित किया। स्वाभाविक रूप से एक बड़े वर्ग ने इस समारोह का स्वागत करते हुए राम के प्रति अपनी श्रद्धा व्यक्त की। वहीं खुद को वामपंथी, सेक्युलर और लिबरल कहने वालों ने इस दिन को भारत के लोकतांत्रिक मूल्यों पर आघात करने वाला दिन बताया। देश के सांस्कृतिक-धार्मिक मूल्यों से कटे हुए इन लोगों ने यह साबित करने की भी कोशिश की कि इतिहास पांच अगस्त को एक ऐसे दिन के रूप में याद रखेगा जब बहुसंख्यकवाद को थोपने का काम किया गया। ऐसे दुराग्रही लोगों की सोच बदलना मुश्किल है, क्योंकि उनकी सोच बहुत संकुचित है। इस सोच के मूल में है उनकी शिक्षा-दीक्षा। यह वर्ग पाश्चात्य संस्कृति से इतना अभिभूत है कि वह अपनी संस्कृति और उसकी मान्यताओं से परिचित ही नहीं होना चाहता। इसी कारण वह राम मंदिर की महत्ता को नहीं समझ रहा।

राम मंदिर महज एक और मंदिर नहीं है, इसकी महत्ता एक तीर्थस्थल से बढ़कर है

राम मंदिर महज एक और मंदिर नहीं है। इसकी महत्ता एक तीर्थस्थल से बढ़कर है, क्योंकि यह राम के जन्मस्थल पर निर्मित हो रहा है। इसकी महत्ता उतनी ही है जितनी मथुरा के कृष्ण जन्मभूमि मंदिर की। दुराग्रही वर्ग यह समझने को भी तैयार नहीं दिखता कि किसी देश की आत्मा उसकी अपनी संस्कृति में रची-बसी होती है और राम इस देश की संस्कृति में बहुत गहरे रचे-बसे हैं।

सेक्युलरिज्म की विकृत राजनीति के कारण ही अयोध्या विवाद का समाधान होने में देरी हुई

यह किसी से छिपा नहीं कि आजादी के बाद शिक्षा व्यवस्था में वामपंथी हावी रहे और उन्होंने जानबूझकर इतिहास को एकपक्षीय ढंग से प्रस्तुत किया। गलत इतिहास के साथ ही उस विजातीय सेक्युलरिज्म ने भी ऐसे लोगों के चिंतन को दूषित किया जो तुष्टीकरण का पर्याय बनकर रह गया। इस सेक्युलरिज्म में हिन्दू मूल्यों और मान्यताओं के लिए कोई स्थान नहीं। इस सेक्युलरिज्म को सही समझने वाले इस मुगालते में हैं कि भारत इसलिए सेक्युलर है, क्योंकि संविधान में सेक्युलर शब्द का उल्लेख है। ध्यान रहे संविधान में सेक्युलर शब्द आपातकाल के दौरान जोड़ा गया। संविधान निर्माताओं ने इसकी आवश्यकता इसीलिए नहीं समझी थी, क्योंकि वे जानते थे कि भारत तो सदियों से पंथनिरपेक्षता का पोषक है और सर्वधर्म समभाव उसके स्वभाव में है। सेक्युलरिज्म के नाम पर अल्पसंख्यकों खासकर मुस्लिम समाज को या तो भयभीत करने का काम किया गया या फिर उसकी अनुचित मांगों को मानने का। शाह बानो मामला इसका सटीक उदाहरण है। सेक्युलरिज्म की विकृत राजनीति के कारण ही अयोध्या विवाद का समाधान होने में बहुत देरी हुई। कथित सेक्युलर-लिबरल लॉबी ने इसके लिए पूरी कोशिश की कि उच्चतम न्यायालय अयोध्या विवाद सुलझाने का काम न करे।

राम मंदिर वर्तमान को अतीत से और स्वयं को संस्कार से जोड़ने की पहल है

कायदे से आजादी के बाद अयोध्या विवाद का समाधान उसी तरह होना चाहिए था जैसे सोमनाथ का किया गया, लेकिन ऐसा नहीं हो पाया और इसकी वजह रही नेहरू की वामपंथी सोच। नेहरू सोमनाथ मंदिर के जीर्णोद्धार के भी खिलाफ थे, लेकिन गृह मंत्री सरदार पटेल और राष्ट्रपति राजेंद्र प्रसाद के आगे उनकी नहीं चली। कांग्रेस नेहरू की सोच को ही आगे बढ़ाती रही और मुसलमानों का जमकर तुष्टीकरण करती रही। इसी कारण वह समान नागरिक संहिता पर मौन रही या फिर उसका विरोध करती रही। राम मंदिर निर्माण के भूमि पूजन समारोह पर मीन-मेख निकाल रहे लोग यह सुनने-समझने को तैयार नहीं दिख रहे कि इस अवसर पर प्रधानमंत्री ने क्या

कहा? उन्होंने मंदिर निर्माण की प्रक्रिया को राष्ट्र को जोड़ने का उपक्रम बताने के साथ ही यह रेखांकित किया कि यह मंदिर वर्तमान को अतीत से और स्वयं को संस्कार से जोड़ने की पहल है।

पीएम मोदी ने कहा- राम मंदिर देश में एकता और बंधुत्व की भावना को बल दे

प्रधानमंत्री ने यह कहकर कि राम ने सामाजिक समरसता को अपने शासन की आधारशिला बनाया था, यही स्पष्ट किया कि एक समरस भारत का निर्माण होना चाहिए। राम मंदिर देश में एकता और बंधुत्व की भावना को बल दे, इसपर आरएसएस प्रमुख मोहन भागवत ने भी बल दिया। उन्होंने राम मंदिर निर्माण को भारत के निर्माण का शुभारंभ ही नहीं बताया, बल्कि सबको जोड़ने वाला भी कहा। यह इसलिए महत्वपूर्ण है, क्योंकि हिन्दू समाज की कमजोरी के कारण ही भारत कमजोर पड़ा और विदेशी आक्रमणकारी देश को नष्ट-भ्रष्ट करने में सफल रहे।

भाजपा ने राम मंदिर और अयोध्या को लेकर अपने विचार कभी नहीं बदले

भाजपा ने राम मंदिर और अयोध्या को लेकर अपने विचार कभी नहीं बदले, लेकिन कांग्रेसी नेताओं के बयानों से साफ है कि उन्हें देश का माहौल देखते हुए अपनी सोच बदलनी पड़ी। इसमें संदेह है कि देश इतनी आसानी से भूल जाएगा कि कांग्रेस ने किस तरह राम मंदिर निर्माण में अड़ंगे लगाए? शायद कांग्रेस को अपनी गलतियों का अहसास हो रहा है और इसी कारण राहुल गाँधी, प्रियंका गाँधी समेत अन्य कांग्रेसी नेताओं ने राम का स्मरण किया, लेकिन तथ्य यह भी है कि कई कांग्रेसी राम मंदिर के खिलाफ बयान देने में लगे हुए हैं। इन कांग्रेसी नेताओं की सोच वैसी ही है जैसी विदेशी मीडिया में राम मंदिर विरोधी लेख लिखने वालों की। उसमें कई ऐसे लेख लिखे गए जिनका मकसद मुस्लिम समाज की भावनाओं को भड़काना और मोदी के नेतृत्व वाले भारत को नीचा दिखाना है। विडंबना यह है कि कई पढ़े-लिखे भारतीय इन लेखों से प्रभावित हुए हैं। कुछ कह रहे हैं कि अयोध्या में अस्पताल या विश्वविद्यालय बनता तो बेहतर होता। आखिर राम जन्मस्थल पर ही अस्पताल या स्कूल बनाने की जिद क्यों? क्या अन्य स्थलों पर उनके लिए जगह का अभाव है? सवाल यह भी है कि क्या अयोध्या विवाद ने इस पर रोक लगा रखी थी कि देश

में अन्य कहीं अस्पताल या स्कूल न बनें?

सरकार को कूटनीति के जरिये सुनिश्चित करना होगा कि देश की अंतरराष्ट्रीय छवि धूमिल न होने पाए

चूंकि राम मंदिर के खिलाफ एक वर्ग विषवमन में लगा हुआ है और अंतरराष्ट्रीय मीडिया भी यही काम कर रहा है इसलिए सरकार को कूटनीति के जरिये यह सुनिश्चित करना होगा कि यह वर्ग न तो माहौल खराब करने पाए और न ही देश की अंतरराष्ट्रीय छवि धूमिल करने पाए। नि:संदेह राम मंदिर निर्माण का दायित्व श्रीराम जन्मभूमि तीर्थ क्षेत्र ट्रस्ट का है, लेकिन इस मंदिर के खिलाफ दुष्प्रचार की काट करना सरकार की जिम्मेदारी है। हर भारतीय को भी समझना होगा कि जो अपनी संस्कृति का निरादर करते हैं वे कहीं आदर नहीं पाते। यह सबकी जिम्मेदारी है कि हिन्दू संस्कृति और समाज अपनी खामियों और कुरीतियों से मुक्त हो। यह तभी होगा जब राम मंदिर निर्माण के साथ ही चरित्र निर्माण की प्रक्रिया को भी बल दिया जाएगा।

I. टिप्पणियाँ

1. लेखक 'दैनिक जागरण' अख़बार के प्रधान संपादक हैं।
2. **कृष्ण जन्म भूमि** कृष्ण जन्मस्थान मंदिर के नाम से भी जाना जाता है, जो मल्लपुरा (मथुरा, उत्तर प्रदेश)में हिन्दू मंदिरों का एक समूह है। ये मंदिर उस स्थान पर स्थित हैं जिसे हिन्दू देवता कृष्ण का जन्मस्थान माना जाता है। जन्मभूमि के निकट ही औरंगजेब द्वारा निर्मित शाही ईदगाह मस्जिद भी स्थित है।

   छठी शताब्दी ईसा पूर्व से इस स्थान का धार्मिक महत्व रहा है। मंदिरों को पूरे इतिहास में कई बार नष्ट किया गया, सबसे हाल ही में 1670 में मुगल बादशाह औरंगजेब द्वारा किया गया है। उन्होंने वहाँ ईदगाह मस्जिद का निर्माण किया जो आज भी कायम है। 20वीं शताब्दी में, केशवदेव मंदिर, जन्म स्थान पर गर्भ गृह मंदिर और भागवत भवन सहित नए मंदिर परिसर का निर्माण उद्योगपतियों की आर्थिक मदद से किया गया है।
3. **सर्व धर्म समभाव** हिन्दू धर्म की एक अवधारणा है जिसके अनुसार सभी धर्मों द्वारा अनुसरण

किए जाने वाले मार्ग भले ही अलग हो सकते हैं, किन्तु उनका उद्देश्य एक ही है। इस अवधारणा को रामकृष्ण परमहंस और स्वामी विवेकानन्द के अतिरिक्त महात्मा गाँधी ने भी अपनाया था। हालाँकि ऐसा माना जाता है कि इस विचार का उद्गम वेदों में है, इसका आविष्कार गाँधी जी ने किया था। उन्होंने इसका उपयोग पहली बार सितम्बर 1930 में हिन्दुओं और मुसलमानों में एकता जगाने के लिए किया था, ताकि वे मिलकर ब्रिटिश राज का अंत कर सकें। यह भारतीय पंथनिरपेक्षता के प्रमुख सिद्धांतों में से एक है, जिसमें धर्मों को एक-दूसरे से पूरी तरह अलग न करके सभी धर्मों को समान रूप से महत्त्व देने का प्रयास किया जाता है।

4. **शाह बानो मामला** भारत में राजनीतिक विवाद को जन्म देने के लिये ख्यात है। इसको अक्सर राजनैतिक लाभ के लिये अल्पसंख्यक वोट बैंक के तुष्टीकरण के उदाहरण के रूप में प्रस्तुत किया जाता है।

शाह बानो एक मुसलमान महिला और पाँच बच्चों की माँ थीं जिन्हें 1978 में उनके पति ने तालाक दे दिया था। मुस्लिम पारिवारिक कानून के अनुसार पति पत्नी की मर्ज़ी के खिलाफ़ ऐसा कर सकता है। अपनी और अपने बच्चों की जीविका का कोई साधन न होने के कारण शाह बानो पति से गुज़ारा लेने के लिये अदालत पहुचीं। उनके पति ने कोर्ट में मुस्लिम पर्सनल लॉ का हवाला दिया और कहा कि वह गुजारा भत्ता देने के लिए बाध्य नहीं है। उच्चतम न्यायालय तक पहुँचते मामले को सात साल बीत चुके थे। उच्चतम न्यायालय ने कहा कि देश में समान नागरिक संहिता की जरूरत महसूस होती है, जिस पर सरकार को विचार करना चाहिए। यहाँ से मुस्लिम पर्सनल लॉ को लेकर बहस तेज हो गई।

शाह बानो केस में सुप्रीम कोर्ट ने फैसला दिया था कि भले ही शरीयत कानून के तहत मुस्लिम पुरुष पत्नी को केवल इद्दत के दौरान ही गुजारा भत्ता देने के लिए बाध्य है, लेकिन सेक्युलर क्रिमिनल प्रोसीजर कोड के तहत उसे तलाकशुदा पत्नी को तब तक गुजारा भत्ता देना होगा जब तक कि वह फिर से शादी नहीं कर लेती है।

भारत के कुछ मुसलमानों के अनुसार यह निर्णय उनकी संस्कृति और विधानों पर अनाधिकार हस्तक्षेप था। इससे उन्होंने इसका जमकर विरोध किया। 1986 में, तत्कालीन राजीव गाँधी

दूसरा प्रकरण : अयोध्या मंदिर-मस्जिद विवाद

सरकार ने 'मुस्लिम महिला अधिनियम, 1986' पारित करा दिया, जिसने शाह बानो मामले में उच्चतम न्यायालय के निर्णय को उलट दिया। इसके बाद विवाह के मामले में फिर से शरीयत कानून को लागू कर दिया गया। इस तरह शाह बानो मामला मुस्लिम महिलाओं के अधिकारों को लेकर भारत के इतिहास में दर्ज हो गया।

5. संस्कार : पूर्व जन्म, कुल-मर्यादा, शिक्षा, सभ्यता आदि का मन पर पड़ने वाला प्रभाव

   例 : यह बहू का संस्कार ही है जो वह कभी पलटकर जवाब नहीं देती।

   बच्चों को अच्छी शिक्षा के साथ-साथ अच्छे संस्कार देना ही हमारा मुख्य लक्ष्य।

6. **सोमनाथ मन्दिर** भारत के गुजरात में स्थित, अत्यन्त प्राचीन व ऐतिहासिक शिव मन्दिर का नाम है। यह भारतीय इतिहास तथा हिन्दुओं के चुनिन्दा और महत्वपूर्ण मन्दिरों में से एक है। इसे आज भी भारत के 12 ज्योतिर्लिंगों में सर्वप्रथम ज्योतिर्लिंग के रूप में माना व जाना जाता है। कहा जाता है कि इसका निर्माण स्वयं चन्द्रदेव ने किया था, जिसका उल्लेख ऋग्वेद में स्पष्ट है।

   इतिहास में कई बार यह मंदिर तोड़ा तथा पुनर्निर्मित किया गया। वर्तमान भवन के पुनर्निर्माण का आरम्भ भारत की स्वतन्त्रता के पश्चात् सरदार वल्लभ भाई पटेल ने करवाया और पहली दिसम्बर, 1955 को भारत के राष्ट्रपति राजेंद्र प्रसाद जी ने इसे राष्ट्र को समर्पित किया।

7. **राजेन्द्र प्रसाद** (1884-1963) भारत के प्रथम राष्ट्रपति एवं महान भारतीय स्वतंत्रता सेनानी थे। वे भारतीय स्वाधीनता आंदोलन के प्रमुख नेताओं में से एक थे और उन्होंने भारतीय राष्ट्रीय कांग्रेस के अध्यक्ष के रूप में प्रमुख भूमिका निभाई। उन्होंने भारतीय संविधान के निर्माण में भी महत्वपूर्ण योगदान दिया था। राष्ट्रपति होने के अतिरिक्त उन्होंने भारत के पहले मंत्रिमंडल में 1946 एवं 1947 में कृषि और खाद्यमंत्री का दायित्व भी निभाया था। सम्मान से उन्हें प्रायः 'राजेन्द्र बाबू' कहकर पुकारा जाता है।

8. **समान नागरिक संहिता** अथवा समान आचार संहिता का अर्थ एक पंथनिरपेक्ष (सेक्युलर) कानून होता है जो सभी पंथ के लोगों के लिये समान रूप से लागू होता है।

   भारत में समान नागरिक संहिता लागू नहीं है बल्कि अधिकतर निजी कानून धर्म के आधार पर

तय किए गए हैं। हिन्दू, सिख, जैन और बौद्ध के लिये एक व्यक्तिगत कानून है, जबकि मुसलमानों और इसाइयों के लिए अपने कानून हैं।

9. **मोहन मधुकर भागवत** (1950-) एक पशु चिकित्सक और 2009 से राष्ट्रीय स्वयंसेवक संघ के सरसंघचालक हैं।

10. **राहुल गाँधी** (1970-) एक भारतीय राजनीतिज्ञ और भारतीय संसद के सदस्य हैं। वे भारतीय राष्ट्रीय कांग्रेस के सदस्य हैं और 16 दिसंबर 2017 से 3 जुलाई 2019 तक काँग्रेस पार्टी के अध्यक्ष भी रहे हैं। राहुल गाँधी भारत के प्रसिद्ध गाँधी-नेहरू परिवार से हैं। उनकी दादी इंदिरा गाँधी और उनके पिता राजीव गाँधी भारत के पूर्व प्रधानमंत्री थे। उनकी माता पूर्व काँग्रेस अध्यक्षा श्रीमती सोनिया गाँधी हैं।

11. **प्रियंका गाँधी वाड्रा** (1972-) एक भारतीय राजनीतिज्ञ हैं। वे वर्तमान में अखिल भारतीय कांग्रेस कमेटी की राष्ट्रीय महासचिव हैं। वे गाँधी-नेहरू परिवार से हैं और राहुल गाँधी की छोटी बहन हैं।

II. शब्दावली

दुराग्रह : (पु.) अनुचित बात पर अड़ने का भाव, अनुचित ज़िद, हठ

संकुचित : (वि.) संकीर्ण, तंग, सँकरा

अभिभूत : (वि.) पराजित किया हुआ, पराभूत

रचना-बसना : (अ.क्रि.) पूरी तरह से समा जाना या व्याप्त होना

विजातीय : (वि.) पराई जाती का, जो दूसरी जाति का हो

विकृत : (वि.) बेडौल, अप्राकृतिक

हावी : (वि.) अपनी चतुराई, शक्ति या छल से किसी पर काबू रखने वाला, दबा रखनेवाला

पर्याय : (पु.) समानार्थक शब्द, पर्यायवाची

पंथनिरपेक्षता : (वि.) पंथों या संप्रदायों के परस्पर विरोधी विचारों से अप्रभावित, सेक्युलरिज्म

सटीक : (वि.) बिलकुल ठीक, उपयुक्त

लॉबी : lobby

कायदा : (पु.) नियम, कानून, विधि, विधान

जीर्णोद्धार : (पु.) सुधार या मरम्मत, टूटी हुई चीज़ को फिर से उपयोग लायक बनाना

तुष्टीकरण : (पु.) प्रसन्न रखना, संतुष्ट रखना, appeasement

मुगालता : (पु.) गलतफ़हमी, भ्रांति, धोखा

मीन-मेख : (स्री.) दोष निकालना, कमियाँ निकालना

मीन-मेख निकालना : (स.क्रि.) व्यर्थ की आलोचना करते हुए आपत्ति खड़ी करना

उपक्रम : (पु.) आरंभ, आयोजन

बंधुत्व : (पु.) भाईचारा, दोस्ती, मित्रता

आधारशिला : (स्री.) नींव का पत्थर

अड़ंगा : (पु.) बाधा, रुकावट, अड़चन

विडंबना : (स्री.) किसी को चिढ़ाने के लिये उसकी नकल उतारना, हँसी उड़ाना

कूटनीति : (स्री.) राष्ट्रों के आपसी व्यवहार में दाँव-पेंच की छिपी हुई नीति, डिप्लोमेसी

नीचा दिखाना : (स.क्रि.) अपमानित करना, शर्मिंदा करना, लज्जित करना

विषवमन : (पु.) विष की उल्टी, कटु बात कहना; कोई ऐसी बात कहना जिससे किसी को दुख पहुँचे

दुष्प्रचार : (पु.) बुरा प्रचार, झूठी बातों का प्रचार

III. निम्नलिखित सवालों पर गौर कीजिए और इनके जवाब दीजिए।

1. निम्नलिखित वाक्यों का चीनी में अनुवाद कीजिए।

   १. देश के सांस्कृतिक-धार्मिक मूल्यों से कटे हुए इन लोगों ने यह साबित करने की भी कोशिश की कि इतिहास पांच अगस्त को एक ऐसे दिन के रूप में याद रखेगा जब बहुसंख्यकवाद को थोपने का काम किया गया।

   २. दुराग्रही वर्ग यह समझने को भी तैयार नहीं दिखता कि किसी देश की आत्मा उसकी अपनी

संस्कृति में रची-बसी होती है और राम इस देश की संस्कृति में बहुत गहरे रचे-बसे हैं।

३. यह किसी से छिपा नहीं कि आजादी के बाद शिक्षा व्यवस्था में वामपंथी हावी रहे और उन्होंने जानबूझकर इतिहास को एकपक्षीय ढंग से प्रस्तुत किया। गलत इतिहास के साथ ही उस विजातीय सेक्युलरिज्म ने भी ऐसे लोगों के चिंतन को दूषित किया जो तुष्टीकरण का पर्याय बनकर रह गया। इस सेक्युलरिज्म में हिन्दू मूल्यों और मान्यताओं के लिए कोई स्थान नहीं।

४. राम मंदिर निर्माण के भूमि पूजन समारोह पर मीन-मेख निकाल रहे लोग यह सुनने-समझने को तैयार नहीं दिख रहे कि इस अवसर पर प्रधानमंत्री ने क्या कहा? उन्होंने मंदिर निर्माण की प्रक्रिया को राष्ट्र को जोड़ने का उपक्रम बताने के साथ ही यह रेखांकित किया कि यह मंदिर वर्तमान को अतीत से और स्वयं को संस्कार से जोड़ने की पहल है।

५. यह सबकी जिम्मेदारी है कि हिन्दू संस्कृति और समाज अपनी खामियों और कुरीतियों से मुक्त हो। यह तभी होगा जब राम मंदिर निर्माण के साथ ही चरित्र निर्माण की प्रक्रिया को भी बल दिया जाएगा।

2. आप अपनी बातों से 'बहुसंख्यकवाद' का अर्थ समझाइए।

3. लेखक के विचार में जो अपनों को वामपंथी, सेक्युलर और लिबरल कहते हैं, वे किस वर्ग के हैं? और राम मंदिर निर्माण के भूमि पूजन समारोह के प्रति उस वर्ग का क्या रुख है?

4. लेखक के विचार में राम मंदिर की क्या महत्ता है? प्रधानमंत्री मोदी एवं आरएसएस प्रमुख मोहन भागवत ने क्यों इसपर बल दिया कि राम मंदिर भारत में एकता और बंधुत्व की भावना को बढ़ाने और सबको जोड़ने वाला है? आप इससे क्या समझते हैं?

5. कायदे से कहें सेक्युलरिज्म का मतलब तो पंथनिरपेक्षता है। लेकिन उपरोक्त लेख में इन दोनों शब्दों का प्रयोग अलग-अलग प्रसंग में किया जाता है। इसी लेख के आधार पर आप बताइए सेक्युलरिज्म और पंथनिरपेक्षता में क्या फर्क है?

6. 'दैनिक जागरण' अखबार के संपादकीय कॉलम में छपा निम्न लेख पढ़िए।

सभी विपक्षी दलों ने अयोध्या पर सुप्रीम कोर्ट के फैसले को स्वीकार कर दिखाई राजनीतिक परिपक्वता

Bhupendra Singh

(11/11/2019)

(https://www.jagran.com)

यह देखना सुखद है कि अयोध्या विवाद पर उच्चतम न्यायालय के बहुप्रतीक्षित फैसले को देश ने धैर्य के साथ स्वीकार किया और कहीं पर भी कोई ऐसी अप्रिय घटना नहीं हुई जो चिंता का कारण बने। पूरे देश को प्रभावित करने वाले एक बड़े फैसले पर आम जनता का ऐसा संयमित आचरण उसकी परिपक्वता को ही रेखांकित करता है। इस परिपक्व आचरण की सराहना की जानी चाहिए- इसलिए और भी, क्योंकि उच्चतम न्यायालय के फैसले को उन्होंने भी स्वीकार किया जो अयोध्या में मस्जिद निर्माण के पक्ष में पैरवी कर रहे थे। नि:संदेह यह देखना भी सुखद है कि अयोध्या मसले पर उच्चतम न्यायालय के फैसले को करीब-करीब सभी प्रमुख राजनीतिक दलों ने भी स्वीकार किया। इनमें वे दल भी हैं जो अयोध्या में राम मंदिर निर्माण की मांग का न केवल विरोध किया करते थे, बल्कि ऐसी मांग के समर्थकों के तिरस्कार का कोई मौका भी नहीं छोड़ते थे।

अब अगर ऐसे दलों के स्वर बदले हुए हैं तो इसका अर्थ यही है कि उन्हें यह आभास हो गया कि अयोध्या में राम जन्म स्थान पर मंदिर का निर्माण हो, यह आकांक्षा केवल कुछ धार्मिक, सांस्कृतिक संगठनों की ही नहीं, बल्कि व्यापक हिन्दू समाज की थी। दुर्भाग्य से इस आकांक्षा की न केवल अनदेखी की गई, बल्कि उसका उपहास भी उड़ाया गया। इतना ही नहीं, राम मंदिर निर्माण की मांग को खारिज करने को एक तरह का सेक्युलर दायित्व बना दिया गया। इसी के साथ मस्जिद के स्थान पर प्राचीन राम मंदिर होने का उल्लेख करने वालों को भी निन्दित किया जाने लगा।

सबसे दुर्भाग्य की बात यह रही कि इस काम में खुद को इतिहासकार कहने वाले लोग भी शामिल हो गए। इन इतिहासकारों की ओर से अयोध्या में राम मंदिर होने के अलावा अन्य सब कुछ होने के विचित्र और हास्यास्पद दावे किए जाने लगे। ऐसे ही दौर में जब भाजपा ने खुद को अयोध्या

आंदोलन से जोड़ा तो स्वयं को सेक्युलर-लिबरल कहने वाले नेताओं और विचारकों ने उसे लांछित करना शुरू कर दिया। उनकी ओर से ऐसा प्रचारित किया जाने लगा मानो समाज के एक बड़े वर्ग की भावनाओं से जुड़े किसी मसले को उठाना कोई संगीन राजनीतिक अपराध हो।

अयोध्या में राम मंदिर निर्माण की खुलकर पैरवी करने के कारण भाजपा को राजनीतिक रूप से अछूत तो बनाया ही गया, उस पर यह आरोप भी मढ़ा गया कि वह अयोध्या पर राजनीति कर रही है। यह आरोप उछालने वालों ने इसकी अनदेखी करने में ही अपनी भलाई समझी कि अयोध्या के विवादित स्थल पर मस्जिद निर्माण की उनकी पैरवी वोट बैंक की राजनीति के अलावा और कुछ नहीं थी। यही कथित सेक्युलर राजनीति अयोध्या मसले को आपसी बातचीत से हल करने में बाधक बनी। इसी राजनीति ने एक ऐसा माहौल बनाया कि न्यायपालिका को अयोध्या विवाद को हल करने को प्राथमिकता देने से बचना चाहिए। ऐसा तब था जब भाजपा की ओर से यही कहा जा रहा था कि न्यायपालिका सदियों पुराने इस विवाद को जल्द सुलझाए। भाजपा इसके लिए भी सक्रिय रही कि आपसी बातचीत से इस विवाद का समाधान हो जाए। इसमें किन दलों की ओर से कैसे अड़ंगे लगाए गए, यह किसी से छिपा नहीं।

इससे इन्कार नहीं कि 1992 में विवादित ढांचे का ध्वंस एक दुर्भाग्यपूर्ण घटना थी। हैरत नहीं कि उच्चतम न्यायालय ने इस घटना को आपराधिक कृत्य कहा। उसने विवादित परिसर में मूर्तियां रखने को भी गलत ठहराया, लेकिन इन कृत्यों से यह तथ्य ओझल नहीं होता था कि मंदिर के स्थान पर मस्जिद का निर्माण किया गया। आखिरकार यही साबित हुआ कि ये तथ्य सही थे। इसमें दोराय नहीं कि विवादित ढांचे के ध्वंस ने देश पर गहरा असर डाला, लेकिन उन राजनीतिक दलों के रवैये में कोई खास फर्क नहीं आया जो भाजपा को सांप्रदायिक घोषित कर सेक्युलर राजनीति करने का दम भरते थे। विवादित ढांचे के ध्वंस के बाद भाजपा अपने चुनाव घोषणा पत्रों में अयोध्या में राम मंदिर निर्माण की मांग का समर्थन करने तक सीमित रह गई। इसके अतिरिक्त उसके नेताओं की ओर से जब-तब यह यह कह दिया जाता था कि अयोध्या उनके एजेंडे में है। जब ऐसे बयान आते तो विपक्षी दल उस पर सांप्रदायिकता फैलाने की तोहमत मढ़ते और जब भाजपा किन्हीं खास मौकों पर राम मंदिर निर्माण की मांग का जोर-शोर से समर्थन करती नहीं

दूसरा प्रकरण : अयोध्या मंदिर-मस्जिद विवाद

दिखती तो उस पर ऐसे कटाक्ष किए जाते कि राम मंदिर निर्माण के प्रति उसकी प्रतिबद्धता दिखावटी है। ऐसे कटाक्ष यही प्रतीति कराते थे कि अयोध्या में राम मंदिर निर्माण की बात कोई दल कर सकता है तो केवल भाजपा ही। साफ है कि यदि अयोध्या पर राजनीति की गई तो भाजपा से अधिक उसके विरोधी राजनीतिक दलों की ओर से की गई। आज यदि लगभग सभी विपक्षी दल अयोध्या पर उच्चतम न्यायालय के फैसले का समर्थन कर रहे हैं तो इससे उनकी पुरानी भूल ही रेखांकित हो रही है। बेहतर हो कि इस भूल को स्वीकार कर यह समझा जाए कि राजनीतिक परिपक्वता के प्रदर्शन में ही सबका हित है।

तीसरा प्रकरण : नागरिकता संशोधन अधिनियम 2019

प्रस्तावना

भारत में नागरिकता संशोधन विधेयक को लोकसभा ने 10 दिसम्बर 2019 को तथा राज्यसभा ने 11 दिसम्बर 2019 को परित कर दिया था। 12 दिसम्बर 2019 को भारत के राष्ट्रपति ने इसे अपनी स्वीकृति प्रदान कर दी और यह विधेयक एक अधिनियम बन गया है। 10 जनवरी 2020 से यह अधिनियम प्रभावी भी हो गया है। हालांकि भारत में संसद से सड़क तक इस कानून को लेकर कोहराम मचा हुआ है। भारत के गैर-भाजपा शासित राज्यों में इस कानून पर विरोध की आवाजें और मुखर हो गयी हैं। वहाँ कई जगहों पर विरोध प्रदर्शन हुए थे, यहाँ तक कि कई इलाकों में इस कानून को लेकर हिंसक घटनाएँ भी देखने को मिली हैं।

ऐसे में इसे लेकर कई सवाल उठते हैं, जैसे- नागरिकता संशोधन अधिनियम 2019 आखिर कैसा कानून है? विरोध और समर्थन की अलग अलग राय का तर्क और उसके पीछे सच क्या है? क्या यह अधिनियम भारत के संविधान का अतिक्रमण करता है? क्या यह अधिनियम धर्म के आधार पर भेदभाव करता है? क्या सीएए से भारत के बहुलतावादी चरित्र और धर्मनिर्पक्षता के सिद्धांत को क्षति पहुँच सकती है?

इन सवालों को ध्यान में रखकर इस प्रकरण में चार लेख चुने गए हैं जो नागरिकता संशोधन अधिनियम 2019 के मुद्दे पर अलग-अलग राय देते हैं। समर्थक और विरोध करने वाले अपने-अपने दृष्टिकोण से इस कानून के प्रति भिन्न भिन्न विचार व्यक्त करते हैं, साथ ही एक दूसरे पर अपना निशाना भी लगा देते हैं। इन लेखों के माध्यम से आप इस मुद्दे की गहरी समझ हासिल कर सकें और इसमें अंतर्निहित राजनीतिक, धार्मिक और सामाजिक पृष्ठभूमि एवं इससे संबंधित तरह-तरह फैक्टरों को विस्तार से जान सकें।

यूनिट १ क्या वाकई नागरिकता संशोधन बिल धर्म के आधार पर भेदभाव करता है?

रवींद्र प्रकाश

(12/12/2019)

(www.amarujala.com)

राज्यसभा में पारित होने के साथ ही नागरिकता संशोधन विधेयक एक कानून बन गया। लोकसभा और राज्यसभा में तो विपक्षी दलों ने इस विधेयक की तीखी आलोचना की ही है, लेकिन संसद के बाहर भी इस विधेयक को भाजपा के हिन्दुत्व एजेंडा की कड़ी मानने वालों की कमी नहीं रही। अनेक तथाकथित धर्मनिरपेक्ष माने जाने वाले दलों और उनके नेताओं को इसमें साम्प्रदायिकता की बू आई और उन्होंने बिना तार्किक आधार के इस विधेयक को नकार दिया।

क्या वास्तव में यह विधेयक धर्म के आधार पर भेदभाव करता है और इसके पारित हो जाने से हमारे सामाजिक ताने-बाने के छिन्न-भिन्न हो जाने का खतरा है? यह एक विचार करने योग्य सवाल है।

दरअसल, भारत स्वतंत्रता के साथ ही एक धर्मनिरपेक्ष देश के रूप में उदय हुआ था। उसका बहुलतावादी चरित्र संविधान में उसके धर्मनिरपेक्ष देश के रूप में घोषित किए जाने के पूर्व भी था और बाद में भी बना रहा है, जबकि पाकिस्तान का जन्म ही धर्म के आधार पर हुआ। मोहम्मद अली जिन्ना के द्वि-राष्ट्र के सिद्धांत ने इस प्रायद्वीप को दो भागों में जरूर विभाजित कर दिया, परंतु भारत ने इसे कभी भी नहीं अपनाया।

स्वतंत्रता के पूर्व भी हिन्दुओं की एक छोटी सी जमात हिन्दू महासभा ने धार्मिक आधार पर बंटवारे का समर्थन करते हुए हिन्दू राष्ट्र की वकालत की थी, लेकिन इसको हिन्दुओं की बहुसंख्या का समर्थन नहीं था।

जवाहर लाल नेहरू, महात्मा गाँधी, अंबेडकर, पटेल जैसे नेताओं ने देश के बंटवारे को तो स्वीकार कर लिया था, लेकिन भारत के लिए धर्मनिरपेक्षता पर कोई समझौता नहीं किया। आज़ादी के

सत्तर साल बीत जाने के बाद यह सवाल फिर से खड़ा हो रहा है कि क्या इस विधेयक से हमारे बहुलतावादी चरित्र पर कोई सवालिया निशान लग रहा है और अल्पसंख्यक इस देश में इस विधेयक से असुरक्षित हो रहे हैं?

इस सवाल का जवाब जानने के लिए हमें अपने पड़ोसी देशों के चरित्र को भी समझना पड़ेगा। पाकिस्तान तो जन्म से ही इस्लामी देश है और मुजीबुर्रहमान के बाद बांगला देश ने भी इस्लाम धर्म अपना लिया जबकि 1971 में बांगला देश की स्वतंत्रता की लडाई वहां के हिन्दू और मुस्लिम समुदाय ने मिलकर लड़ी थी।

पाकिस्तान और बांगलादेश में बहुसंख्यक मुस्लिमों के द्वारा अल्पसंख्यकों विशेषकर हिन्दुओं और सिखों पर अत्याचार कोई ढ़की-छुपी बात नहीं है, इसीलिए बड़ी संख्या में अल्पसंख्यक इन देशों से भारत में पलायन करते आए हैं या धर्म परिवर्तित करके इस्लाम को कबूल करते रहें हैं।

अनेक हिन्दुओं, सिखों और अन्य अल्पसंख्यकों को मार दिया गया और उनकी बहू-बेटियों से बलात्कार किए गए और उनका अपहरण करके धर्म परिवर्तित करवा दिया गया। यह आश्चर्य की बात है कि भारत ने कभी भी इन अत्याचारों के खिलाफ अंतरराष्ट्रीय मंच पर प्रभावी रूप से आवाज़ नहीं उठाई अन्यथा कुछ न कुछ इन अत्याचारों में कमी आ सकती थी।

ये सवाल भी पूछा जाना चाहिए कि आज़ादी के बाद इतनी बड़ी हिन्दू, सिख, ईसाई, जैन, पारसी और बौद्ध आबादी को क्यों इन धर्मांध देशों के हवाले बिना किसी सुरक्षा के छोड़ा गया था? 1950 में नेहरू-लियाक़त समझौता हुआ था जिसमें इन अल्पसंख्यकों की सुरक्षा का प्रावधान था, लेकिन पाकिस्तान नें कभी भी इसके प्रावधानों को लागू नहीं किया और वहां पर अल्पसंख्यकों पर जुल्म होते रहे हैं। इस्लामी देश बांगला देश भी इन अल्पसंख्यकों पर जुल्म करने में पीछे नहीं रहा।

बांगला लेखिका तस्लीमा नसरीन ने अपने उपन्यास 'लज्जा' में जब इन जुल्मों का रोंगटे खड़े कर देने वाला वर्णन किया तो बांगला देश ने उन्हें ही देश निकाला दे दिया। तस्लीमा नसरीन आजकल दिल्ली में रह रही हैं।

इन्हीं उत्पीड़नों के कारण इन दोनों देशों में अल्पसंख्यकों की आबादी जो स्वतंत्रता के समय 20

से 23 प्रतिशत थी, आज घटकर मात्र 3 से 7 प्रतिशत रह गई है। वो दिन भी दूर नहीं जब ये अल्पसंख्यक नाममात्र के लिए इन देशों में रह जाएँगे। नागरिकता संशोधन विधेयक का विरोध करने वाले तथाकथित धर्मनिरपेक्ष लोगों को इनके दुख-दर्दों का भी आकलन करना चाहिए।

इसी प्रकार अफगानिस्तान में जब से तालिबान का दमनकारी शासन हुआ है, अल्पसंख्यकों की स्थिति बहुत खराब है। इस दमनकारी शासन ने तो हिन्दुओं और सिखों का इस देश में नामोनिशान ही मिटा दिया है। तालिबानी शासन से तो ज्यादा आशा नहीं की जानी चाहिए, क्योंकि उनका धार्मिक आधार ही कट्टरता पर निर्भर है।

अनेक हिन्दू और सिख इस दमनकारी शासन के बाद भारत में शरणार्थी बन कर आए हैं। नागरिकता संशोधन विधेयक हमारे पड़ोसी देशों के इन सभी अल्पसंख्यक लोगों को जो उत्पीड़न के कारण इन देशों से पलायन करके आए हैं, नागरिकता प्रदान करता है। इसके विरोध में सबसे ज्यादा तर्क ये दिया जाता है कि इसमें मुस्लिम आबादी को क्यों शामिल नहीं किया गया है। आखिर वो भी तो उत्पीड़न का शिकार हो सकते हैं। ऐसा तर्क देने वाले पाकिस्तान में अहमदी और शिया समुदाय का जिक्र करते हैं। पाकिस्तान के कट्टरपंथी मुस्लिम इनको मुस्लिम नहीं मानते और प्रताड़ित करते हैं। लेकिन ये मुस्लिम ही हैं। ये कुरान को मानते हैं, पांचों वक्त की नमाज़ पढ़ते हैं और इस्लाम के अनुसार जीवन व्यतीत करते हैं। अगर इस्लामी देश पाकिस्तान अपने ही लोगों का उत्पीड़न करता है तो यह उसका अंदरूनी मामला है।

इसके बावजूद भी अगर ये मुस्लिम भारत में शरण मांगते हैं तो नागरिकता संशोधन विधेयक इसका विरोध नहीं करता। 2014 से लगभग 566 लोगों को इस आधार पर भारत में रहने की आज़ादी दी गई है।

दूसरा तर्क है कि ये विधेयक भेदभाव करता है और भारत के साम्प्रदायिक सौहार्द को नष्ट कर देगा। इस विधेयक में तो ऐसा कुछ भी नहीं है जो भारत के अल्पसंख्यकों के अधिकारों पर कोई पाबंदी लगाए। भारत में अल्पसंख्यक पहले ही की भांति संविधान में मिले अधिकारों का उपयोग कर पाएँगे। इस विधेयक से किसी की नागरिकता छिनी नहीं जा रही बल्कि ये उन धार्मिक अल्पसंख्यकों को नागरिकता प्रदान करता है जो पहले ही भारत में आए हुए हैं।

ये विधेयक तो इस प्रायद्वीप में धार्मिक आधार पर बने देशों में उन देशों के अल्पसंख्यकों पर हुए अत्याचारों पर मलहम की भाँति है। ये तो इन तथाकथित धर्मनिरपेक्ष नेताओं के वोटबैंक के हित हैं जो इसे धार्मिक चश्मे से देखने और दिखलाने का प्रयत्न किया जा रहा है। महात्मा गाँधी का नाम ले-लेकर इसका विरोध करने वाले यह भूल रहें है कि गाँधी जी ने तो अपने पूरे जीवन में उत्पीड़न सहने वालों का ही समर्थन किया था।

I. टिप्पणियाँ

1. **नागरिकता संशोधन विधेयक :** भारतीय संसद में पारित किए जाने से पहले नागरिकता संशोधन अधिनियम 2019 (Citizenship Amendment Act, सीएए) को नागरिकता संशोधन विधेयक 2019 (Citizenship Amendment Bill, सीएबी) कहा जाता है।
   नागरिकता संसोधन अधिनियम 2019 यानी सीएए को आसान भाषा में समझाया जाए तो इसके तहत अफगानिस्तान, बांग्लादेश या पाकिस्तान के हिन्दू, सिख, बौद्ध, जैन, पारसी या ईसाई समुदायों के प्रवासियों को नागरिकता देने के नियम को आसान बनाया गया है। यह 12 दिसंबर, 2019 को अधिसूचित किया गया और 10 जनवरी, 2020 को लागू हुआ था। इस कानून का भारत में व्यापक विरोध हुआ था।
2. **मुहम्मद अली जिन्ना** (1876-1948) एक बैरिस्टर, राजनीतिज्ञ और पाकिस्तान के संस्थापक थे। अली जिन्ना 1913 से पाकिस्तान की स्थापना तक अखिल भारतीय मुस्लिम लीग के नेता के रूप में कार्य करते थे, और फिर अपनी मृत्यु तक पाकिस्तान के पहले गवर्नर-जनरल के रूप में कार्य करते थे। उन्हें पाकिस्तान में कायद-ए-आज़म ('महान नेता') और बाबा-ए-क़ौम ('राष्ट्रपिता') के रूप में सम्मानित किया जाता है। उनके जन्मदिन को पाकिस्तान में राष्ट्रदिवस के रूप में मनाया जाता है।
3. **द्वि-राष्ट्र का सिद्धांत** : अलीगढ़ मुस्लिम विश्वविद्यालय के मुख्य संस्थापक सय्यद अहमद ख़ान ने हिन्दी-उर्दू विवाद के कारण 1867 में एक द्वि-राष्ट्र सिद्धांत को पेश किया था। इस सिद्धांत के अनुसार भारतीय उपमहाद्वीप के हिन्दुओं और मुस्लमानों को दो विभिन्न राष्ट्र करार दिया

गया। इस सिद्धांत द्वारा ही भारत पाकिस्तान दोनों राष्ट्रों का बंटवारा संभव हो पाया।

4. **शेख़ मुजीबुर रहमान** (1920-1975) बांग्लादेश के संस्थापक एवं प्रथम राष्ट्रपति थे। उन्हें सामान्यत: बंगलादेश का जनक कहा जाता है।

5. **नेहरु-लियाक़त समझौता** (यानी दिल्ली पैक्ट) भारत के विभाजन के बाद भारत और पाकिस्तान के बीच हुई एक द्विपक्षीय संधि थी। संधि पर नई दिल्ली में भारत के तत्कालीन प्रधानमंत्री जवाहरलाल नेहरू और पाकिस्तान के तत्कालीन प्रधानमंत्री लियाकत अली ख़ान के द्वारा 8 अप्रैल, 1950 को हस्ताक्षर किए गए। यह संधि भारत व पाकिस्तान के विभाजन के बाद दोनों देशों में अल्पसंख्यकों के अधिकारों की गारंटी देने और दोनों के बीच एक और युद्ध को रोकने के लिए की गई छह दिनों की वार्ता का परिणाम थी।

6. **तसलीमा नसरीन** (1962-) बांग्ला लेखिका एवं चिकित्सक हैं जो 1994 से बांग्लादेश से निर्वासित हैं। तसलीमा नसरीन 1990 के दशक के आरम्भ में अत्यन्त प्रसिद्ध हो गयी हैं जो अपने नारीवादी विचारों से युक्त लेखों, उपन्यासों के लिये जानी जाती हैं।

7. **अहमदी** इस्लाम से अलग हुआ एक संप्रदाय है। मुसलमान इसे काफिर मानते हैं। अहमदी 19वीं सदी के अंत में भारत में आरम्भ हुआ। इसका प्रारंभ मिर्जा गुलाम अहमद (1835-1908) के जीवन और शिक्षाओं से हुआ। अहमदिया आंदोलन के अनुयायी गुलाम अहमद को मुहम्मद के बाद एक और पैगम्बर मानते हैं जबकि इस्लाम में मुहम्मद ख़ुदा के भेजे हुए अन्तिम पैगम्बर माने जाते हैं।

II. शब्दावली

पारित : (वि.) जो पार हो चुका हो, जिसका पारण हुआ हो

विधेयक : (पु.) अधिनियम का प्रस्तावित एवं प्राथमिक रूप

कड़ी : (स्त्री.) लड़ी, जंजीर

साम्प्रदायिकता : (स्त्री.) संप्रदाय के प्रति कट्टरता का भाव, दूसरे संप्रदाय के अहित पर अपने संप्रदाय की हितरक्षा

तार्किक : (वि.) तर्क संबंधी, तर्क का

नकारना : (स.क्रि.) अस्वीकृत करना

ताना-बाना : (पु.) कपड़ा बुनने में लंबाई और चौड़ाई के बल बुने हुए सूत, किसी कार्य को करने के लिए कुछ प्रबंध करना

छिन्न-भिन्न : (वि.) टूटा-फूटा, नष्ट-भ्रष्ट, इधर-उधर बिखरा हुआ

बहुलतावाद : (पु.) बहुत्ववाद, यह सिद्धांत कि सृष्टि अनेक तत्वों से बनी है

प्रायद्वीप : (पु.) तीन ओर से समुद्र से घिरा भू–भाग, पेनिन्शुला

जमात : (स्त्री.) मनुष्यों का समूह, संघ, समुदाय

बंटवारा : (पु.) बाँटने का काम, विभाजन

कबूल : (पु.) मानना, स्वीकार करना

बलात्कार : (पु.) किसी भी व्यक्ति की अनुमति के बिना उसके साथ सम्भोग करना, ज़बरदस्ती करना

अपहरण : (पु.) बलपूर्वक छीन लेना या ले लेना

सवालिया : (वि.) सवाल युक्त, प्रश्नात्मक

धर्मांध : (वि.) स्वधर्म में अंधश्रद्धा होने से दूसरे के धर्म को द्वेष भावना से देखनेवाला

प्रावधान : (पु.) नियम ,क़ानून, व्यवस्था

जुल्म : (पु.) अत्याचार, प्रताड़ना, अन्याय

रोंगटा : (पु.) रोआँ, रोम

रोंगटे खड़े होना : (अ.क्रि.) अत्यधिक भयभीत होना

उत्पीड़न : (पु.) सताना, दबाना

नाममात्र : (क्रि.वि.) अत्यल्प, कहने भर को

आकलन : (पु.) गिनना, पूर्वानुमान द्वारा गणना करना

दमनकारी : (वि.) दमन करने वाला, पीड़क, अत्याचार करने वाला

नामोनिशान : (पु.) किसी वस्तु का नाम और उसके सूचक शेष चिह्न या पता-ठिकाना, नाम-निशान

कट्टरता : (स्त्री.) हठधर्मिता, मतांध होने की अवस्था या भाव

प्रताड़ना : (स्त्री.) डांट–फटकार, कष्ट पहुँचाने या सताने की क्रिया

प्रताड़ित : (वि.) सताया हुआ, जिसे डाँटा-फटकारा गया हो या मानसिक वेदना पहुँचाई गई हो

नमाज़ : (स्त्री.) मुसलमानों की ईश प्रार्थना की पद्धति

अंदरूनी : (वि.) भीतरी

सौहार्द : (पु.) दोस्ती, मैत्री, सद्भाव।

पाबंदी : (स्त्री.) बंद होने की अवस्था, बद्धता

मलहम : (पु.) मरहम

III. निम्नलिखित सवालों पर गौर कीजिए और इनके जवाब दीजिए।

1. निम्नलिखित वाक्यों का चीनी में अनुवाद कीजिए।

१. लोकसभा और राज्यसभा में तो विपक्षी दलों ने इस विधेयक की तीखी आलोचना की ही है, लेकिन संसद के बाहर भी इस विधेयक को भाजपा के हिन्दुत्व एजेंडा की कड़ी मानने वालो की कमी नहीं रही।

२. अनेक तथाकथित धर्मनिरपेक्ष माने जाने वाले दलों और उनके नेताओं को इसमें साम्प्रदायिकता की बू आई और उन्होंने बिना तार्किक आधार के इस विधेयक को नकार दिया।

३. दरअसल, भारत स्वतंत्रता के साथ ही एक धर्मनिरपेक्ष देश के रूप में उदय हुआ था। उसका बहुलतावादी चरित्र संविधान में उसके धर्मनिरपेक्ष देश के रूप में घोषित किए जाने के पूर्व भी था और बाद में भी बना रहा है, जबकि पाकिस्तान का जन्म ही धर्म के आधार पर हुआ।

४. इन्हीं उत्पीड़नों के कारण इन दोनों देशों में अल्पसंख्यकों की आबादी जो स्वतंत्रता के समय 20 से 23 प्रतिशत थी, आज घटकर मात्र 3 से 7 प्रतिशत रह गई है। वो दिन भी दूर नहीं जब ये अल्पसंख्यक नाममात्र के लिए इन देशों में रह जाएँगे। नागरिकता संशोधन विधेयक का विरोध करने वाले तथाकथित धर्मनिरपेक्ष लोगों को इनके दुख-दर्दों का भी आकलन करना चाहिए।

५. ये विधेयक तो इस प्रायद्वीप में धार्मिक आधार पर बने देशों में उन देशों के अल्पसंख्यकों पर

हुए अत्याचारों पर मलहम की भाँति है। ये तो इन तथाकथित धर्मनिरपेक्ष नेताओं के वोटबैंक के हित हैं जो इसे धार्मिक चश्मे से देखने और दिखलाने का प्रयत्न किया जा रहा है। महात्मा गाँधी का नाम ले-लेकर इसका विरोध करने वाले यह भूल रहें है कि गाँधी जी ने तो अपने पूरे जीवन में उत्पीड़न सहने वालों का ही समर्थन किया था।

2. लेखक के विचार में क्या नागरिकता संशोधन अधिनियम भारत में धर्म के आधार पर भेदभाव करता है? वे इस लेख में कौन कौन से तर्क देते हैं?
3. लेखक इस लेख में भारत के 'बहुलतावादी चरित्र' का जिक्र करते हैं, आप अपनी बातों से समझाएँ धर्मनिर्पेक्षता का बहुलतावाद से क्या संबंध है? और साम्प्रदायिकता का बहुलतावाद से क्या संबंध है?
4. क्या सीएए से भारत के बहुलतावादी चरित्र पर सवालिया निशान लग रहा है? क्या अल्पसंख्यक इस अधिनियम से असुरक्षित होंगे? इस विषय पर एक छोटा लेख लिखिए।
5. निम्न लेख पढ़कर सीएबी (यानी सीएए) को विस्तार से जानें ।

नागरिकता संशोधन बिल पर यहाँ जानिए हर सवाल का जवाब

'ईटी' ऑनलाइन

(20/12/2019)

(http://hindi.economictimes.com)

आज मोदी सरकार में गृह मंत्री अमित शाह ने नागरिकता संशोधन बिल (सीएबी) राज्यसभा में पेश कर दिया। नागरिकता संशोधन बिल लोकसभा/राज्यसभा से पास होने के बाद अब राष्ट्रपति के हस्ताक्षर के बाद कानून बन चुका है।

सीएबी के कानून बन जाने के बाद पाकिस्तान, अफगानिस्तान और बांग्लादेश से अवैध तरीके से आए हिन्दू, सिख, ईसाई, पारसी, जैन और बौद्ध धर्म को लोगों को आसानी से भारतीय नागरिकता मिल जाएगी।

तीसरा प्रकरण : नागरिकता संशोधन अधिनियम 2019

प्रधानमंत्री मोदी ने संसदीय दल की बैठक में बीजेपी के सभी राज्यसभा सांसदों से सदन में मौजूद रहने को कहा है। राज्यसभा में नागरिकता संशोधन बिल को पास करवाने के लिए बहुमत का आंकड़ा 121 का है। बीजेपी मोटे तौर पर इस मैजिक नंबर के पार लग रही है।

नागरिकता संशोधन बिल 2019 में केंद्र सरकार के प्रस्तावित संशोधन से बांग्लादेश, पाकिस्तान और अफगानिस्तान से आए हिन्दुओं के साथ ही सिख, बौद्ध, जैन, पारसी और ईसाइयों के लिए अवैध दस्तावेजों के बाद भी भारतीय नागरिकता हासिल करने का रास्ता साफ हो जाएगा।

नागरिकता संशोधन बिल का पूर्वोत्तर के राज्य विरोध कर रहे हैं। पूर्वोत्तर के लोग इस बिल को राज्यों की सांस्कृतिक, भाषाई और पारंपरिक विरासत से खिलवाड़ बता रहे हैं।

1. क्या है सीएबी का प्रस्ताव?

नागरिकता संशोधन बिल 2019 नागरिकता अधिनियम 1955 के प्रावधानों को बदलने के लिए पेश किया जा रहा है। नागरिकता अधिनियम 1955 के हिसाब से किसी अवैध प्रवासी को भारत की नागरिकता नहीं दी जा सकती। अब इस संशोधन से नागरिकता प्रदान करने से संबंधित नियमों में बदलाव हो गया है।

2. सीएबी के दायरे में कौन आएगा?

नागरिकता बिल में इस संशोधन से मुख्य रूप से छह जातियों के अवैध प्रवासियों को फायदा होगा। बांग्लादेश, पाकिस्तान और अफगानिस्तान से आए हिन्दुओं के साथ ही सिख, बौद्ध, जैन, पारसी और ईसाइयों के लिए अवैध दस्तावेजों के बाद भी भारतीय नागरिकता हासिल करने का रास्ता साफ हो जाएगा। वास्तव में इससे नॉन मुस्लिम रिफ्यूजी को सबसे अधिक फायदा होगा।

3. इसके दायरे से बाहर कौन रहेगा?

भारत के प्रमुख विपक्षी दलों का कहना है कि मोदी सरकार सीएबी के माध्यम से मुसलमानों

को टार्गेट करना चाहती है। इसकी वजह यह है कि सीएबी 2019 के प्रावधान के मुताबिक पाकिस्तान, अफगानिस्तान और बांग्लादेश से आने वाले मुसलमानों को भारत की नागरिकता नहीं दी जाएगी।

कांग्रेस समेत कई पार्टियां इसी आधार पर नागरिकता संशोधन बिल का विरोध कर रही हैं। सरकार का तर्क यह है कि धार्मिक उत्पीड़न की वजह से इन देशों से आने वाले अल्पसंख्यकों को सीएबी के माध्यम से सुरक्षा दी जा रही है।

4. मोदी सरकार का तर्क क्या है?

मोदी सरकार कहती है कि साल 1947 में भारत-पाक का बंटवारा धार्मिक आधार पर हुआ था। इसके बाद भी पाकिस्तान और बांग्लादेश में कई धर्मों के लोग रह रहे हैं। पाक, बांग्लादेश और अफगानिस्तान में धार्मिक अल्पसंख्यक काफी प्रताड़ित किये जाते हैं। अगर वे भारत में शरण लेना चाहते हैं तो हमें उनकी मदद करने की जरूरत है।

5. सीएबी का बैकग्राउंड क्या है?

जनवरी 2019 में बिल पुराने फॉर्म में पास किया गया था। सीएबी वास्तव में राष्ट्रीय जनतांत्रिक गठबंधन का चुनावी वादा है। गृह मंत्रालय ने वर्ष 2018 में अधिसूचित किया था कि सात राज्यों के कुछ जिलों के अधिकारी भारत में रहने वाले पाकिस्तान, अफगानिस्तान और बांग्लादेश से सताए गए अल्पसंख्यकों को नागरिकता प्रदान करने के लिए ऑनलाइन आवेदन स्वीकार कर सकते हैं।

राज्यों और केंद्र से सत्यापन रिपोर्ट प्राप्त होने के बाद उन्हें नागरिकता दी जाएगी। इसमें भारत की नागरिकता पाने के लिए 12 साल के निवास की जगह अब अवधि छह साल हो जाएगी।

6. सीएबी का विरोध कौन और क्यों कर रहा है?

विपक्षी दल सीएबी का विरोध कर रहे हैं। उनका तर्क है कि यह भारत के संविधान के आर्टिकल

14 का उल्लंघन करता है। आर्टिकल 14 समानता के अधिकार से संबंधित है। कांग्रेस, तृणमूल, सीपीआई (एम) जैसे दल सीएबी का विरोध कर रहे हैं। इसके साथ ही देश के पूर्वोत्तर के राज्यों में इस बिल का काफी विरोध किया जा रहा है।

7. अब क्या विकल्प हैं?

पूर्वोत्तर के राज्य के लोगों का मानना है कि सीएबी के बाद इलाके में अवैध प्रवासियों की संख्या बढ़ जाएगी और इससे क्षेत्र की स्थिरता पर खतरा बढ़ेगा।

8. किन राज्यों पर सीएबी का सबसे अधिक असर पड़ेगा?

सीएबी का सबसे अधिक असर पूर्वोत्तर के राज्यों पर पड़ेगा। भारतीय संविधान की छठीं अनुसूची में आने वाले पूर्वोत्तर भारत के कई इलाकों को नागरिकता संशोधन विधेयक में छूट दी गई है। छठी अनूसूची में पूर्वोत्तर भारत के असम, मेघालय, त्रिपुरा और मिज़ोरम आदि शामिल हैं जहां संविधान के मुताबिक स्वायत्त ज़िला परिषद हैं जो स्थानीय आदिवासियों के अधिकारों की सुरक्षा सुनिश्चित करती है।

भारतीय संविधान के अनुच्छेद 244 में इसका प्रावधान किया गया है। संविधान सभा ने 1949 में इसके ज़रिए स्वायत्त ज़िला परिषदों का गठन करके राज्य विधानसभाओं को संबंधित अधिकार प्रदान किए थे।

छठी अनूसूची में इसके अलावा क्षेत्रीय परिषदों का भी उल्लेख किया गया है। इन सभी का उद्देश्य स्थानीय आदिवासियों की सामाजिक, भाषाई और सांस्कृतिक पहचान बनाए रखना है।

9. भारत की आबादी पर सीएबी का प्रभाव?

इस समय तीन पड़ोसी देशों से 31,313 लोग भारत में लंबी अवधि के वीजा पर रह रहे हैं। सीएबी से इन्हें तुरंत फायदा होगा। इसमें 25,000 से अधिक हिन्दू, 5800 सिख, 55 इसाई, दो बौद्ध और दो पारसी नागरिक शामिल हैं।

यूनिट २   एनपीआर एनआरसी नहीं है फिर इसको लेकर इतनी आशंकायें क्यों हैं?

अनुराग शुक्ला

(02/01/2020)

(https://scroll.in)

पिछले दिनों देश भर में संशोधित नागरिकता कानून (सीएए) और एनआरसी को लेकर प्रदर्शन हुए। कई राज्यों में ये प्रदर्शन हिंसा में तब्दील हो गए और कई लोगों को इनमें जान गंवानी पड़ी। इसके बाद प्रधानमंत्री ने दिल्ली में अपनी रैली में जोर देकर कहा कि उनकी सरकार के पहले कार्यकाल से लेकर अब तक कभी भी मंत्रिमंडल या संसद में एनआरसी पर विचार ही नहीं हुआ है। हालांकि, देश के गृह मंत्री अमित शाह संसद से लेकर चुनावी रैलियों तक में एनआरसी के आने की बात कहते रहे हैं। लेकिन, प्रधानमंत्री के बयान के बाद माना जा रहा था कि सरकार एनआरसी के विवादास्पद मुद्दे को फिलहाल ठंडे बस्ते में डालने जा रही है। लेकिन, जिस रविवार को प्रधानमंत्री ने एनआरसी पर कोई विचार न होने की बात कही उसी के अगले मंगलवार को केंद्रीय मंत्रिमंडल ने नेशनल पॉपुलेशन रजिस्टर की कवायद को मंजूरी दे दी।

एनपीआर को मंत्रिमंडल की मंजूरी के बाद यह सवाल फिर उठ खड़ा हुआ है कि क्या सरकार एनआरसी की दिशा में बढ़ रही है? इस तरह की आशंकायें जताई जा रही हैं कि एनपीआर दरअसल एनआरसी की ओर पहला कदम है। हालांकि, गृह मंत्री अमित शाह ने एनपीआर की मंजूरी के बाद अपने साक्षात्कार में कहा कि एनआरसी और एनपीआर दोनों अलग-अलग प्रक्रियायें हैं और दोनों का एक-दूसरे से कोई संबंध नहीं है। लेकिन, मोदी सरकार के संसद में दिए गए जवाब और कई अन्य सरकारी दस्तावेजों के आधार पर विपक्षी कह रहे हैं कि वह इस बारे में झूठ बोल रही है।

एनपीआर, एनआरसी क्या हैं? इन दोनों का कोई संबंध है या नहीं? सरकार अगर यह कह रही है कि एनपीआर और एनआरसी का कोई ताल्लुक नहीं है तो फिर लोग इसको लेकर इतने

आशंकित क्यों हैं? इन सवालों पर जाने से पहले एनपीआर पर चर्चा कर लेते हैं।

सामान्य परिभाषा के मुताबिक, नेशनल पॉपुलेशन रजिस्टर या एनपीआर देश के किसी भी इलाके में रह रहे लोगों का ब्यौरा दर्ज करने की कवायद है। एनपीआर बनाने के काम में लगाए गए कर्मचारी घर-घर जाते हैं और कुछ सवाल पूछकर वहां रह रहे लोगों का ब्यौरा दर्ज करते हैं। इसमें नागरिकता की कोई शर्त नहीं है। एनपीआर के तहत देश के नागरिकों के साथ उन विदेशी नागरिकों का भी ब्यौरा दर्ज किया जाता है जो एक ही जगह पर पिछले छह महीने से ज्यादा के वक़्त से रह रहे हैं।

केंद्रीय मंत्रिमंडल द्वारा एनपीआर को मंजूरी देने के फैसले की जानकारी देते हुए केंद्रीय पर्यावरण मंत्री प्रकाश जावेडकर ने कहा कि 2010 में कांग्रेस की सरकार यह काम कर चुकी है। उन्होंने यह भी कहा कि चूंकि यह एक अच्छा काम है और एनपीआर के आंकड़ों से सरकारी योजनाओं को बनाने और उनके क्रियान्वयन में आसानी होगी इसलिए हम इसे आगे बढ़ा रहे हैं। अब सवाल यह उठता है कि 2010 में यूपीए सरकार के वक़्त एनपीआर पर इस तरह का कोई विवाद क्यों नहीं खड़ा हुआ?

इसकी कई वजहें हैं। पहली वजह तो यह है कि उस समय राष्ट्रीय स्तर पर एनआरसी यानी नागरिकता रजिस्टर बनाने की कोई चर्चा नहीं थी। लेकिन, 2019 में एनपीआर का मुद्दा इतना सीधा नहीं है। मौजूदा भाजपा सरकार ने अपने घोषणापत्र में वादा किया है कि वह पूरे देश के लिए एनआरसी लायेगी। केंद्रीय मंत्री भले ही यह कह रहे हों कि फिलहाल एनआरसी लाने की सरकार की कोई मंशा नहीं है, लेकिन भाजपा सरकार के कार्यकाल के दौरान राष्ट्रपति अपने अभिभाषण में कह चुके हैं कि सरकार पूरे देश के लिए नागरिकता रजिस्टर बनाएगी। चूंकि, राष्ट्रपति का अभिभाषण केंद्रीय कैबिनेट द्वारा ही पास किया जाता है, इसलिए यह नहीं माना जा सकता है कि सरकार में इस बारे में कभी चर्चा ही नहीं हुई।

इसके अलावा गृह मंत्रालय की खुद की रिपोर्ट में भी एनपीआर को एनआरसी की दिशा में पहला कदम बताया गया है। मीडिया रिपोर्ट्स के मुताबिक, संसद में दिए गए जवाबों में भी भारतीय जनता पार्टी के मंत्रियों ने जो कहा है उसका मतलब यही है कि एनपीआर एनआरसी की दिशा में

पहला कदम है। यानी फिलहाल सरकार के बयानों में जो कहा जा रहा है, वह सरकारी कामकाज के दस्तावेज से अलग दिखता है।

'लोगों के मन में आशंकाएँ उठ रही हैं कि सरकार देर-सवेर एनपीआर के आंकड़ों का इस्तेमाल एनआरसी के लिए कर सकती है। ऐसी स्थिति में उन्हें अपनी नागरिकता सिद्ध करने के लिए दस्तावेज जुटाने पड़ेंगे और ऐसा न कर पाने पर उनकी नागरिकता संदिग्ध हो सकती है।' सीएए के खिलाफ होने वाले प्रदर्शनों में हिस्सा लेने वाले दिल्ली के पुनीत अग्रवाल कहते हैं। पुनीत एक समाजसेवी संगठन में काम करते हैं।

यह तो सरकार के बयानों और उसकी रोज़मर्रा की कार्यवाही में विरोधाभास की बात है। लेकिन, अगर उस कानून की बात करें जिसके तहत एनपीआर की कवायद शुरू की गई है तो एनपीआर के एनआरसी से जुड़े होने की बात और साफ हो जाती है।

2003 में अटल बिहारी बाजपेयी सरकार के वक्त नागरिकता कानून 1955 में संशोधन कर एक धारा जोड़ी गई। इसमें कहा गया है कि सरकार अगर चाहे तो एक नेशनल सिटीजन रजिस्टर (एनआरसी) बना सकती है और नागरिकता कार्ड जारी कर सकती है। यानी नागरिकता कानून में हुए इस संशोधन के बाद किसी भी सरकार के पास एनआरसी लाने की शक्तियां हैं। इसी संशोधन के तहत 'रजिस्ट्रेशन ऑफ सिटीजन्स एँड इश्यू ऑफ नेशनल आइडेंडिटी काड्र्स' के बारे में नियम और उप नियम बनाये गए हैं। इन नियमों के मुताबिक, देश भर में एनपीआर कराने के बाद सरकार उसके आंकड़ों के सत्यापन के बाद नागरिकता रजिस्टर तैयार कर सकती है।

इसके मुताबिक, नागरिकता का एक नेशनल रजिस्टर होगा, इसके बाद स्टेट रजिस्टर, फिर जिला रजिस्टर, फिर तहसील स्तर का रजिस्टर और फिर स्थानीय रजिस्टर। एनआरसी तैयार करने की प्रक्रिया के नियमों में यह भी कहा गया है कि एनपीआर के आंकड़ों के सत्यापन के दौरान कोई स्थानीय रजिस्ट्रार किसी व्यक्ति के आंकड़ों पर संदेह होने की स्थिति में उसे संदिग्ध नागरिक (डाउटफुल सिटीजन) की सूची में डाल सकता है।

चूंकि, इन नियमों में कहीं यह स्पष्ट नहीं है कि संदिग्ध नागरिक घोषित करने का आधार क्या होगा, इसलिए यह पूरी तरह सरकारी कर्मचारी के विवेक पर निर्भर होगा कि एनपीआर के

सत्यापन के दौरान वह किसे संदिग्ध नागरिक घोषित करेगा। यानी कि एनपीआर से एनआरसी बनने पर सरकारी तंत्र के हाथ में असीमित ताकत आ जायेगी। चूंकि मौजूदा मोदी सरकार ने इसी कानून के आधार पर एनआरसी को मंजूरी दी है। इसलिए एनपीआर के बाद एनआरसी की चर्चा को और भी बल मिल रहा है।

मौजूदा समय में चूंकि यह चर्चा असम की एनआरसी से 19 लाख लोगों के बाहर होने के बाद हो रही है, इसलिए इससे जुड़ी आशंकायें और जोर पकड़ रही हैं। मौजूदा भाजपा नेतृत्व एनआरसी लाने का राजनैतिक वादा करता रहा है, इसलिए लोगों में एनपीआर के बाद एनआरसी का भय और ज्यादा है।

इसकी कुछ वजहें और भी हैं। एक अनुमान के मुताबिक असम की एनआरसी में जो 19 लाख लोग अपनी नागरिकता नहीं साबित कर पाए उनमें 13 लाख हिन्दू और करीब छह लाख मुसलमान हैं। भाजपा असम में बड़ी तादाद में बांग्लादेशी घुसपैठियों के होने का दावा करती थी। लेकिन, इसमें हिन्दुओं की बड़ी संख्या आने के बाद पार्टी के लिए धर्मसंकट की स्थिति पैदा हो गई। जानकारों के मुताबिक, इसके बाद पार्टी नागरिकता संशोधन विधेयक लाई, जिसमें बांग्लादेश, पाकिस्तान और अफगानिस्तान से आये हिन्दुओं, सिखों, ईसाई, बौद्ध आदि शरणार्थियों को नागरिकता देने का प्रावधान है। मुसलमानों को इससे इस आधार पर बाहर रखा गया कि चूंकि ये देश मुस्लिम बाहुल्य और इस्लामिक देश हैं, इसलिए वहां उनका धार्मिक उत्पीड़न नहीं होगा। लेकिन, इसका अर्थ यह भी निकाला गया कि असम की एनआरसी से बाहर हिन्दुओं को तो सीएए के जरिये नागरिकता दे दी जाएगी, लेकिन मुसलमानों को इससे बाहर रखा जाएगा। मुरादाबाद से आकर नोएडा में काम करने वाले जमील खान कहते हैं कि 'सीएए के बाद मुस्लिमों के एक बड़े हिस्से में यह भावना घर कर गई है कि इस क़ानून की मदद से देश में एनआरसी से बाहर हिन्दुओं को तो नागरिकता मिल जाएगी, लेकिन मुसलमानों को संदिग्ध नागरिक या अवैध अप्रवासी घोषित कर दिया जाएगा।' इस पूरे प्रकरण को समग्रता में देखा जाए तो देश के मुस्लिम समाज में यह धारणा घर कर गई है कि एनपीआर, एनआरसी और सीएएस जैसी चीजें उनके खिलाफ हैं।

भाजपा बार-बार यह दोहराती रही है कि सीएए नागरिकता लेने का नहीं बल्कि नागरिकता देने का कानून है और एनपीआर का मकसद सार्वजनिक नीतियों के लिए आंकड़े जुटाना भर है। लेकिन, देश भर से एनआरसी, एनपीआर और सीएए को लेकर जो सवाल उठे भाजपा की ओर से उनका कोई ठोस जवाब नहीं दिया गया। जो जवाब आए भी वे आशंकाओं को दूर नहीं कर पाए। इससे उठी आशंकाओं को एनपीआर की मंजूरी ने और बढ़ा दिया है।

अब भाजपा सरकार कह रही है कि एनपीआर और एनआरसी में कोई संबंध नहीं है। यह बात कितनी सही है यह तो सरकार ही जाने। लेकिन अगर यह सच है कि एनपीआर, एनआरसी नहीं है तो यह भी सच है कि सरकार जब चाहे इसे एनआरसी से जोड़ सकती है। दरअसल, यह प्रश्न नियम कानून से ज्यादा सरकार के इरादे या नीयत से जुड़ा है। चूंकि, मोदी सरकार के बारे में सामान्य राजनीतिक समझ यह है कि यह हिन्दूवादी सरकार है, इसलिए मुसलमानों में एनआरसी को लेकर आशंका और ज्यादा है।

यह आशंका कुछ और बातों से गहराई है। मसलन, इस बार एनपीआर में जो प्रश्नावली तय की गई है उसमें यह सवाल भी है कि आपके माता-पिता का जन्म कहां हुआ था। लेकिन यह तो एक सामान्य सा सवाल है। इसको लेकर किसी बात की आशंका क्यों? इसको लेकर आशंका इसलिए है कि इससे पहले के एनपीआर में इस तरह का सवाल नहीं था। एनपीआर की सामान्य परिभाषा में इस तरह का सवाल फिट भी नहीं बैठता क्योंकि एनपीआर देश की आबादी और उनके निवास स्थान का विवरण होता है। माता-पिता के जन्म स्थान से उसका कोई तुक नहीं मिलता। लेकिन, मौजूदा एनपीआर में इस सवाल के होने ने इस धारणा को गहरा दिया है कि इस एनपीआर को आगे चलकर एनआरसी से जोड़ा जा सकता है।

ऐसा इसलिए हुआ है क्योंकि नागरिकता अधिनियम में 1987 और 2003 के संशोधन के बाद से नागरिकता तय करने में माता-पिता की नागरिकता भी महत्वपूर्ण है। इन संशोधनों के बाद 1987 के बाद पैदा हुए लोगों को अपनी नागरिकता साबित करने के लिए यह भी साबित करना होगा कि उनके माता-पिता में से एक भारतीय नागरिक है। 2003 के बाद जन्मे लोगों के लिए यह शर्त थोड़ी और कड़ी है। 2003 के बाद भारत में जन्मे लोगों को साबित करना होगा कि उनके माता-

पिता में से एक भारतीय नागरिक है और दूसरा अवैध प्रवासी नहीं है। जाहिर है कि अभी इन नियमों के इस्तेमाल या नागरिकता के सबूत देने जैसी कोई बात नहीं है, लेकिन माता-पिता का जन्म स्थान पूछने से इस आशंका को जरूर बल मिला है कि हो न हो इस एनपीआर की नागरिकता तय करने में बड़ी भूमिका होने वाली है।

सवाल उठते हैं कि अभी एनआरसी की जरूरत क्यों पड़ी? सरकार का जवाब होता है कि फिलहाल हम कोई एनआरसी नहीं कराने जा रहे हैं। तो फिर एनपीआर क्यों? सरकार कहती है कि एनपीआर के उद्देश्य दूसरे हैं और इसके आंकड़ों के जरिये सार्वजनिक नीतियां बनाई जाएँगी। लेकिन, जानकार यह भी सवाल उठाते हैं कि 2010 की यूपीए सरकार के दौरान इस बात पर काफी बहस हुई थी कि सार्वजनिक नीतियाँ तय करने के लिए आधार का इस्तेमाल किया जाए या एनपीआर का। अंत में निर्णय आधार के पक्ष में हुआ। पूरे देश में आधार कार्ड के लिए लोगों की जनसांख्यिकी और बायोमीट्रिक जानकारी ली गई।

यूपीए सरकार की इस कवायद से भाजपा सरकार असहमत रही हो ऐसा भी नहीं है। क्योंकि आधार को लेकर मोदी सरकार का रुख और आक्रामक रहा और उसने आधार को तमाम चीजों से लिंक कर दिया। मोदी सरकार ने आधार के समर्थन में कई बार कहा कि इससे डायरेक्ट कैश बेनिफट में सटीक नतीजे सामने आते हैं। यानी मोदी सरकार भी यूपीए की तरह मान रही थी कि वह सरकारी नीतियों को लागू करने में आधार की भूमिका से संतुष्ट है।

फिर एकाएक एनपीआर की क्या जरूरत पड़ी? सरकार इसका जवाब दे रही है कि देश के भीतर लोग काफी बड़ी संख्या में इधर से उधर पलायन करते हैं, ऐसे में एनपीआर के आंकड़े मदद करेंगे। लेकिन, यह जवाब बहुत सटीक नहीं कहा जा सकता क्योंकि ऐसा तो आधार के साथ भी किया जा सकता है। और अगर आधार के डेटा में कुछ कमी नजर आ रही हो तो उसे अपडेट भी किया जा सकता था। आधार के साथ एनपीआर की कवायद कुछ संदेह जगाती है और सरकार उसका निराकरण बहुत स्पष्ट तौर पर नहीं कर पा रही है।

इसलिए समाज का एक वर्ग मान रहा है कि सरकार बयानों में कुछ और कह रही है और कागजों में कुछ और कह रही है। जाहिर है कि यह अच्छी स्थिति नहीं है। ऐसे ही भ्रम और आशंकाओं के

बीच हाल ही में पूरे देश में हिंसा हुई है। इसलिए सरकार को इस मसले पर घुमाव-फिराव के बजाय ठोस बात करनी चाहिए और इन भ्रमों और आशंकाओं को दूर करना चाहिए।

I. टिप्पणियाँ

1. **एनपीआर** (NPR, National Population Register, राष्ट्रीय जनसंख्या रजिस्टर) भारत में रहने वाले सभी लोगों के विस्तृत रिकॉर्ड के साथ रजिस्टर है जिसमें भारत के किसी भी ग्रामीण या शहरी क्षेत्र में नागरिक और गैर-नागरिक दोनों शामिल हैं। एनपीआर एक जनसंख्या रजिस्टर है न कि एनआरसी की तरह नागरिक रजिस्टर है, इसमें छह महीने से अधिक समय तक भारत के किसी इलाके में रहने वाले विदेशी नागरिकों का ब्यौरा भी दर्ज किया जाता है।

2. **एनआरसी** (NRC, National Register of Citizens, राष्ट्रीय नागरिक रजिस्टर) सभी भारतीय नागरिकों का एक रजिस्टर है, जिसे 2003-2004 में संशोधित नागरिकता अधिनियम 1955 के अनुसार बनाया गया है। इसे असम राज्य को छोड़कर अभी तक भारत में कहीं भी लागू नहीं किया गया है। एनपीआर के विपरीत, एनआरसी भारत में और भारत के बाहर रहने वाले भारतीय नागरिकों के विवरण का रजिस्टर है। 20 नवम्बर 2019 को भारत के गृहमन्त्री अमित शाह ने संसद में वक्तव्य दिया था कि इस पंजी का पूरे भारत में विस्तार किया जाएगा।

3. **यूपीए** (UPA, United Progress Alliance, संयुक्त प्रगतिशील गठबंधन): यूपीए या संप्रग भारत में एक राजनीतिक गठबन्धन है जिसका नेतृत्व भारतीय राष्ट्रीय कांग्रेस करती है। यूपीए की स्थापना सन् 2004 के लोकसभा चुनाव के बाद हुई। इस गठबंधन में भारतीय राष्ट्रीय कांग्रेस सब से ज्यादा सदस्यों वाली पार्टी रही है।

4. **सीएए** (CAA, Citizenship Amendment Act): नागरिकता संसोधन अधिनियम 2019 यानी सीएए को 12 दिसंबर, 2019 को अधिसूचित किया गया और 10 जनवरी, 2020 को लागू हुआ था।

5. **अमित शाह** (1964-   ) एक भारतीय राजनीतिज्ञ तथा भारत के गृह मंत्री हैं। इसके पहले वे भारतीय जनता पार्टी के अध्यक्ष, भारत के गुजरात राज्य के गृहमंत्री तथा भारतीय जनता

पार्टी के महासचिव रह चुके हैं।

6. **केन्द्रीय मन्त्रिमण्डल** यानी केंद्रीय कैबिनेट भारत गणराज्य में कार्यकारी अधिकार का प्रयोग करता है। इसमें वरिष्ठ मन्त्री (केबिनेट मन्त्री) सम्मिलित होते हैं, जिनका नेतृत्व प्रधानमन्त्री करते हैं। केंद्रीय मंत्रिमंडल नामक यह छोटी कार्यकारी निकाय भारत में सर्वोच्च निर्णय लेने की संस्था है।

7. **घोषणापत्र** : सार्वजनिक रूप से अपने सिद्धान्तों एवं इरादों (नीति एवं नीयत) को प्रकट करना घोषणापत्र (manifesto) कहलाता है। इसका स्वरूप प्रायः राजनीतिक होता है किन्तु यह जीवन के अन्य क्षेत्रों से भी सम्बन्धित हो सकता है। उपरोक्त लेख में उल्लेक किया हुआ घोषणापत्र वास्तव में चुनावी घोषणापत्र है। कुछ संसदीय लोकतंत्र की व्यवस्था वाले देशों में राजनैतिक दल चुनाव के कुछ दिन पहले अपना घोषणापत्र प्रस्तुत करते हैं। इन घोषणापत्रों में इन बातों का उल्लेख होता है कि यदि वे जीत गये तो नियम-कानूनों एवं नीतियों में किस तरह का परिवर्तन करेंगे। घोषणापत्र पार्टियों की रणनीतिक दिशा भी तय करते हैं।

8. **नागरिकता कानून 1955** यानी नागरिकता अधिनियम 1955, भारत के संविधान के लागू होने के बाद नागरिकता के पाने और समाप्त होने का प्रावधान करता है। सन् 1955 में भारत में नागरिकता अधिनियम पारित किया गया जिसे नागरिकता (संशोधन) अधिनियम 1986, नागरिकता (संशोधन) अधिनियम 1992, नागरिकता (संशोधन) अधिनियम 2003, नागरिकता (संशोधन) अध्यादेश 2005 और नागरिकता संसोधन अधिनियम 2019 के द्वारा संशोधित किया गया है।

9. **प्रवासी** भारतीयों में भारत सरकार अनिवासी (जो भारत के बाहर रहते हैं, किन्तु भारतीय नागरिक हैं, Non-Resident) तथा अप्रवासी (वे भारतीय जो किसी अन्य देश की नागरिकता स्वीकार चुके हैं, Immigrant) दोनों ही प्रकार के भारतीयों की गणना करती है।

10. **आधार** तो आधार कार्ड है, वह भारत सरकार द्वारा जारी किए जाने वाला पहचान पत्र है। इसमें 12 अंकों की एक विशिष्ट संख्या छपी होती है जिसे भारतीय विशिष्ट पहचान प्राधिकरण (भाविपप्रा) जारी करता है। यह संख्या, भारत में कहीं भी व्यक्ति की पहचान और पते का

प्रमाण है। आधार निवास का सबूत माना जाता है और नागरिकता का सबूत नहीं है।

II. शब्दावली

तब्दील : (वि.) जिसे बदल दिया गया हो

विवादास्पद : (वि.) जिसपर विवाद या झगड़ा हो, विवादयुक्त

ठंडे बस्ते में डालना : (स.क्रि) किसी नियम को (कुछ समय के लिए) लागू होने से रोकना

बस्ता : (पु.) पुस्तक आदि रखने का कपड़े का चौकोर टुकड़ा, बेठन

कवायद : (स्त्री.) किसी प्रकार की ठहराई हुई रीति या व्यवस्था, (किसी काम या बात के) विविध नियम या कायदे, नियमावली, क्रियाविधि

साक्षात्कार : (पु.) किसी उद्देश्य हेतु किया गया गहन वार्तालाप, interview

दस्तावेज : (स्त्री.) विधिक लेख्य, तहरीर

ताल्लुक : (पु.) संबंध, लगाव

ब्यौरा : (पु.) ब्योरा, किसी बात या कार्य से संबंध रखने वाली मुख्य बातों का उल्लेख या वर्णन

क्रियान्वयन : (पु.) कार्य के रूप में परिणत करने की क्रिया, कार्य में लाना

मंशा : (स्त्री.) इच्छा, इरादा, अभिप्राय

अभिभाषण : (पु.) विद्वत्तापूर्ण भाषण, अध्यक्ष का वक्तव्य

देर-सवेर : (क्रि. वि.) कभी न कभी, अभी या बाद में

संदिग्ध : (वि.) जिसमें संदेह हो, संदेहयुक्त

रोज़मर्रा : (क्रि. वि.) हर रोज़, प्रत्येक दिन, प्रतिदिन

कार्यवाही : (स्त्री.) कार्रवाई, कार्य संपादन में की जाने वाली आवश्यक क्रियाएँ

विरोधाभास : (पु.) दो बातों में दिखाई देनेवाला विरोध, परस्पर विरुद्धता

धारा : (स्त्री.) किसी अधिनियम, विधान या नियमावली का वह स्वतंत्र अंश जिसमें किसी विषय से संबंधित समस्त तथ्यों का समावेश और उल्लेख होता है, आर्टिकल

सत्यापन : (पु.) किसी बात या वस्तु की सच्चाई की पुष्टि करना, ठीक सिद्ध करना, प्रमाणीकरण

तहसील : (स्त्री.) दक्षिण एशिया के कुछ देशों में प्रशासनिक प्रभाग की एक स्थानीय इकाई

विवेक : (पु.) भले बुरे का ज्ञान, समझ

तंत्र : (पु.) शासन की विशिष्ट प्रणाली, सिस्टम; राज्य और उसके अंतर्गत काम करने वाले सभी राजकीय कर्मचारी

जोर पकड़ना : (स.क्रि.) उग्र, उत्कट या विकट रूप धारण करना; प्रबल होना

तादाद : (स्त्री.) संख्या, गिनती, शुमार

घुसपैठिया : (पु.) अवैध प्रवेश करनेवाला

धर्मसंकट : (पु.) दुविधा, असमंजस, उभयसंकट, मानसिक द्वंद्व

शरणार्थी : (पु.) शरण माँगनेवाला, अपनी रक्षा की प्रार्थना करनेवाला

बाहुल्य : (पु.) अधिकता, ज्यादती, बहुतायत

घर करना : (स.क्रि) मन में बस जाना, पूरी तरह से रच बस जाना

अवैध : (वि.) विधि-विरुद्ध, नियम-विरुद्ध, ग़ैर-क़ानूनी

उत्पीड़न : (पु.) तकलीफ़ देना, पीड़ा पहुँचाना, पीड़ित करने की क्रिया या भाव

अप्रवासी : (पु.) परदेश में जाकर बसने या रहनेवाला

प्रकरण : (पु.) प्रसंग, संदर्भ, पुस्तक का वह भाग जिसमें एक विषय का प्रतिपादन हो, परिच्छेद

समग्रता : (स्त्री.) संपूर्णता, सकलता

नीयत : (स्त्री.) इच्छा, इरादा, मंशा, किसी काम को करने की प्रवृत्ति

प्रश्नावली : (स्त्री.) प्रश्नमाला, प्रश्नों की सूची या सारणी

फिट : (वि.) उपयुक्त, लायक, ठीक, उचित, fit

विवरण : (पु.) व्याख्या, स्पष्ट करना

तुक : (स्त्री.) मेल, सामंजस्य

प्रवासी : (पु.) परदेश में रहनेवाला

हो न हो : अवश्य, ज़रूर, शायद, संभव हो

जनसांख्यिकी : (स्त्री.) जन संबंधी आँकड़े

सटीक : (वि.) बिल्कुल ठीक, उपयुक्त

निराकरण : (पु.) निवारण, समाधान, दूर करना, हटाना

मसला : (पु.) समस्या, प्रश्न, मुद्दा

घुमाव-फिराव : (पु.) घूमने या फिरने की क्रिया या भाव, व्यवहार में ऐसी जटिलता जिसमें कुछ छल-कपट हो

III. निम्नलिखित सवालों पर गौर कीजिए और इनके जवाब दीजिए।

1. निम्नलिखित वाक्यों का चीनी में अनुवाद कीजिए।

१. प्रधानमंत्री के बयान के बाद माना जा रहा था कि सरकार एनआरसी के विवादास्पद मुद्दे को फिलहाल ठंडे बस्ते में डालने जा रही है। लेकिन, जिस रविवार को प्रधानमंत्री ने एनआरसी पर कोई विचार न होने की बात कही उसी के अगले मंगलवार को केंद्रीय मंत्रिमंडल ने नेशनल पॉपुलेशन रजिस्टर की कवायद को मंजूरी दे दी।

२. चूंकि, इन नियमों में कहीं यह स्पष्ट नहीं है कि संदिग्ध नागरिक घोषित करने का आधार क्या होगा, इसलिए यह पूरी तरह सरकारी कर्मचारी के विवेक पर निर्भर होगा कि एनपीआर के सत्यापन के दौरान वह किसे संदिग्ध नागरिक घोषित करेगा। यानी कि एनपीआर से एनआरसी बनने पर सरकारी तंत्र के हाथ में असीमित ताकत आ जायेगी।

३. मौजूदा समय में चूंकि यह चर्चा असम की एनआरसी से 19 लाख लोगों के बाहर होने के बाद हो रही है, इसलिए इससे जुड़ी आशंकायें और जोर पकड़ रही हैं। मौजूदा भाजपा नेतृत्व एनआरसी लाने का राजनैतिक वादा करता रहा है, इसलिए लोगों में एनपीआर के बाद एनआरसी का भय और ज्यादा है।

४. इस पूरे प्रकरण को समग्रता में देखा जाए तो देश के मुस्लिम समाज में यह धारणा घर कर गई है कि एनपीआर, एनआरसी और सीएएस जैसी चीजें उनके खिलाफ हैं।

५. इसलिए समाज का एक वर्ग मान रहा है कि सरकार बयानों में कुछ और कह रही है और कागजों में कुछ और कह रही है। जाहिर है कि यह अच्छी स्थिति नहीं है। ऐसे ही भ्रम और

आशंकाओं के बीच हाल ही में पूरे देश में हिंसा हुई है। इसलिए सरकार को इस मसले पर घुमाव-फिराव के बजाय ठोस बात करनी चाहिए और इन भ्रमों और आशंकाओं को दूर करना चाहिए।

2. अपनी बातों से समझाएँ सीएए, एनपीआर और एनआरसी क्या है?
3. उपरोक्त लेख के आधार पर बताइए एनपीआर को लेकर भारत में इतनी आशंकाएँ होने के क्या कारण हैं? 2010 में यूपीए सरकार के वक़्त एनपीआर पर इस तरह का कोई विवाद क्यों नहीं खड़ा हुआ? क्या आप भी मानते हैं कि एनपीआर दरअसल एनआरसी की ओर पहला कदम है? और क्यों?
4. भारत के मुस्लिम समाज में क्यों यह धारणा घर कर गई है कि एनपीआर, एनआरसी और सीएएस जैसी चीजें उनके खिलाफ हैं? भारत की मौजूदा केंद्र सरकार क्यों सीएएस, एनपीआर और एनआरसी लाने का प्रयास करती रहती है?
5. निम्न लेख से सीएए, एनपीआर, एनआरसी को लेकर भारत के केंद्र-राज्यों के बीच महा-टकराव के हालात जानें।

सीएए, एनपीआर, एनआरसी---केंद्र-राज्य महा टकराव के बीज

एस.के.सिंह

(23/01/2020)

(www.outlookhindi.com)

आशंकाएँ तो यही हैं कि देश भर में विरोध-प्रदर्शनों का कारण बने नागरिकता संशोधन कानून (सीएए) 2019, एनपीआर और एनआरसी केंद्र-राज्य टकराव की जननी बनने जा रहे हैं। केरल और पंजाब विधानसभा सीएए के खिलाफ प्रस्ताव पारित चुकी है। राजस्थान की अशोक गहलोत सरकार 24 जनवरी से शुरू होने वाले बजट सत्र में सीएए के खिलाफ प्रस्ताव लाएगी। पश्चिम बंगाल की मुख्यमंत्री ममता बनर्जी भी विधानसभा में प्रस्ताव लाने जा रही हैं। उन्होंने गैर-

भाजपा शासित और पूर्वोत्तर के सभी राज्यों से सीएए के खिलाफ प्रस्ताव पारित करने का आग्रह किया है। केरल सीएए के खिलाफ सुप्रीम कोर्ट में पहुंच गया है और पंजाब की भी यही तैयारी है। दोनों राज्यों ने एनपीआर-एनआरसी को लागू करने से भी मना कर दिया है। केरल ने 14 जनवरी को केंद्र-राज्य संबंधों वाले अनुच्छेद 131 के तहत याचिका दायर की है।

वैसे भी, सुप्रीम कोर्ट में सीएए के खिलाफ 60 से अधिक याचिकाओं की सुनवाई 22 जनवरी से हो रही है। इस बीच सरकार ने 10 जनवरी 2020 को सीएए की अधिसूचना जारी कर दी। लेकिन सवाल है कि राज्य लागू करने से इनकार करते हैं तो क्या होगा? सुप्रीम कोर्ट के जाने-माने वकील प्रशांत भूषण ने आउटलुक से कहा, 'सीएए के खिलाफ याचिका दायर करने से कोई संवैधानिक संकट उत्पन्न नहीं होगा, क्योंकि जिस तरह नागरिकों के अधिकार होते हैं उसी तरह राज्यों के भी अधिकार होते हैं। संकट तब होगा जब राज्य एनपीआर या एनआरसी लागू करने से मना करेंगे। तब केंद्र सुप्रीम कोर्ट से निर्देश देने की मांग कर सकता है। अगर तब भी राज्यों ने इस पर अमल नहीं किया तो कोर्ट इसे अवमानना मान कर कार्रवाई कर सकता है। केंद्र सरकार भी राज्य की सरकार को बर्खास्त कर सकती है। हालांकि यह आसान नहीं होगा क्योंकि तब राज्य में छह महीने के भीतर चुनाव कराने होंगे।'

भाजपा के राष्ट्रीय प्रवक्ता नलिन कोहली का कहना है कि नागरिकता कानून संविधान का उल्लंघन नहीं करता। आउटलुक से उन्होंने कहा, 'विरोध बेमानी है, इससे किसी के अधिकारों का हनन नहीं होता।'

कांग्रेस के वरिष्ठ नेता और सुप्रीम कोर्ट के जाने-माने वकील कपिल सिब्बल ने केरल लिटरेचर फेस्टिवल में कहा कि प्रस्ताव पारित करके राज्य यह जताना चाहते हैं कि वे केंद्र के फैसले से सहमत नहीं हैं। लेकिन संवैधानिक रूप से किसी भी राज्य सरकार के लिए यह कहना मुश्किल होगा कि संसद द्वारा पारित कानून लागू नहीं करेंगे। पूर्व केंद्रीय मंत्री और वरिष्ठ कांग्रेस नेता सलमान खुर्शीद ने भी सिब्बल की बात का समर्थन किया। हालांकि उन्होंने यह भी कहा कि इस मुद्दे पर केंद्र के साथ राज्यों के गंभीर मतभेद हैं, इसलिए हमें सुप्रीम कोर्ट के फैसले का इंतजार करना चाहिए। कांग्रेस के ही एक और नेता, हरियाणा के पूर्व मुख्यमंत्री भूपिंदर सिंह हुड्डा ने भी

कहा कि संसद से पारित कानून लागू करने से राज्य इनकार नहीं कर सकते। हालांकि बाद में कांग्रेस का बयान आया कि सुप्रीम कोर्ट का फैसला आने तक राज्यों को नागरिकता कानून लागू करने के लिए बाध्य नहीं किया जा सकता है। पार्टी के नेता अहमद पटेल ने कहा कि पंजाब के बाद हम राजस्थान, मध्य प्रदेश और छत्तीसगढ़ विधानसभा में भी सीएए के खिलाफ प्रस्ताव पास कराना चाहते हैं। 13 जनवरी को कांग्रेस और 19 अन्य विपक्षी दलों ने एक बैठक करके सीएए वापस लेने और एनपीआर-एनआरसी पर काम रोकने की मांग की थी।

मुख्यमंत्री अमरिंदर सिंह ने कहा, 'पंजाब में 2021 की जनगणना पुराने मानकों के आधार पर होगी, केंद्र सरकार ने एनपीआर के लिए जो नए मानक जोड़े हैं उन्हें लागू नहीं किया जाएगा। जर्मनी में 1930 में हिटलर के समय जो हुआ था अब वह भारत में हो रहा है। जर्मनीवासियों ने तब इसका विरोध नहीं किया, जिसका उन्हें बाद में पछतावा हुआ, लेकिन हम अभी इसका विरोध करेंगे ताकि हमें बाद में न पछताना पड़े।' पंजाब विधानसभा में मुख्य विपक्षी दल आम आदमी पार्टी ने तो प्रस्ताव का समर्थन किया। लेकिन सबसे विचित्र स्थिति एनडीए के घटक शिरोमणि अकाली दल की है। उसने प्रस्ताव का तो विरोध किया, लेकिन यह भी कहा कि वह पूरे देश में एनआरसी लागू करने के खिलाफ है। दल ने नागरिकता कानून में मुसलमानों को भी शामिल करने की मांग की।

इस बीच, भाजपा ने सीएए के बारे में बताने के लिए तीन करोड़ परिवारों के घर-घर जाने का अभियान शुरू किया है। इसके लिए राज्यसभा सांसद अनिल जैन की अध्यक्षता में छह सदस्यों की समिति बनाई गई है। इसके अलावा करीब एक हजार रैलियां भी की जाएँगी। पार्टी के नेता अब जगह देखकर बयान देने लगे हैं। बिहार में एक जनसभा में केंद्रीय गृह मंत्री अमित शाह ने सीएए पर तो लोगों से समर्थन मांगा, लेकिन एनआरसी का जिक्र नहीं किया। राज्य के मुख्यमंत्री नीतीश कुमार एनआरसी के खिलाफ हैं। सीएए के खिलाफ आंदोलन में सरकारी संपत्ति को नुकसान पहुंचाने वालों से 'बदला लेने' की बात कहने वाले उत्तर प्रदेश के मुख्यमंत्री आदित्यनाथ अब कह रहे हैं कि महिलाओं को आगे रखकर नागरिकता कानून के बारे में झूठ फैलाया जा रहा है। लेकिन पश्चिम बंगाल में अगले साल शुरू में विधानसभा चुनाव होने हैं, इसे देखते हुए वहां इस मुद्दे पर

भाजपा का आक्रामक रुख बना हुआ है। प्रदेश भाजपा प्रमुख दिलीप घोष ने बयान दिया कि सरकार पूरे देश में एनआरसी लागू करने के लिए प्रतिबद्ध है और राज्य में अवैध रूप से रह रहे 50 लाख बांग्लादेशी मुसलमानों को वापस भेजा जाएगा। इससे पहले घोष कह चुके हैं कि 'भाजपा-शासित राज्यों में सीएए विरोधियों को कुत्तों की तरह मारा गया।'

उधर, टकराव को नई धार देते हुए केरल कैबिनेट ने 20 जनवरी को प्रस्ताव पारित कर दिया कि राज्य सरकार एनपीआर अपडेट करने में केंद्र का सहयोग नहीं करेगी। एनपीआर पर 1 अप्रैल 2020 से काम शुरू होना है जो 30 सितंबर तक चलेगा। केंद्र सरकार ने 2021 की जनगणना और राष्ट्रीय जनसंख्या रजिस्टर (एनपीआर) पर 17 जनवरी को बैठक भी बुलाई थी। इसमें कई राज्यों ने माता-पिता के जन्म की तारीख और जन्म स्थान से जुड़े सवाल पर आपत्ति जताई। बैठक में पश्चिम बंगाल ने हिस्सा नहीं लिया।

इस बीच, सरकार ने पायलट प्रोजेक्ट के तौर पर 73 जिलों में 30 लाख लोगों से एनपीआर के लिए जानकारियां मांगी थीं। लोग पैन की जानकारी देने में झिझक रहे थे, इसलिए उसे हटाने का फैसला किया गया है। इसकी जगह मातृ भाषा का कॉलम जोड़ा जा सकता है। गृह मंत्रालय के अधिकारियों का यह भी कहना है कि ड्राइविङ्ग लाइसेंस, वोटर कार्ड और आधार नंबर जैसी जानकारियां देना लोगों की इच्छा पर निर्भर करेगा। 2010 में पहला एनपीआर हुआ था तो उसमें 14 तरह की जानकारियां मांगी गई थीं। नए एनपीआर में माता-पिता के जन्म स्थान और जन्म तिथि के अलावा पिछला निवास, आधार (वैकल्पिक), वोटर कार्ड, मोबाइल और ड्राइविङ्ग लाइसेंस नंबर जोड़े गए हैं।

असम में तो सीएए का विरोध जारी ही है। असम समझौते के क्लॉज 6 पर बनी 14 सदस्यों वाली समिति ने ड्राफ्ट रिपोर्ट में असमियों की पहचान और विरासत की रक्षा के लिए संविधान में प्रावधान करने की सिफारिश की है। इनर लाइन परमिट और विधानसभा और नौकरियों में आरक्षण की भी बात है। केंद्र सरकार ने समिति को अंतिम रिपोर्ट सौंपने की अवधि एक महीने बढ़ाकर 15 फरवरी कर दी है। लेकिन विरोध खत्म होने का नाम नहीं ले रहा है। प्रधानमंत्री की दो रैलियां रद्द हो चुकी हैं।

तीसरा प्रकरण : नागरिकता संशोधन अधिनियम 2019

विरोध का आलम तो यह है कि गोवा में 16 जनवरी को शिक्षा विभाग के संविधान की 70वीं वर्षगांठ पर एक कार्यक्रम में आठवीं कक्षा की छात्रा दीक्षा तलाउलिकर ने कहा, 'इस कानून में संविधान की आत्मा, इसकी प्रस्तावना, आजादी, समानता और भाईचारा की हत्या कर दी गई है।' अब देखना है, यह टकराव क्या शक्ल लेता है।

यूनिट ३   देश में चल रहे प्रदर्शन नागरिकता कानून के विरोध के साथ संविधान बचाने के लिए भी हैं

'द वायर' संपादकीय

(01/01/2020)

(https://thewirehindi.com)

एनआरसी और एनपीआर को ख़ारिज किया जाना चाहिए और नागरिकता क़ानून को फिर से तैयार किया जाए, जिसमें इसके प्रावधान किन्हीं धर्म विशेष के लिए नहीं, बल्कि सभी प्रताड़ितों के लिए हों।

भारत के लोगों ने अपनी बात कह दी है- वे संविधान को नष्ट करने की इजाजत नहीं देंगे।

पिछले कई हफ्तों से भारतीय अभूतपूर्व तादाद में सड़कों पर उतरे हैं। इनमें से एक भी प्रदर्शनकारी बांग्लादेश, पाकिस्तान और अफगानिस्तान से हिन्दू, सिख, ईसाई, बौद्ध, जैन, पारसी शरणार्थियों को नागरिकता देने के खिलाफ नहीं है। इसकी जगह उन्होंने एक स्वर में यह घोषणा की है कि मजहब नागरिकता प्रदान करने का एक आधार नहीं हो सकता है।

सरकार चाहे जो भी कहे, नागरिकता संशोधन कानून (सीएए) वास्तव में यही करता है। प्रधानमंत्री ने यह दावा किया है कि राष्ट्रीय नागरिक रजिस्टर (एनआरसी)- जो भारतीयों को 'नागरिकों' और 'संदिग्ध नागरिकों' में बांट देगा- पर अभी तक आधिकारिक स्तर पर कोई चर्चा भी नहीं हुई है। उनका आश्वासन संसद के भीतर और बाहर गृहमंत्री द्वारा दिए गए इस बयान के ठीक उलट है कि एनआरसी की कवायद को पूरे भारत में 2024 तक शुरू कर दिया जाएगा। इसी बीच राष्ट्रीय जनसंख्या रजिस्टर (एनपीआर) को फिर से आगे बढ़ाया जा रहा है, जिसका मकसद और कुछ नहीं एनआरसी के लिए सूचनाएँ इकट्ठा करना है।

मुद्दा यह नहीं है कि सरकार के दो शीर्षस्थ लोग एक-दूसरे से उलट बातें कर रहे हैं। न ही इस मसले पर मोदी के शब्दों को अंतिम माना जाना चाहिए। इतने महत्व की किसी नीति पर एक स्पष्ट, सुसंगत और परामर्श पर आधारित कानूनी रूपरेखा देश के सामने रखना सरकार की

तीसरा प्रकरण : नागरिकता संशोधन अधिनियम 2019

जिम्मेदारी है।

लेकिन इसकी जगह यह लगातार अपने ही दावों को बदल रही है, उसको लेकर विरोधाभासी बातें कर रही है और उससे इनकार कर रही है। इस तरह से इसने सिर्फ अपनी बदनीयती को लेकर व्याप्त डर को पुख्ता करने का ही काम किया है।

इसका नतीजा यह है कि एक विचार के तौर पर एक देशव्यापी एनआरसी के प्रस्ताव को औपचारिक तौर पर वापस लेकर ही देश को यह आश्वस्त किया जा सकता है कि भविष्य में इस भयानक कवायद को हाथ नहीं लगाया जाएगा।

सिविल सोसाइटी और आम जनता को यह बात समझ में आ गयी है। यही वजह है कि प्रदर्शनों की रफ्तार कम नहीं हुई है और देश के विभिन्न हिस्सों- खासतौर पर भाजपा शासित राज्यों- में पुलिस द्वारा की गई हिंसा भी नागरिकों को सड़क पर उतरने से नहीं रोक पाई है।

उनकी सर्वप्रमुख मांग है कि सीएए को संशोधित करके भारत के पड़ोस में अत्याचार का सामना कर रहे किसी भी प्रामाणिक शरणार्थी को नागरिकता देने का प्रावधान इसमें शामिल किया जाना चाहिए। यह सामान्य-सा संशोधन अनावश्यक तौर पर नाम लिए (और अन्य को उससे बाहर किए) बगैर भी उन छह समुदायों को लाभ पहुंचाएगा, जिनको लेकर सरकार फिक्रमंद है।

यह तथ्य कि मोदी और शाह इस प्राथमिक तर्क को सुनने को तैयार नहीं हैं, इस बात का सबूत है कि उनका मकसद इस देश का ध्रुवीकरण धार्मिक आधार पर करना और भारत को एक 'हिन्दू राष्ट्र' की ओर घसीटकर ले जाना है।

जिस तरह गैरकानूनी ढंग से लोगों से शांतिपूर्ण ढंग से सरकार के कदम का विरोध करने का अधिकार छीना गया है- अनुच्छेद 144 का दुरुपयोग, लोगों को हिरासत में लेना, पिटाई, इंटरनेट सेवा बंद करना- उसने विरोध-प्रदर्शनों के दायरे को बढ़ा दिया है।

अब यह सिर्फ सीएए और एनआरसी से जुड़ा हुआ नहीं रह गया है। वास्तव में लाठी और गोलियों का सामना कर रहे, नारे लगाते, गीत गाते और पूरी ताकत के साथ सरकार के खिलाफ आवाज़ उठाते सैकड़ों-हजारों लोग अब संविधान के लिए, भारत के बुनियादी उसूलों और अपने लोकतांत्रिक अधिकारों के लिए लड़ रहे हैं।

असम से लेकर केरल तक, मुंबई से लेकर कोलकाता तक, दिल्ली से लेकर लखनऊ, मैंगलोर, कासरगोड, विजयवाड़ा और औरंगाबाद तक, बूढ़े और जवान, विभिन्न धर्मों और जातियों के भारतीय सरकार को यह बताने के लिए सड़कों पर उतरे हैं कि वे भारत के लोकतंत्र को रौंदने की निर्लज्ज कोशिशों के मूकदर्शक नहीं बने रहेंगे।

पिछले करीब छह वर्षों में यह देश लिंचिंग, बढ़ती असहिष्णुता और आलोचनाओं का गला घोंटने की सुनियोजित कोशिशों का गवाह रहा है। उच्च शिक्षा के संस्थानों पर पहरा बिछा दिया गया है। अल्पसंख्यकों के अधिकारों पर हमले हो रहे हैं।

जिस सनक भरे तरीके से कश्मीर के साथ लंबे समय से चली आ रही व्यवस्था का खात्मा कर दिया गया और वहां की पूरी आबादी का दमन किया गया, उसने विश्व की चेतना को झकझोर कर रख दिया है। लेकिन विरोध की कुछ आवाजों को छोड़कर, भारत के बहुत से लोगों ने आवाज नहीं उठाई। इसका सबसे बड़ा कारण उनके अंदर का बैठा हुआ डर था।

सीएए-एनपीआर-एनआरसी के खतरे ने इस स्थिति को बदल कर रख दिया है। हालांकि, भाजपा निजी तौर पर अपने समर्थकों से यह कहती है कि इन तीनों के निशाने पर सिर्फ मुस्लिम हैं, लेकिन हकीकत यह है कि अगर पार्टी लोगों से उनकी नागरिकता प्रमाणित करने पर जोर देती है तो लाखों-करोड़ों भारतीय नागरिकों की जिंदगी संकट में पड़ जाएगी।

आज की तारीख तक सरकार ने इसकी रूपरेखा/पैमानों को लेकर फैसला नहीं किया है, लेकिन नौकरशाही की अक्षमता, भ्रष्टाचार और हठधर्मिता को देखते हुए बड़े पैमाने पर 'गलतियों' का होना तय है।

लोगों के नाम लिखने की इस कवायद से आखिरकार सामने आने वाली 'संदिग्ध नागरिकों' की सूची में अधिकांश नाम गरीबों के होंगे। इस पूरी कवायद के पीछे की मंशा को देखते हुए सबसे ज्यादा प्रभावित अल्पसंख्यक होंगे, लेकिन हाशिये के दूसरे तबकों पर भी खतरा कम नहीं है।

मोदी सरकार को जनता के मिजाज को पढ़ना चाहिए और अपने कदम पीछे खींच लेने चाहिए। लोगों को अब अस्पष्ट आश्वासन नहीं चाहिए।

एनपीआर और एनआरसी को पूरी तरह से रद्दी की टोकरी में डालने और सीएए में संशोधन करके

इसे भारत के संवैधानिक सिद्धांतों और अंतरराष्ट्रीय कानूनों के अनुरूप बनाने के अलावा और कोई रास्ता नहीं है।

I. टिप्पणियाँ

1. **अमित शाह** (1964-) भारत के वर्तमान गृह मंत्री हैं।
2. **अनुच्छेद 144** सीआरपीसी (CrPC, The Code of Criminal Procedure, Criminal Procedure Code) के तहत आने वाली एक धारा है। अनुच्छेद 144 किसी भी क्षेत्र में सरकार द्वारा शांति व्यवस्था को बनाये रखने के लिए लगायी जाती है। इस धारा के लागू होने के बाद, उस इलाके में 5 या उससे ज्यादा लोग इकट्ठे नहीं हो सकते और उस क्षेत्र में पुलिस और सुरक्षाबलों को छोड़कर किसी को भी हथियारों के लाने-ले जाने पर भी रोक लगा दी जाती है। अनुच्छेद 144 का उल्लंघन करने वाले या इस धारा का पालन नहीं करने वाले व्यक्ति को पुलिस गिरफ्तार कर सकती है और आपोपियों को एक साल कैद की सजा भी हो सकती है।
3. **मैंगलोर** (मंगलुरु) भारत के कर्नाटक राज्य का एक शहर है।
   कासरगोड भारत के केरल राज्य के कासरगोड ज़िले में स्थित एक नगर है।
   विजयवाड़ा भारत के आंध्र प्रदेश का एक शहर है।
   औरंगाबाद भारत के महाराष्ट्र राज्य का एक महानगर है।

II. शब्दावली

मजहब : (पु.) धर्म, धार्मिक संप्रदाय

शीर्षस्थ : (वि.) प्रधान, चोटी का

रूपरेखा : (स्त्री.) किसी वस्तु, कार्य आदि को बनाने या करने से पहले तैयार किया गया उसका ढाँचा

बदनीयती : (स्त्री.) इरादे का खोटा, बेईमानी, लालच

पुख्ता : (वि.) पक्का, मज़बूत, स्थिर एवं निश्चित किया हुआ

हाथ लगाना : (स.क्रि.) हाथों से छूना, स्पर्श करना, किसी वस्तु या व्यक्ति की प्राप्ति होना

फिक्रमंद : (वि.) चिंतित, चिंताकुल

ध्रुवीकरण : (पु.) ध्रुवीकृत या केंद्रोन्मुख करने या होने का भाव

घसीटना : (स.क्रि.) वस्तु को इस प्रकार खींचना कि वह रगड़ खाती हुई खींचनेवाले की तरफ बढ़ती जाये, शामिल करना

अनुच्छेद : (पु.) किसी नियम अधिनियम आदि का वह अंश जिसमें किसी नियम तथा उसके प्रतिबंधों का उल्लेख होता है, आर्टिकल

रौंदना : (स.क्रि.) पैरों आदि से कुचल या दबाकर नष्ट-भ्रष्ट करना

मूकदर्शक : (पु.) कुछ न बोलने वाला या प्रतिक्रिया न करने वाला व्यक्ति

लिंचिंग : (स्त्री.) गैर कानूनी ढंग से प्राणदंड, lynching

उसूल : (पु.) सिद्धांत, नियम

झकझोरना : (स.क्रि.) झटका देना, झँझोड़ना

हकीकत : (स्त्री.) वास्तविकता, यथार्थता

नौकरशाही : (स्त्री.) दफ़्तरी हुकुमत, ब्यूरोक्रेसी, शासन द्वारा नियुक्त कर्मचारी

हठधर्मिता : (स्त्री.) हठधर्मी होने की स्थिति या भाव, अपने हठ पर जमे रहना, कट्टरता

मिजाज : (पु.) प्रकृति, स्वभाव, आदत

विरोधाभासी : (वि.) परस्पर विरोधी

निर्लज्ज : (वि.) जिसे लज्जा न आती हो या जिसमें लज्जा न हो

हाशिया : (पु.) लिखने के समय काग़ज़ आदि के किनारे खाली छोड़ी हुई जगह

रद्दी : (स्त्री.) पुराने और बेकार के काग़ज़

सनक : (स्त्री.) पागलपन, खब्त, धुन

III. निम्नलिखित सवालों पर गौर कीजिए और इनके जवाब दीजिए।

1. निम्नलिखित वाक्यों का चीनी में अनुवाद कीजिए।

तीसरा प्रकरण : नागरिकता संशोधन अधिनियम 2019

१. पिछले कई हफ्तों से भारतीय अभूतपूर्व तादाद में सड़कों पर उतरे हैं। इनमें से एक भी प्रदर्शनकारी बांग्लादेश, पाकिस्तान और अफगानिस्तान से हिन्दू, सिख, ईसाई, बौद्ध, जैन, पारसी शरणार्थियों को नागरिकता देने के खिलाफ नहीं है। इसकी जगह उन्होंने एक स्वर में यह घोषणा की है कि मजहब नागरिकता प्रदान करने का एक आधार नहीं हो सकता है।

२. सिविल सोसाइटी और आम जनता को यह बात समझ में आ गयी है। यही वजह है कि प्रदर्शनों की रफ्तार कम नहीं हुई है और देश के विभिन्न हिस्सों- खासतौर पर भाजपा शासित राज्यों- में पुलिस द्वारा की गई हिंसा भी नागरिकों को सड़क पर उतरने से नहीं रोक पाई है।

३. उनकी सर्वप्रमुख मांग है कि सीएए को संशोधित करके भारत के पड़ोस में अत्याचार का सामना कर रहे किसी भी प्रामाणिक शरणार्थी को नागरिकता देने का प्रावधान इसमें शामिल किया जाना चाहिए। यह सामान्य-सा संशोधन अनावश्यक तौर पर नाम लिए (और अन्य को उससे बाहर किए) बगैर भी उन छह समुदायों को लाभ पहुंचाएगा, जिनको लेकर सरकार फिक्रमंद है।

४. असम से लेकर केरल तक, मुंबई से लेकर कोलकाता तक, दिल्ली से लेकर लखनऊ, मैंगलोर, कासरगोड, विजयवाड़ा और औरंगाबाद तक, बूढ़े और जवान, विभिन्न धर्मों और जातियों के भारतीय सरकार को यह बताने के लिए सड़कों पर उतरे हैं कि वे भारत के लोकतंत्र को रौंदने की निर्लज्ज कोशिशों के मूकदर्शक नहीं बने रहेंगे।

५. पिछले करीब छह वर्षों में यह देश लिंचिंग, बढ़ती असहिष्णुता और आलोचनाओं का गला घोंटने की सुनियोजित कोशिशों का गवाह रहा है। उच्च शिक्षा के संस्थानों पर पहरा बिछा दिया गया है। अल्पसंख्यकों के अधिकारों पर हमले हो रहे हैं।

2. लेखक क्यों मानते हैं कि भारत में चल रहे सीएए विरोधी प्रदर्शन संविधान बचाने के लिए हैं?

3. लेखक इस लेख में 'हिन्दू राष्ट्र' का जिक्र करते हैं, आप अपनी बातों से समझाएँ 'हिन्दू राष्ट्र' का क्या मतलब है? क्या भारत के संविधान में 'हिन्दू राष्ट्र' का उल्लेख है?

4. लेखक मानते हैं कि सीएए, एनआरसी और एनपीआर से सबसे ज्यादा प्रभावित अल्पसंख्यक

होंगे, वे उपरोक्त लेख में इस बारे में कौन कौन से तर्क देते हैं?

5. निम्न लेख पढ़िए जो सीएए पर उपरोक्त लेख से विपरीत विचार प्रकट करता है।

CAA, फिर NRC और अब NPR को लेकर अगर भ्रम में हैं युवा, तो पढ़ें पूरी खबर

रसाल सिंह

(27/12/2019)

(https://www.jagran.com)

देश भर में पिछले कई दिनों से एनआरसी यानी 'राष्ट्रीय नागरिक रजिस्टर' और सीएए यानी 'नागरिकता संशोधन कानून' को लेकर असत्य, अफवाह और दुष्प्रचार के माध्यम से देश की विपक्षी पार्टियां प्रदर्शन, हिंसा और उपद्रव कर रहे हैं। इससे देश की आंतरिक शांति, एकता-अखंडता और सद्भाव को क्षति पहुंच रही है। कुछ देशवासी भ्रमित होकर उनकी राजनीतिक स्वार्थसिद्धि का माध्यम बनते जा रहे हैं।

विपक्ष का दुष्प्रचार-तंत्र इस मामले को भड़काने में बड़ी कुटिल भूमिका निभा रहा है। वह पूर्वोत्तर भारत में नागरिकता संशोधन कानून के विरोध के आधारस्वरूप वहां की भूमि, साधनों-संसाधनों, रोजगार-व्यापार में इस कानून के तहत नागरिकता हासिल करने वाले हिन्दुओं, सिखों, बौद्धों, ईसाइयों और पारसियों की भागीदारी का डर दिखाकर मूलवासियों को भड़का रहा है। इसके अलावा उनकी भाषा, संस्कृति, खान-पान, रीति-रिवाज आदि की विशिष्टता की समाप्ति का डर भी दिखाया जा रहा है।

वहीं दूसरी ओर, शेष भारत में मुस्लिम समुदाय को भी इस कानून के दायरे में शामिल न करने को मुद्दा बनाकर इस कानून को सांप्रदायिक रंग देने की साजिश रची जा रही है। जबकि सच्चाई यह है कि पूर्वोत्तर भारत की उपरोक्त जो भी चिंताएँ हैं, उनका सबसे बड़ा कारण मुस्लिम समुदाय ही रहा है। वह चाहे बांग्लादेशी मुस्लिम घुसपैठिए हों, या फिर **रोहिंग्या** घुसपैठिए। पूर्वोत्तर की

भूमि और संसाधनों पर कब्जा करने वालों में यही लोग 'बहुसंख्यक' हैं। इन्होंने जो घुसपैठ की है, वह भी किसी धार्मिक प्रताड़ना या भेदभाव या विवशता के कारण नहीं, बल्कि भारत देश में मौजूद अवसरों और संभावनाओं को हड़पने के लिए स्वेच्छा से की है। इस प्रकार विपक्ष के ये विरोधाभासी तर्क हैं जो वह एकसाथ दे रहा है और स्थान विशेष और समुदाय विशेष के अनुरूप रणनीतिक रूप से भ्रम फैलाकर राजनीतिक लाभ लेना चाह रहा है।

केंद्र सरकार देशवासियों के अधिकारों और संसाधनों की रक्षा करने तथा गैरकानूनी तरीके से भारत में मौजूद घुसपैठियों की पहचान करने के लिए इस 'राष्ट्रीय नागरिक रजिस्टर' को अपडेट करना चाहती है। इसके बाद से ही समूचे देश में संसद से लेकर सड़क तक हंगामा बरपा हुआ है। इन प्रायोजित विरोधों को ध्यान में रखते हुए सरकार की ओर से लगातार यह स्पष्ट किया जा रहा है कि 'राष्ट्रीय नागरिक पंजीकरण' पूरी तरह निष्पक्ष होगा। जिन भारतीय नागरिकों का नाम इसमें सूचीबद्ध नहीं होगा, उन्हें घबराने की जरूरत नहीं है, क्योंकि उन्हें भारतीय नागरिकता साबित करने का अवसर पुन: दिया जाएगा।

मतदाता पहचान पत्र व आधार कार्ड बनाने के दौरान भी लोगों को परेशानी का सामना करना पड़ा था। किन्तु अब इनसे बहुत अधिक लाभ हो रहा है। मतदाता पहचान पत्र की निष्पक्ष चुनाव में बड़ी भूमिका है। आधार कार्ड ने तमाम सरकारी योजनाओं के फर्जीवाड़े को रोका है। इसमें सरकारी नौकरियों में छद्म कर्मचारियों की उपस्थिति से लेकर छात्रवृत्ति, मनरेगा आदि के घोटाले व दुरुपयोग का पर्दाफाश शामिल है। विपक्षी पार्टियां अपने राजनीतिक स्वार्थ के लिए लगातार यह भ्रम फैला रही हैं कि सरकार इसमें मनमानी करेगी। साथ ही वे यह डर भी फैला रही हैं कि जिनके नाम इस रजिस्टर में सूचीबद्ध नहीं हैं, उनको बिना सुनवाई के तत्काल 'देशनिकाला' दे दिया जाएगा।

कहा जा रहा है कि वर्तमान सरकार देश में पहले से नागरिकता प्राप्त मुसलमानों को भी भारत से बाहर निकाल देगी। गरीबों, दलितों और अल्पसंख्यकों को सर्वाधिक डराया जा रहा है कि उनके पास दस्तावेजों का अभाव उन्हें 'घुसपैठिया' साबित कर देगा और उन्हें देश से विस्थापित कर दिया जाएगा। इन वर्गों को भ्रमित किया जा रहा है कि उन्हें राज्य प्रदत्त सुविधाओं और संवैधानिक

अधिकारों से वंचित कर दिया जाएगा।

भारत की भूमि और संसाधनों पर इन घुसपैठियों को बसाने के कुकृत्य की जिम्मेदार गैर-भाजपा सरकारें रही हैं। ऐसा उन्होंने मुस्लिम तुष्टिकरण की नीति और वोट बैंक की राजनीति के तहत लगातार किया है। अभी उनके द्वारा भड़काई जा रही हिंसा और अशांति का वास्तविक कारण भी यही है। सर्वोच्च न्यायालय के निर्देश और असम की जनता की अपेक्षाओं-आकांक्षाओं और मांग को पूरा करने के लिए इस राष्ट्रीय नागरिक रजिस्टर को अद्यतन किया जा रहा है। असम के बाद इसे पूरे देश में लागू करने के लिए भी भारत सरकार कृतसंकल्प है ताकि घुसपैठियों की समस्या से राष्ट्रीय स्तर पर भी निपटा जा सके।

सरकार ने नीति बनाई है कि लोगों को अपना दावा प्रस्तुत करने और आपत्तियों के निवारण के लिए न्यायालय और विदेशी न्यायाधिकरण के पास जाने का भी समुचित अवसर दिया जाएगा। उनके दावों और आपत्तियों के निस्तारण के बाद ही अंतिम रूप से एनआरसी को जारी किया जाएगा। किसी भी भारतीय नागरिक को नागरिकता से वंचित न होने देना भारत सरकार का संवैधानिक कर्तव्य है। इसमें किसी जाति, धर्म, क्षेत्र के आधार पर कोई भेदभाव नहीं होगा। साथ ही, अवैध घुसपैठियों की पहचान करना और उनको राष्ट्रीय संसाधनों पर बोझ न बनने देना भी सरकार का कर्तव्य और जिम्मेदारी है। दुर्भाग्यपूर्ण है कि अब तक की सरकारें अपने इस कर्तव्य के निर्वाह में विफल रही हैं। आज बड़ी भारी संख्या में देश में घुसपैठिए मौजूद हैं जो राष्ट्रीय संसाधनों का उपभोग कर रहे हैं और अनेक प्रकार की आपराधिक और गैर कानूनी गतिविधियों में भी संलग्न हैं।

कुछ राजनीतिक पार्टियां देश की युवा पीढ़ी को भारत की भूमि, संसाधनों, शिक्षा, स्वास्थ्य, रोजगार और व्यापार से वंचित करना चाहती हैं। यही कारण है कि देश की युवा पीढ़ी को इन षड्यंत्रों को समझना होगा और 'राष्ट्रीय नागरिक रजिस्टर' और 'नागरिकता संशोधन कानून 2019' जैसे अनिवार्य और भारत हितकारी कानूनों के संबंध में फैलाए जा रहे दुष्प्रचार और अफवाहों से दूर रहना होगा। विपक्षी दलों को देश को बिगाड़ने की बजाय देश बनाने पर ध्यान देना चाहिए।

यूनिट ४ 'असहमति', लोकतंत्र का आभूषण या राष्ट्रविरोध की पहचान?

तनवीर जाफ़री

(07/01/ 2020)

(https://swarajdigital.in)

भारत के इतिहास में 1975-1977 के मध्य के आपातकाल के दौर को देश के 'काले इतिहास' के रूप में जाना जाता है। हालांकि इस विषय में अनेक विचारकों के मत यह भी हैं कि उस समय देश के सामने क़ानून व्यवस्था बनाए रखने की जिस प्रकार की चुनौती थी, चारों तरफ़ प्रदर्शन, धरना, हड़ताल, तालाबंदी, बंद, रेल व उद्योग ठप्प हो जाने जैसी घटनाएँ घटित हो रही थीं। बड़े पैमाने पर छात्रों द्वारा सत्ता का विरोध हो रहा था। राजनैतिक विरोध व **हिंसा** में इसकी परिणति की इंतहा ने ऐसा रौद्र रूप धारण कर लिया था कि 2 जनवरी 1975 को जब तत्कालीन रेल मंत्री ललित नारायण मिश्रा समस्तीपुर-मुज़फ़्फ़रपुर रेल रुट पर बड़ी लाईन का उद्घाटन करने हेतु समस्तीपुर प्लेटफ़ॉर्म पर उद्घाटन समारोह में मुख्य अतिथि थे उसी समय बम विस्फ़ोट कर रेल मंत्री ललित नारायण मिश्रा की हत्या कर दी गयी। महात्मा गाँधी की हत्या के बाद देश की किसी बड़ी राजनैतिक शख़्सियत की यह दूसरी हत्या थी। आपातकाल समर्थक विचार रखने वालों का मत है कि ऐसे ही बिगड़ते हालात के चलते देश में आपातकाल की घोषणा करनी पड़ी। लगभग सभी कांग्रेस विरोधी दलों के हज़ारों छोटे बड़े नेताओं को जेल में डाल दिया गया, प्रेस पर सेंसरशिप लगा दी गई। परन्तु देश के अधिकांश लोगों ने भारत जैसे विश्व के सबसे बड़े लोकतंत्र में आपातकाल लगाए जाने का पुरज़ोर विरोध किया। उस दौर को देश में तानाशाही के तथा काले दिनों के दौर की संज्ञा दी गयी। इसी तानाशाही के विरुद्ध देश का विपक्ष संगठित हुआ और आपातकाल हटने के बाद 1977 में हुए आम चुनावों में देश की जनता ने भी इंदिरा गाँधी की 'तानाशाही' के विरुद्ध अपना फ़ैसला सुनाते हुए उस इंदिरा गाँधी को सत्ता से उखाड़ फेंका जिसे न सिर्फ भारत में ही अजेय समझा जाता था बल्कि पूरा विश्व उनकी राजनैतिक सूझ बूझ व साहस को सलाम करता था। उस समय भी देश की जनता का सन्देश साफ़ था कि असहमति, लोकतंत्र

का आभूषण है इसका गला घोंटने वाला लोकतंत्र का हत्यारा समझा जाएगा। जहाँ तक क़ानून व्यवस्था बनाए रखने या अराजकता पर नियंत्रण रखने का सवाल है तो यह पूरी तरह प्रशासनिक विषय है लिहाज़ा हिंसा या अराजकता की आड़ में आपातकाल लगाकर सत्ता पर नियंत्रण बनाए रखने की कोशिश करना ग़ैर लोकतान्त्रिक होने के साथ साथ तानाशाही प्रवृति का द्योतक भी है। परन्तु प्रधानमंत्री इंदिरा गाँधी सहित उस समय के किसी भी कांग्रेस नेता का एक भी ऐसा बयान नहीं मिल सकता जबकि सत्ता पक्ष ने विपक्षी दल के नेताओं पर पाकिस्तानी होने, पाकिस्तान के इशारे पर अराजकता फैलाने या पाकिस्तान को ख़ुश करने हेतु काम करने जैसे आरोप लगाए हों। कांग्रेस के किसी नेता ने यह नहीं कहा कि इंदिरा गाँधी पर विश्वास न जताने वालों को पाकिस्तान भेज दो। किसी नेता को यह कहते नहीं सुना गया कि विपक्ष जीतेगा तो पाकिस्तान में पटाख़े फोड़े जाएँगे। गोया विपक्ष के विरोध को ग़द्दारी या विदेशी चाल से जोड़ कर कभी नहीं देखा गया। निश्चित रूप से इसी उच्चस्तरीय राजनीति की पहचान करने वाली जनता ने जहाँ 1977 के चुनाव में इंदिरा गाँधी को सत्ता से बेदख़ल किया वहीं 1979 में हुए मध्यावधि चुनाव में इंदिरा गाँधी के प्रति विश्वास जताते हुए उन्हें पुनः देश की बागडोर भी सौंप दी। क्या आज के दौर की तुलना 1975-77 के दौर से की जा सकती है? निश्चित रूप से आज देश में आधिकारिक रूप से आपातकाल घोषित नहीं है। परन्तु क्या आज का मीडिया स्वतंत्र है? गोदी मीडिया, दलाल मीडिया व बिकाऊ मीडिया जैसे जो विशेषण आज मीडिया शब्द के साथ लग रहे हैं वे 1975-1977 के दौर में भी नहीं लगे। आज सत्ता के फ़ैसलों या नीतियों से असहमति रखने वाले हर नेता या दल को पाकिस्तानी, पाक समर्थक, देश का ग़द्दार, राष्ट्र विरोधी कुछ भी बता दिया जाता है। विपक्ष के लिए ऐसी शब्दावली का इस्तेमाल किया जा रहा है जिसका लोकतान्त्रिक मूल्यों पर विश्वास रखने वाले लोग कभी यक़ीन ही नहीं कर सकते। पढ़े लिखे बुद्धिजीवी लोगों को 'अर्बन नक्सल' बताया जाता है, कभी 'टुकड़े टुकड़े गैंग' की संज्ञा दी जाती है तो कभी 'ख़ान मार्केट गैंग' की शब्दावली गढ़कर अपने विरोधियों को अपमानित करने की कोशिश की जाती है। इसका परिणाम यह है कि या तो इस समय अनेक सत्ता आलोचक किसी न किसी बहाने जेल भेजे जा चुके हैं, अनेक

भयवश ख़ामोश हो चुके हैं या कर दिए गए हैं या अनेक सत्ता विरोधी नेताओं पर सीबीआई या ईडी का शिकंजा कस दिया जाता है।

सत्ता आलोचकों के विरुद्ध भय फैलाने के इस वातावरण का सामना केवल राजनैतिक लोगों को ही नहीं करना पड़ रहा है बल्कि देश का एक बड़ा उद्योगपति तबक़ा भी इस वातावरण से चिंतित व भयभीत है। गत 1 दिसंबर को मुंबई के एक समारोह में देश के जाने माने उद्योगपति राहुल बजाज ने अपनी व्यथा कुछ इन शब्दों में व्यक्त की। राहुल बजाज ने कहा कि- 'हमारे उद्योगपति दोस्तों में से कोई नहीं बोलेगा। मैं खुले तौर पर कहता हूँ कि एक माहौल तैयार करना होगा। जब यू पी ए 2 की सरकार सत्ता में थी तो, हम किसी की भी आलोचना कर सकते थे। इस समय देश में ऐसा माहौल है कि अगर कोई कुछ कहता है तो, पता नहीं उनके सवालों को सही से लिया जाएगा या नहीं, या फिर सत्ता में बैठे लोग नाराज़ हो जाएँगे?' जिस कार्यक्रम में बजाज ने अपना यह बयान दिया था वहाँ गृहमंत्री अमित शाह, वित्त मंत्री निर्मला सीतारमन और रेल व वाणिज्य मंत्री पियूष गोयल सहित भाजपा के कई बड़े नेता भी मौजूद थे। राहुल बजाज के इस बयान के बाद खलबली मच गयी। बाद में अपने संबोधन में गृह मंत्री अमित शाह को बजाज की बात का जवाब देना पड़ा। उन्होंने कहा कि- 'किसी को किसी से डरने की ज़रूरत नहीं है। मीडिया में नरेन्द्र मोदी सरकार की काफ़ी आलोचना हो रही है। लेकिन, आप कह रहे हैं कि देश में डर का माहौल पैदा हो गया है तो, इसे ठीक करने के लिए हमें काम करना होगा। हमारी सरकार पारदर्शी तरीक़े से काम कर रही है और अगर इसकी आलोचना होती है और उस आलोचना में दम है तो, हम इसे सुधारने की कोशिश करेंगे।' परन्तु गृहमंत्री अमित शाह के इस जवाब के बावजूद भाजपाई ट्रोलर राहुल बजाज पर बरस पड़े और उनके बयान को विपक्ष से प्रभावित बयान बताने लगे।

देश इन दिनों नागरिकता संशोधन क़ानून तथा राष्ट्रीय नागरिकता रजिस्टर का विरोध कर रहा है। परन्तु गृह मंत्री अमित शाह कह चुके हैं कि भाजपा अपने फ़ैसले से एक इंच भी पीछे नहीं हटेगी। आंदोलनकारियों को लेकर भी गृह मंत्री कहना है कि- 'जब भी लोग आंदोलन करने के लिए आते हैं और हिंसा करने के लिए आते हैं तो पुलिस को क़दम उठाने पड़ते हैं। अगर पुलिस ने गोली चलाई है तो सामने से भी गोली चलाई गई। हिंसा होगी तो पुलिस को टियर गैस भी दाग़ना

पड़ेगा, लाठीचार्ज भी करना पड़ेगा और अगर ज़रूरत पड़ती है तो गोलीबारी भी करनी पड़ेगी।' बड़े पैमाने पर हो रहे इन राष्ट्रव्यापी विरोध प्रदर्शनों के जवाब में सत्ता पक्ष ने भी जवाबी प्रदर्शन व जनजागरूकता अभियान चलाने की योजना बनाई है। ऐसे ही एक भाजपाई प्रदर्शन में जो नारे राजधानी दिल्ली में सुनने को मिले वह ज़रूर चिंतनीय हैं। भाजपा नेताओं व समर्थकों द्वारा सार्वजनिक रूप से पुलिस व प्रशासन की मौजूदगी में यह नारा लगाया गया कि– 'देश के ग़द्दारों को, गोली मारो सालों को'। यह नारा सत्ता से असहमति व्यक्त करने वालों को गाली भी देता है और **हिंसा** फैलाने के लिए प्रेरित भी करता है। क्या असहमति व्यक्त करने वालों को इन्हीं शब्दों में व इसी लहजे में जवाब देना स्वच्छ लोकतंत्र की पहचान है? सत्ता की नीतियों से असहमति रखने वाले 'देश के ग़द्दार हैं' और उन 'सालों' को गोली मारने हेतु उकसाने जैसे नारे लगाना क्या यही हमारे लोकतंत्र की सुंदरता का मापदंड रह गया है? निश्चित रूप से ऐसे विचार व ऐसी भावनाएँ देश के बुनियादी लोकतान्त्रिक सिद्धांतों पर गहरा प्रहार हैं। देश के लोगों को ही यह फ़ैसला करना चाहिए कि असहमति, लोकतंत्र का आभूषण है या राष्ट्रविरोध की पहचान?

I. टिप्पणियाँ

1. **बंद** : राजनीति की भाषा में बंद एक तरह का विरोध प्रदर्शन होता है जिसे राजनीतिक एक्टिविस्टों के द्वारा इस्तेमाल किया जाता है। बंद के दौरान, कोई राजनीतिक दल या समुदाय हड़ताल की घोषणा करता है। बंद की घोषणा करने वाला समुदाय या राजनीतिक दल आम जनता से अपेक्षा करता है कि वे घर पर रहें और काम पर न आएँ। दुकानदारों से अपेक्षा की जाती है कि वे अपनी दुकानें बंद रखें, और बसों व दूसरे सार्वजनिक परिवहन के ड्राइवरों से अपेक्षा की जाती है कि वे यात्रियों को न ले जाएँ। बंद तो विरोध का एक शक्तिशाली साधन माना जाता है।

2. **ललित नारायण मिश्र** (1923-1975) भारत के एक राजनेता थे जो 1973 से 1975 तक भारत के रेलमंत्री रहे।

3. **बड़ी लाइन** : भारतीय रेलवे में तीन तरह की पटरियाँ बिछी हुई हैं, ये हैं- बड़ी लाइन (Broad

guage) 1.67 मीटर 5 फुट 6 इंच, छोटी लाइन (Metre guage) 1.00 मीटर 3 फुट सवा तीन इंच, संकरी लाइन (Narrow guage)76.2 सेमी दो फुट 6 इंच। इनमें से बड़ी लाइन की पटरियों का संजाल भारत के अधिकांश हिस्सों में फैला हुआ है। अधिकतर गाड़ियाँ इसी पटरी पर चलती हैं।

4. **मध्यावधि चुनाव** : भारत में चुनाव तीन तरह के होते हैं। अगर चुनाव सदन का निर्धारित कार्यकाल पूरा करने के बाद हो तो उसे आम चुनाव कहा जाता है। अगर सदन किसी वजह से अपना निर्धारित कार्यकाल नहीं पूरा कर सके तो मध्यावधि चुनाव कराया जाता है। अगर किसी सदन में कोई एक या कुछ सीटें किसी कारणवश रिक्त हो जाएँ तो उन सीटों पर उपचुनाव कराया जाता है।

5. **गोदी मीडिया** एनडीटीवी पत्रकार रवीश कुमार द्वारा गढ़ा एक निन्दात्मक शब्द है। नागरिकता संशोधन अधिनियम और 2020-2021 भारतीय किसानों के धरनों के दौरान यह शब्द खूब प्रचलित हुआ। रवीश कुमार के अनुसार, यह शब्द सनसनीखेज भारतीय प्रिण्ट और टीवी समाचार मीडिया को संदर्भित करता है, जो नरेंद्र मोदी के नेतृत्व वाले राष्ट्रीय जनतांत्रिक गठबंधन का समर्थन करता है।

गोदी मीडिया की आलोचना करने वालों का आरोप है कि ईमानदार पत्रकारिता का अभ्यास करने के बजाय, गोदी मीडिया फर्जी खबरों और भड़काऊ कहानियाँ चलाते हैं, जो कि प्रायः असत्य होती हैं तथा भारतीय जनता पार्टी के नेतृत्व वाली केंद्र और राज्य सरकारों के एजेंडे का समर्थन करती हैं।

गोदी मीडिया शब्द भारतीय जनता के बीच भारत की पत्रकारिता के माहौल की आलोचना के रूप में संगठित रूप से उभरा है। यह शब्द पत्रकारिता के लैपडॉग (lapdog) सिद्धांत के साथ कई विशेषताओं को साझा करता है। पत्रकारिता के लैपडॉग सिद्धांत के अनुसार, लैपडॉग या गोदी मीडिया 'लाभ के लिए सामाजिक असमानताओं का समर्थन करने वाले, समाज के विशिष्ट वर्ग के एजेंडे का एक साधन है।'

6. **दलाल मीडिया व बिकाऊ मीडिया** : इसका मतलब तो मीडिया दलाल है और मीडिया बिका

हुआ है। यानी मीडिया पर दलाल और देशद्रोही होने के आरोप लगाए जाते हैं।

7. **नक्सलवाद / नक्सल** : नक्सलवाद कम्युनिस्ट क्रांतिकारियों के उस आंदोलन का अनौपचारिक नाम है जो भारतीय कम्युनिस्ट आंदोलन के फलस्वरूप उत्पन्न हुआ। नक्सलवाद एक ऐसा मत है जो समाज में समानता लाने के लिए हिंसा का उपयोग करने का समर्थक है। नक्सल शब्द की उत्पत्ति पश्चिम बंगाल के छोटे से गाँव नक्सलबाड़ी से हुई है जहाँ भारतीय कम्यूनिस्ट पार्टी के नेता चारू मजूमदार और कानू सान्याल ने 1967 में सत्ता के खिलाफ़ एक सशस्त्र आंदोलन की शुरुआत की। नक्सलवाद की सबसे बड़ी मार आँध्र प्रदेश, छत्तीसगढ, उड़ीसा, झारखंड और बिहार को झेलनी पड़ रही है।

   'अर्बन नक्सल' एक गढ़ा हुआ राजनीतिक पद है। शहर में रहने वाले तमाम किस्म के लोग जो (मौजूदा) सत्ता का विरोध कर रहे हैं, उन्हें अर्बन नक्सल या उनका समर्थक कहा जाता है। इनमें तरह-तरह के मार्क्सवादी, समाजवादी, उदारवादी, मानवाधिकार कार्यकर्ता, पत्रकार, लेखक, वकील, बुद्धिजीवी, संस्कृतिकर्मी, नारीवादी और यहाँ तक कि काँग्रेस से जुड़े कुछ लोग भी शामिल हैं।

8. **टुकड़े-टुकड़े गैंग** : हिन्दुस्तान के टुकड़े टुकड़े करने का सपना देखने वालों को टुकड़े टुकड़े गैंग कहा जाता है। इस शब्द का प्रयोग अमूमन सत्ताधारी बीजेपी और दक्षिणपंथी संगठन जेएनयू के छात्रों और वामपंथी विचारधारा के युवाओं के लिए करते हैं। साल 2016 में जवाहरलाल नेहरू यूनिवर्सिटी में एक प्रदर्शन के दौरान विवादित नारेबाजी हुई थी। जिसके बाद से ही बीजेपी कार्यकर्ताओं की तरफ से 'टुकड़े-टुकड़े गैंग' शब्द का इस्तेमाल किया गया। प्रधानमंत्री नरेंद्र मोदी और केंद्रीय गृह मंत्री अमित शाह सार्वजनिक सभाओं में इस शब्द का इस्तेमाल कर विरोधियों को आड़े हाथों ले चुके हैं, जिसपर काफी विवाद भी रहा है।

9. **खान मार्केट गैंग** : दिल्ली का इस मार्केट का नाम राजनेता ख़ान अब्दुल ग़फ़्फ़ार ख़ान के नाम पर रखा गया था। यह मार्केट भारत के सबसे महंगे बाजार और एलीट बायर्स के पसंदीदा ठिकाने है। लेकिन खान मार्केट की पहचान महंगी दुकानें नहीं है, यहाँ सेलिब्रिटी पॉलिटिशियंस से लेकर जाने-माने लेखक और पत्रकार अक्सर शॉपिङ्ग करते या घूमते मिल जाते हैं। इसलिए

अकसर इस पर आरोप लगता है कि यह राजनीति और कॉरपोरेट जगत के लॉबिस्टों का अड्डा है। कहा जाता है कि चुनाव के वक्त यहाँ के कैफे, रेंस्ट्रां, बार जैसी जगहों पर सियासत से जुड़ी बड़ी-बड़ी हस्तियों की मीटिंगों का नज़ारा आम हो जाता है।

पीएम नरेन्द्र मोदी ने एक अंग्रेजी अखबार को इंटरव्यू देते हुए खान मार्केट के लिए 'गैंग' शब्द का इस्तेमाल किया था। माना जाता है कि उन्होंने यह शब्द अंग्रेजी भाषी राजनीतिक एलीट क्लास पर निशाना साधने के लिए इस्तेमाल किया था। बाद में सोशल मीडिया पर इसकी चर्चाएँ खूब हो रही हैं।

10. **सीबीआई** (CBI) केन्द्रीय अन्वेषण ब्यूरो (Central Bureau of Investigation) है, जो भारत सरकार की प्रमुख जाँच एजेंसी है। इसका मुख्य कर्तव्य आपराधिक एवं राष्ट्रीय सुरक्षा से जुड़े हुए भिन्न-भिन्न प्रकार के मामलों की जाँच करना है।
11. **ईडी** (ED) यानी प्रवर्तन निदेशालय (Directorate of Enforcement) भारत सरकार के वित्त मंत्रालय के राजस्व विभाग के अधीन एक विशेष वित्तीय जांच एजेंसी है जिसका मुख्यालय नयी दिल्ली में है। वह एक बहु-अनुशासनिक संगठन है जो धन शोधन के अपराध और विदेशी मुद्रा कानूनों के उल्लंघन की जांच के लिए अधिदेशित है।
12. **राहुल बजाज** (1938-2022) भारत के राज्य सभा के सदस्य और भारत की दोपहिया कंपनी बजाज ऑटो के चेयरमैन थे। उनको सन् 2001 में भारत सरकार ने उद्योग एवं व्यापार क्षेत्र में पद्म भूषण से सम्मानित किया था।

II. शब्दावली

आभूषण : (पु.) गहना, अलंकार, सजावट, शृंगार

तालाबंदी : (स्त्री.) ताला बंद करने की क्रिया, कारख़ाने के मालिक द्वारा अनिश्चित काल के लिए कारख़ाने को बंद रखना, लाक आउट

परिणति : (स्त्री.) परिणत होने की अवस्था, किसी प्रकार के परिवर्तन या विकार के कारण बननेवाला नया रूप

इंतहा : (स्त्री.) समाप्त होने की क्रिया, चरम सीमा, अंतिम सीमा

रौद्र : (वि.) रुद्र का, भीषण, विकट

शख़्सियत : (पु.) महत्त्वपूर्ण व्यक्ति

सेंसरशिप : (पु.) censorship

तानाशाही : (स्त्री.) स्वेच्छाचारिता, अधिनायकत्व, तानाशाह का शासन

संज्ञा : (स्त्री.) किसी व्यक्ति, स्थान आदि के नाम

उखाड़ना : (स.क्रि.) किसी गड़ी, जमी, बैठी वस्तु को आधार से अलग करना; नष्ट करना

अजेय : (वि.) जिसे जीता न जा सके

सलाम : (पु.) नमस्कार, प्रणाम

अराजकता : (स्त्री.) अनियंत्रित एवं विधि विरोधी शासनावस्था, देश में राजा या शासक का न होना

द्योतक : (पु.) किसी चीज़ को प्रकट या अभिव्यक्त करने वाला, प्रतीक, सूचक

गोया : (क्रि.वि.) जैसे, मानो

ग़द्दारी : (स्त्री.) गद्दार होने की अवस्था, विश्वासघात

बेदख़ल : (वि.) अधिकार में न रहने देने की अवस्था या भाव, पदच्युत, अधिकार च्युत

बागडोर : (स्त्री.) लगाम में बाँधी जानेवाली रस्सी

गोदी : (स्त्री.) गोद, आगोश, जहाज़ी घाट, डॉक

दलाल : (पु.) बिचवई, बिचौलिया, मध्यस्थ

बिकाऊ : (वि.) बिक्री के योग्य

बुद्धिजीवी : (पु.) बुद्धि से जीविका कमाने वाला, दिमागी काम करने वाला

खलबली : (स्त्री.) हड़बड़ी, हलचल

पारदर्शी : (वि.) इस पार से उस पार तक दिखने वाला

दम : (पु.) शक्ति, ताकत, प्राण, जान, अस्तित्व

बरसना : (अ.क्रि.) बूँदों की तरह गिरना

बरस पड़ना : (अ.क्रि.) बहुत अधिक क्रुद्ध होकर डाँटने लगना

आंदोलनकारी : (पु.) आंदोलन करनेवाला, वह जो आंदोलन करता या हलचल मचाता हो

लाठीचार्ज : (पु.) लाठियाँ चलाना

लहजा : (पु.) स्वरों के उतार-चढ़ाव की दृष्टि से बोलने का ढंग

साला : (पु.) पत्नी का भाई, लोक व्यवहार में प्रचलित एक गाली

उकसाना : (स.क्रि.) भड़काना, उत्तेजित करना, उभारना

चिंतनीय : (वि.) चिंतन या ध्यान करने योग्य, फ़िक्र करने योग्य, चिंता करने योग्य

मापदंड : (पु.) मानक, मापने का पैमाना

प्रहार : (पु.) चोट, आघात, आक्रमण

III. निम्नलिखित सवालों पर गौर कीजिए और इनके जवाब दीजिए।

1. निम्नलिखित वाक्यों का चीनी में अनुवाद कीजिए।

१. भारत के इतिहास में 1975-1977 के मध्य के आपातकाल के दौर को देश के 'काले इतिहास' के रूप में जाना जाता है। हालांकि इस विषय में अनेक विचारकों के मत यह भी हैं कि उस समय देश के सामने क़ानून व्यवस्था बनाए रखने की जिस प्रकार की चुनौती थी, चारों तरफ़ प्रदर्शन, धरना, हड़ताल, तालाबंदी, बंद, रेल व उद्योग ठप्प हो जाने जैसी घटनाएँ घटित हो रही थीं।

२. जहाँ तक क़ानून व्यवस्था बनाए रखने या अराजकता पर नियंत्रण रखने का सवाल है तो यह पूरी तरह प्रशासनिक विषय है लिहाज़ा हिंसा या अराजकता की आड़ में आपातकाल लगाकर सत्ता पर नियंत्रण बनाए रखने की कोशिश करना ग़ैर लोकतान्त्रिक होने के साथ साथ तानाशाही प्रवृति का द्योतक भी है।

३. किसी नेता को यह कहते नहीं सुना गया कि विपक्ष जीतेगा तो पाकिस्तान में पटाख़े फोड़े जाएँगे। गोया विपक्ष के विरोध को ग़द्दारी या विदेशी चाल से जोड़ कर कभी नहीं देखा गया। निश्चित रूप से इसी उच्चस्तरीय राजनीति की पहचान करने वाली जनता ने जहाँ

1977 के चुनाव में इंदिरा गाँधी को सत्ता से बेदख़ल किया वहीं 1979 में हुए मध्यावधि चुनाव में इंदिरा गाँधी के प्रति विश्वास जताते हुए उन्हें पुनः देश की बागडोर भी सौंप दी।

४. जब यू पी ए 2 की सरकार सत्ता में थी तो, हम किसी की भी आलोचना कर सकते थे। इस समय देश में ऐसा माहौल है कि अगर कोई कुछ कहता है तो, पता नहीं उनके सवालों को सही से लिया जाएगा या नहीं, या फिर सत्ता में बैठे लोग नाराज़ हो जाएँगे?

५. क्या असहमति व्यक्त करने वालों को इन्हीं शब्दों में व इसी लहजे में जवाब देना स्वच्छ लोकतंत्र की पहचान है? सत्ता की नीतियों से असहमति रखने वाले 'देश के ग़द्दार हैं' और उन 'सालों' को गोली मारने हेतु उकसाने जैसे नारे लगाना क्या यही हमारे लोकतंत्र की सुंदरता का मापदंड रह गया है? निश्चित रूप से ऐसे विचार व ऐसी भावनाएँ देश के बुनियादी लोकतान्त्रिक सिद्धांतों पर गहरा प्रहार हैं।

2. लेखक के विचार में 'असहमति' लोकतंत्र का आभूषण है या राष्ट्रविरोध की पहचान? वे आज के दौर में किन किन हालात से चिंतित हैं?
3. उपरोक्त लेख में क्यों आज के दौर की तुलना 1975-1977 के दौर से की जाती है? 1975-1977 के दौर को क्यों भारत के इतिहास में काले दिनों के दौर की संज्ञा दी गयी?
4. लेखक के विचार में गोदी मीडिया, दलाल मीडिया व बिकाऊ मीडिया जैसे विशेषण मीडिया शब्द के साथ क्यों लग रहे हैं?
5. पढ़े लिखे बुद्धिजीवी लोगों को क्यों 'अर्बन नक्सल' 'टुकड़े टुकड़े गैंग' 'ख़ान मार्केट गैंग' की संज्ञा दी जाती है?
6. खान मार्केट गैंग के बारे में निम्न लेख पढ़िए।

क्या है नरेंद्र मोदी को चुभने वाली खान मार्केट गैंग

'वेब दुनिया' वेबसाइट

(31/05/2019)

(https://hindi.webdunia.com)

एक इंटरव्यू में प्रधानमंत्री नरेंद्र मोदी ने खान मार्केट गैंग का बार-बार जिक्र किया। मोदी के शब्द उनके समर्थकों को तो खूब भाए लेकिन दिल्ली के खान मार्केट में दुकान चला रहे दुकानदारों को एक नई चिंता दे गए।

राजधानी दिल्ली का खान मार्केट इलाका विभाजन के वक्त पाकिस्तान से आए रिफ्यूजियों के लिए बसाया गया था। लेकिन सालों बाद भी राजनीति ने इसका पीछा नहीं छोड़ा है। आज तंग गलियों में सिमटा यह बाजार प्रधानमंत्री नरेंद्र मोदी के समर्थकों के लिए लोकसभा चुनाव में बुरी तरह हारे उनके विरोधियों के जख्मों पर नमक छिड़कने का एक तरीका है।

इस पूरे मुद्दे ने चुनाव प्रचार के दौरान उस वक्त तूल पकड़ा जब एक इंटरव्यू में मोदी ने अपने राजनीतिक विरोधियों के लिए 'खान मार्केट गैंग' शब्द का इस्तेमाल किया। प्रधानमंत्री ने यह शब्द अंग्रेजी भाषी राजनीतिक एलीट क्लास पर निशाना साधने के लिए इस्तेमाल किया था। मोदी का यह कहना उस दौर की याद दिलाता है जब ब्रिटेन की लेबर पार्टी के नेतृत्व को 'शैंपेन सोशलिस्ट' (Champagne Socialist) कहा जाता था और लंदन के इसलिंग्टन (Islington) इलाके को इनके घर का टैग दे दिया गया था।

अंतरराष्ट्रीय स्तर पर मोदी की जीत को लोकलुभावन राजनीति के दौर में बढ़ता हुआ कदम बताया जा रहा है। अमेरिका में डॉनल्ड ट्रंप, ब्राजील में जाइर बोल्सोनारो, यूक्रेन में कॉमेडियन-एक्टर से राष्ट्रपति बने वोलोदिमीर जेलेंस्की, तुर्की में रेचेप तैयप एर्दोवान जैसे पॉपुलिस्ट नेताओं में शामिल मोदी राजनीतिक एलीट क्लास को चुनौती देते हैं।

खान मार्केट के डबल स्टोरी कॉम्प्लेक्स के बीच बने बंगले और अपार्टमेंट विशेष तौर पर सांसदों और वरिष्ठ सरकारी अधिकारियों के लिए आरक्षित हैं। साथ ही इस इलाके में स्थित रेस्तरांओं में

विदेशी जायका खूब मिलता है। रोजमर्रा का सामान भी अन्य बाजारों की तुलना में काफी महंगा है। मशहूर और नामचीन ब्रांड भी अब इस बाजार का रुख कर रहे हैं। राजनेता, वकील, वरिष्ठ अधिकारी और पत्रकारों के लिए खान मार्केट गप्पें मारने से लेकर नीतियां तय करने का अड्डा है। रियल एस्टेटे बाजार के मुताबिक खान मार्केट भारत के सब से महंगी प्रॉपर्टियों में से एक है। लेकिन बाजार कोई खास व्यवस्थित नहीं है। बाजार का उबड़-खाबड़ फुटपाथ, सिर पर लटकते केबल और संकरी सीढ़ियां और दरवाजे शायद लोगों को डरा कर रख दें। लेकिन मोदी के खान मार्केट गैंग जैसे शब्द ने इस बाजार को चर्चा में ला दिया।

'इंडियन एक्सप्रेस' अखबार को दिए इंटरव्यू में मोदी ने कहा था, 'मोदी की छवि खान मार्केट गैंग या लुटियंस दिल्ली ने नहीं, बल्कि 45 साल के उनके काम ने बनाई है। काम अच्छे हों या बुरे आप उसको नकार नहीं सकते।'

क्या है लुटियंस दिल्ली

ब्रिटिश आर्किटेक्ट सर एडिवन लुटियंस (Sir Edwin Landseer Lutyens) नई दिल्ली को तैयार करने वाले वास्तुकार थे। लुटियंस ने जिस योजना की रूप-रेखा तैयार की थी उसमें खान मार्केट भी शामिल था। 'इंडियन एक्सप्रेस' को दिए इंटरव्यू में मोदी ने खान मार्केट का जिक्र तकरीबन छह बार किया। इस जिक्र के पीछे मोदी विपक्षी नेताओं, बुद्धिजीवियों और कम्युनिस्ट नेताओं पर निशाना साध रहे थे। यहाँ तक कि बीजेपी की जीत के बाद कई मोदी समर्थक खान मार्केट जश्न मनाने भी पहुंचे। ट्विटर पर कहा गया कि इस जश्न से ज्यादा उदारवादियों को कुछ परेशान नहीं करेगा। बीजेपी के प्रवक्ता तजिंदर सिंह बग्गा कहते हैं, 'खान मार्केट कुछ खास लोगों का इलाका नहीं रह सकता, अब यह हमारे लिए भी चहलकदमी का ठिकाना बनेगा।'

खान मार्केट का इतिहास

भारत सरकार ने इस इलाके का नाम अब्दुल जब्बार खान के नाम पर रखा था। अब्दुल जब्बार स्वतंत्रता आंदोलन में सक्रिय नेता और महात्मा गाँधी के मित्र अब्दुल गफ्फार खान के भाई थे।

अब्दुल गफ्फार खान को फ्रंटियर गाँधी भी कहा जाता था। खान मार्केट ट्रेडर्स एसोसिएशन के अध्यक्ष संजीव मेहरा ने बताया कि अब्दुल जब्बार खान को यह सम्मान विभाजन के वक्त किए गए उनके कामों के लिए दिया जाता है। विभाजन के वक्त सांप्रदायिक तनाव के माहौल में अब्दुल जब्बार लाखों हिन्दुओं को पाकिस्तान से सुरक्षित निकाल कर भारत लाए थे।

खान मार्केट में बनी दुकानों का मालिकाना हक करीब 70 लोगों के पास है, जो दुकानों के ऊपर बने घरों में रहते हैं। सभी के परिवार पाकिस्तान छोड़ कर भारत आ गए थे। अधिकतर दुकानदार ये नहीं मानते कि मोदी का खान मार्केट बोलना उनके ऊपर कोई निशाना था। हालांकि वे ये जरूर कहते हैं कि मोदी का निशाना उन चंद लोगों पर था जो खान मार्केट में चाय-कॉफी पीने आते हैं और घंटों बैठकर राजनीतिक बहसें करते हैं।

हालांकि अधिकतर दुकानदार इस बात पर जरूर सहमत हैं कि एक बीजेपी नेता की ओर से दिए गए नाम बदलने के प्रस्ताव ने अब बहुत बड़ी बहस का रूप ले लिया है। ट्रेडर एसोसिएशन के अध्यक्ष संजीव मेहरा कहते हैं, 'इस जगह का एक समृद्ध इतिहास रहा है और दुकान मालिकों ने बाजार का नाम बनाने के लिए बहुत मेहनत की है।' उन्होंने कहा कि नाम बदलने का एक आदेश सारी विरासत को धराशाई कर सकता है।

चौथा प्रकरण : कानूनों में संशोधन एवं नियमों में बदलाव

प्रस्तावना

नरेंद्र मोदी के नेतृत्व में भारतीय जनता पार्टी ने 2014 में कांग्रेस पार्टी को हराया और सत्ता हासिल की, और 2019 में नरेंद्र मोदी फिर से भारत के प्रधानमंत्री चुने गए। साल 2014 में उनके प्रधानमंत्री बनने के बाद भारत के कई क्षेत्रों में बड़े बदलाव लाए गए हैं और अनेक अहम कानूनों में भी संशोधन किये गये हैं। इन बदलावों और विधिक संशोधनों को लेकर आर्थिक, राजनीतिक, सामाजिक और न्यायिक क्षेत्रों में बड़े पैमाने पर बहसें भी छिड़ी हुई हैं। हाल के वर्षों में, बीजेपी सरकार राजनीतिक, सामाजिक और न्यायिक क्षेत्रों में या तो ज्यादा अधिक बदलाव लाने के प्रस्ताव उठाती रहती है या इसपर विचार करती है। हालाँकि मोदी सरकार के कुछ प्रस्तावों को पूरा किया गया है, कुछ अभी भी प्रगति पर हैं और इनका कोई अंतिम परिणाम नहीं है, लेकिन ये राजनीतिक दलों, विशेषज्ञों और आम लोगों के बीच गर्म चर्चा के विषय बन गए हैं। चाहे इन प्रस्तावों को अभी तक पूरा किया हो या साकार नहीं किया गया हो, ध्यान देने योग्य बातें ये हैं कि इन सब मुद्दों से भारत में क्या बदलाव आएँगे और इनका बीजेपी व आरएसएस के मुख्य एजेंडे से क्या संबंध है?

इस प्रकरण में आर्थिक, न्यायिक और राजनीतिक सुधारों से संबंधित छह आलेखों का चयन किया गया है। पहला यूनिट विमुद्रीकरण और दूसरा यूनिट जीएसटी सुधार से संबंधित है, इन दो यूनिटों में दो-दो आलेख चुने गए हैं। तीसरा यूनिट 'एक देश, एक चुनाव' प्रस्ताव और चौथा यूनिट बहुचर्चित 'समान नागरिक संहिता' से संबंधित है। आशा है कि इन आलेखों और पूरक पठन सामग्रियों के माध्यम से आप इन विवादास्पद मुद्दों को ज्यादा समझ सकें।

यूनिट १ १. नोटबंदी से संकट में पड़ेगी अर्थव्यवस्था: कौशिक बासु

सौतिक विस्वास

(15/11/2016)

(www.bbc.com/hindi)

भारत में नाटकीय रूप से 500 और 1000 के नोटों को रद्द किए जाने के कदम को कौशिक बासु ने भारतीय अर्थव्यवस्था को झटका देने वाला बताया है।

विश्व बैंक के पूर्व चीफ़ इकोनॉमिस्ट कौशिक बासु ने कहा कि भारत में 500 और 1000 के रुपयों को रद्द करना अर्थव्यवस्था के लिए ठीक नहीं है। प्रोफ़ेसर बासु ने कहा कि इससे फायदे की जगह व्यापक नुक़सान होगा।

पिछले हफ्ते भारत ने भ्रष्टाचार और अवैध रूप से नकदी रखने वालों को काबू में करने के लिए 500 और 1000 के पुराने नोटों को रद्द करने का फैसला किया था। लेकिन इस फ़ैसले से कम आय वाले ज़्यादातर लोग, व्यापारी और बचत करने वाले साधारण लोग जो नकदी अर्थव्यवस्था पर निर्भर हैं, वे बुरी तरह से प्रभावित हुए हैं। सरकार के इस फैसले से बैंकों के बाहर भगदड़ की स्थिति है।

बैंकों और एटीएम के बाहर घबराए हुए लोगों की भारी भीड़ जुट रही है। ये या तो रद्द होने वाले नोटों को बदलवाने के लिए पहुंच रहे हैं या फिर अपनी ज़िंदगी चलाने के लिए पैसे निकालने के लिए आ रहे हैं। लोगों का गुस्सा सातवें आसमान पर है। रविवार को सरकार ने कैश निकालने की सीमा बढ़ा दी थी।

ख़राब अर्थव्यवस्था

बड़े नोटों को रद्द करने का फ़ैसला भ्रष्टाचार पर चोट करने के इरादे से लिया गया है। इसके साथ ही सरकार को लगता है कि इस फ़ैसले से अरबों डॉलर की बेहिसाब रकम को अर्थव्यवस्था से खींचा जा सकता है। भारत के कुल करेंसी प्रसार में इन दो नोटों की मौज़ूदगी 80 प्रतिशत से

ज़्यादा है।ऐसे में इस बदलाव से भारत की कैश संचालित अर्थव्यवस्था पर भारी ख़तरा मंडरा रहा है।

विश्व बैंक के पूर्व चीफ़ इकनॉमिस्ट कौशिक बासु का कहना है, 'भारत में गुड्स एँड सर्विस टैक्स (जीएसटी) अर्थव्यवस्था के लिए ठीक था लेकिन विमुद्रीकरण (नोटों का रद्द किया जाना) ठीक नहीं है। भारत की अर्थव्यवस्था काफ़ी जटिल है और इससे फायदे के मुक़ाबले व्यापक नुक़सान उठाना पड़ेगा।'

प्रोफ़ेसर बासु पूर्ववर्ती यूपीए सरकार में मुख्य आर्थिक सलाहकार थे और अभी न्यूयॉर्क कोर्नेल यूनिवर्सिटी में अर्थशास्त्र के प्रोफेसर हैं।

प्रोफ़सर बासु का कहना है कि एक बार में सब कुछ करने के बावजूद ब्लैक मनी के बारे में यह नहीं कहा जा सकता कि अब इसकी मौज़ूदगी संभव नहीं है। कुछ अर्थशास्त्रियों का कहना है कि इस कदम का सीमित असर होगा। लोग नई करेंसी के आते ही तत्काल ब्लैक मनी जमा करना शुरू कर देंगे।

इन अर्थशास्त्रियों के मुताबिक़ सैकड़ों हज़ारों आम लोगों के पास नकदी है लेकिन यहाँ से ब्लैक मनी बाहर नहीं आएगी। इन्हें प्रताड़ित होने का डर है। इन्हें लगता है कि वे सामने आएँगे तो इन्हें फंसा दिया जाएगा। इन्हें नहीं पता है कि कैसे निपटना है। इसलिए यह संभव है कि कुल मनी सप्लाई में अचानक कटौती हो जाए लेकिन इसका असर अर्थव्यवस्था पर साफ दिखता है।

अर्थशास्त्री प्रभात पटनायक का कहना है कि सरकार के इस कदम से साफ है कि उन्हें पूंजीवाद की समझ नहीं है। उनका कहना है, 'आमतौर पर इस स्थिति में पूंजावादी व्यवस्था में नए बिज़नेस की ओपनिङ्ग होती है ताकि पुरानी करेंसी को नई करेंसी में तब्दील किया जा सके। इस हालत में लोग सामने आकर प्रस्ताव देंगे कि आप मुझे 1000 का नोट दीजिए और आपको इसके बदले 800 या 700 रुपये दिए जाएँगे। इसके परिणामस्वरूप ब्लैक मनी पर काबू पाने के बजाय काले धंधों का प्रसार बढ़ता है।' प्रभात पटनायक ने यह बात 'द वायर' न्यूज वेबसाइट में एक लेख में कही है।

हालांकि विवेक दहेजिया जैसे अर्थशास्त्री इससे असहमत हैं कि नोटों को रद्द किए जाने का कदम

भारी जोख़िम भरा है। उनका कहना था, 'भारतीय अर्थव्यवस्था का संचालन मॉनेटरी पॉलिसी के तहत हो रहा है। इसे हम इन्फ्लेशन लक्षित संचालन के रूप में जानते हैं। यदि प्रचलन की करेंसी का एक हिस्सा और डिमांड डिपॉज़िट नष्ट हो जाते हैं तो रिज़र्व बैंक ऑफ इंडिया इसकी पूर्ति कर सकता है। इसे अर्थशास्त्र की भाषा में ओपन मार्केट ऑपरेशन कहा जाता है। इसे इस रूप में समझ सकते हैं- मान लीजिए कि किसी व्यक्ति के स्वामित्व वाले नकदी गोदाम में आग लग जाती है और पैसे का प्रसार थम जाता है तो ऐसी स्थिति में सेंट्रल बैंक के अर्थशास्त्री पैसे का प्रसार बढ़ाने के लिए कहते हैं।'

दहेजिया कहते हैं, 'इसी तरह किसी का बेहिसाब अवैध पैसा नष्ट होता है उसे नई करेंसी नहीं दी जाती। यह एक तात्कालिक उपाय होता है जिसमें पुराने नोटों के बदले नया नोट दिया जाता है। इसका ग्रोथ, इन्फ्लेशन और अन्य कारकों पर मीडियम और लॉन्ग टर्म का प्रभाव नहीं पड़ता। काले धन पर एक बार टैक्स से संभव है कि वह भविष्य में काले धन पर चोट करे क्योंकि आने वाले वक्त में भी विमुद्रीकरण की आशंका बनी रहती है।' ज़ाहिर है इस पर भी लोगों की राय बंटी है कि नोटों को रद्द करना सही है या गलत।

२. नोटबंदी के 7 साल, जानिए क्यों ऐतिहासिक रहा प्रधानमंत्री नरेंद्र मोदी का यह फैसला

'ईटी 'ऑनलाइन

(08/11/ 2023)

(https://hindi.economictimes.com)

सात साल पहले नोटबंदी ने पूरे देश में हड़कंप मचा दिया था। देश में ही नहीं विदेशों में भी पीएम मोदी के इस फैसले पर खूब चर्चाएँ हुईं। आज नोटबंदी को सात साल हो चुके हैं।

आज से सात साल पहले 8 नवंबर 2016 को प्रधानमंत्री नरेंद्र मोदी की दूरदर्शन पर की गई घोषणा देशवासियों को अच्छे से याद होगी। उन्होंने रात 8 बजे नोटबंदी का ऐलान करते हुए कहा

था कि आज रात 12 बजे के बाद देश में 1000 और 500 रुपये के नोट मान्य नहीं रहेंगे। उन्हें बंद किया जा रहा है। यानी वे लीगल टेंडर नहीं रहेंगे। इस घोषणा के साथ ही 500 रुपये और 2000 के नए नोट जारी करने का भी ऐलान किया गया।

नोटबंदी एक ऐतिहासिक कदम था जिसका उद्देश्य बेनामी धन और कालेधन के प्रवाह को रोकना था। इस फैसले का असर भारतीय अर्थव्यवस्था पर सात साल बीत जाने के बाद भी देखा जा सकता है।

देश-विदेश में हुई चर्चा

नोटबंदी ने पूरे देश में हलचल पैदा कर दी थी। लोगों के बीच खूब अफरा-तफरी मची। आम से लेकर ख़ास तक सभी परेशान हुए। हालांकि आम जनता इस फैसले के साथ रही और उसका रवैया बहुत सहयोगात्मक रहा। केवल देश में ही नहीं विदेशों में भी पीएम मोदी के इस फैसले पर खूब चर्चाएँ हुईं। आज नोटबंदी को सात साल हो चुके हैं। इन सात सालों में देश में एक बार फिर जनता ने मिनी नोटबंदी का सामना किया।

नोटबंदी का ऐलान क्यों हुआ?

नोटबंदी के ऐलान के साथ ही इसके पीछे के कारण भी बताए गए। जो थे देश में बढ़ रहे कालेधन और नकली नोटों के कारोबार पर रोक लगाना। ताकि कालेधन से सरकार के खिलाफ या आतंकवाद को बढ़ावा देने के गैरकानूनी काम पर रोक लगे। रिजर्व बैंक के तत्कालीन गवर्नर उर्जित पटेल और आर्थिक मामलों के सचिव शक्तिकांत दास भी 500 और 1000 रुपये के जाली नोटों के बढ़ते बाजार पर मोहर लगा चुके थे।

क्यों ऐतिहासिक रहा ये फैसला

इस फैसले की वजह से भारतीय अर्थव्यवस्था पर कुछ सकारात्मक प्रभाव देखे गए।

• डिजिटल लेनदेन बढ़ा : इस निर्णय के परिणामस्वरूप, डिजिटल पेमेंट्स का प्रचलन बढ़ा और

इंटरनेट बेस्ड लेनदेन में वृद्धि हुई।

- भ्रष्टाचार कमी : नोटबंदी ने भ्रष्टाचार को कम करने की दिशा में गति प्रदान की और बेनामी संपत्ति की जाँच में सहायता पहुँचाई।
- रेजर्व बैंक की वित्तीय स्थिति में सुधार : नोटबंदी के बाद, भारतीय रिज़र्व बैंक की वित्तीय स्थिति में सुधार हुआ और वह अधिक धन प्राप्त करने में सफल रही।
- टैक्स कलेक्शन में वृद्धि : नोटबंदी से बैंकों में जमा हुए धन की जानकारी मिली, जिससे टैक्स कलेक्शन में वृद्धि हुई।

इसके अलावा नोटबंदी के कुछ नकारात्मक पक्ष भी थे।

- कृषि सेक्टर में प्रभाव : किसानों को नोटबंदी के कारण धन की कमी हुई, जिससे कृषि सेक्टर में भी प्रभाव पड़ा।
- रोजगार की कमी : कई छोटे व्यापारी और उद्यमिता क्षेत्र में बंदी होने से रोजगार की कमी आई।
- लोगों को आई दिक्कत : नोटबंदी के पहले कुछ महीनों में, लोगों को नए नोटों की कमी के कारण परेशानी हुई।
- अर्थव्यवस्था पर प्रभाव : नोटबंदी से अर्थव्यवस्था पर व्यापक प्रभाव पड़ा। सकल घरेलू उत्पाद में गिरावट हुई और कई उद्योगों में बंदी हो गई।

2000 के नोट आए और गए

नोटबंदी के बाद 500 रुपये के नोटों की नई सीरिज वाले नोट मार्केट में आये। साथ ही पहली बार देश को मिले गुलाबी रंग के 2000 के नोट। जिन्हें लाने के पीछे सरकार ने तर्क दिया कि बड़े लेनदेन के लिए ये नोट काम आएँगे। लेकिन ये सात साल भी नहीं चल पाए।

नोटबंदी को सात साल होने से पहले ही सभी 2000 के नोटों को वापस बुलाने के लिए फैसला लिया गया। रिजर्व बैंक ऑफ इंडिया के गवर्नर शक्तिकांत दास ने 19 मई, 2023 को अचानक ऐलान किया कि 2000 रुपये के नोट भी अब चलन से बाहर होंगे। हालांकि इस बार लोगों के बीच हड़कंप नहीं मचा। साल 2016 की नोटबंदी में हुई गलतियों को ध्यान में रखकर लोगों को

नोट बदलने के लिए पर्याप्त समय और मार्गदर्शन दिया गया। लेकिन इसे लोगों ने मिनी नोटबंदी का ही नाम दिया।

विरोध के स्वर

साल 2016 में आई नोटबंदी के बाद 86 फीसदी करेंसी चलन से बाहर हो गई थी। बैंकों और पोस्ट ऑफिस के बाहर लोग लंबी लाइनों में खड़े होकर नोट बदलने के अलावा लोगों के पास अन्य विकल्प नहीं था। मीडिया रिपोर्ट के अनुसार इस दौरान लंबी लाइनों में धूप में खड़े 100 से ज्यादा लोगों की मौत हुई। जिसके कारण विपक्ष ने सरकार को घेरा। हालांकि जाली नोट और कालेधन के खिलाफ लड़ाई बताकर सरकार ने अपना पक्ष साफ़ करने की भी भरपूर कोशिश की।

2016 की नोटबंदी में 2023 की मिनी नोटबंदी से ज्यादा हड़कंप इसलिए मचा था क्योंकि 1000 और 500 के नोट उस समय चलन में 86 फीसदी के करीब थे। लेकिन 2000 के नोट चलन में कुल करंसी का केवल 11 फीसदी थे। साल 2016 में लगभग 21 अरब नोट बदले गए और 2023 में अभी तक 2000 रुपये के 1.78 अरब नोट ही जमा किये गए।

साल 2016 में नोटों को जमा करने के लिए जनता के पास केवल 52 दिनों का समय था। लेकिन दूसरी बार सरकार ने 140 दिन का पर्याप्त समय दिया। इतना ही नहीं बाद में भी बचे हुए नोटों को आरबीआई के पास जमा करने का विकल्प खुला छोड़ा है।

I. टिप्पणियाँ

1. **गुड्स एँड सर्विस टैक्स** (Goods and Services Tax, जीएसटी) यानी वस्तु एवं सेवा कर भारत में 1 जुलाई, 2017 से लागू की गयी एक महत्वपूर्ण अप्रत्यक्ष कर व्यवस्था है जिसे सरकार व कई अर्थशास्त्रियों द्वारा स्वतंत्रता के पश्चात् भारत में सबसे बड़ा आर्थिक सुधार बताया जाता है। इसके लागू होने से केन्द्र सरकार एवं विभिन्न राज्य सरकारों द्वारा भिन्न भिन्न दरों पर लगाए जा रहे विभिन्न करों को हटाकर पूरे देश के लिए एक ही अप्रत्यक्ष कर प्रणाली लागू हो गयी है। इस कर व्यवस्था को लागू करने के लिए भारतीय संविधान में संशोधन किया

चौथा प्रकरण : कानूनों में संशोधन एवं नियमों में बदलाव

गया था।

2. **ब्लैक मनी** (काला धन) : भारत में अवैध तरीकों से अर्जित किया गया धन काला धन (ब्लैक मनी) कहलाता है। काला धन वह भी है जिस पर कर नहीं दिया गया हो। भारतीयों द्वारा विदेशी बैंको में चोरी से जमा किया गया धन का निश्चित ज्ञान तो नहीं है किन्तु अनुमान लगाया गया है कि मार्च 2018 में स्विट्ज़रलैंड और अन्य अपतटीय बैंकों में मौजूदा भारतीय काले धन की राशि 300 लाख करोड़ रुपये या 4 ट्रिलियन डॉलर है।
3. **बेनामी धन** एक प्रकार की बेनामी सम्पत्ति है। बेनामी सम्पत्ति ऐसी संपत्ति होती है जिसे किसी दूसरे के नाम से खरीदा जाता है लेकिन इसकी कीमत का भुगतान कोई अन्य व्यक्ति करता है या फिर कोई व्यक्ति अपने नाम का प्रयोग किसी अन्य व्यक्ति को किसी मकान, जमीन या अन्य कोई संपत्ति खरीदने के लिए करने देता है। इसके अलावा दूसरे नामों से बैंक खातों में फिक्स्ड डिपाजिट (fixed deposit) कराना भी बेनामी संपत्ति माना जाता है।
4. **भारतीय रिजर्व बैंक** (Reserve Bank of India) भारत का केन्द्रीय बैंक है। यह भारत के सभी बैंकों का संचालक है। रिज़र्व बैंक भारत की अर्थव्यवस्था को नियन्त्रित करता है। इसकी स्थापना 1 अप्रैल 1935 को रिज़र्व बैंक ऑफ़ इण्डिया ऐक्ट 1934 के अनुसार हुई। पहले यह एक निजी बैंक था किन्तु वर्ष 1949 से यह भारत सरकार का उपक्रम बन गया है।
5. **सकल घरेलू उत्पाद** (Gross Domestic Product, जीडीपी) अर्थव्यवस्था के आर्थिक प्रदर्शन का एक बुनियादी माप है, यह एक वर्ष में एक राष्ट्र की सीमा के भीतर सभी अंतिम माल और सेवाओं का बाजार मूल्य है।

II. शब्दावली

नोटबंदी : (स्त्री.) एक ऐसी आर्थिक गतिविधि है जिसके अंतर्गत सरकार पुरानी मुद्रा को समाप्त कर देती है और नई मुद्रा को चालू करती है, विमुद्रीकरण

नाटकीय : (वि.) नाटक संबंधी, नाटक जैसा, आश्चर्यजनक रूप से होने या किया जाने वाला

नकदी : (स्त्री.) पैसा, धन-दौलत, कैश

बचत : (स्त्री.) बचने का भाव, बचाव

भगदड़ : (स्त्री.) बहुत से लोगों का बदहवास होकर एक साथ इधर-उधर भागना

रकम : (स्त्री.) धन, संपत्ति, पैसा

प्रसार : (पु.) फैलाने की क्रिया, पसारना, एक स्थान से दूसरे स्थान पर पहुँचाना

कटौती : (स्त्री.) किसी धनराशि, वेतन आदि में से किसी कारणवश कुछ अंश कम करना, घटोत्तरी, कमी

पूंजीवाद : (पु.) एक ऐसी आर्थिक राजनीतिक व्यवस्था जिसमें उद्योग-व्यवस्था का नियंत्रण राज्य के हाथों में न होकर निजी क्षेत्र के हाथों में होता है जिसका मुख्य उद्देश्य मुनाफ़ा कमाना होता है, कैपिट्लिज्म

मॉनेटरी पॉलिसी : monetary policy

इन्फ्लेशन : inflation

लक्षित : (वि.) ध्यान में आया हुआ, निर्दिष्ट

डिमांड डिपॉज़िट : demand deposit

स्वामित्व : (पु.) प्रभुत्व, मालिकपन, राजस्व

गोदाम : (पु.) माल रखने का स्थान

हड़कंप : (पु.) लोगों में घबराहट पैदा करने वाली हलचल, भारी हल-चल या उथल-पुथल, आतंक

दूरदर्शन : (पु .) टेलीविज़न, दूर की चीज़ देखना

लीगल टेंडर : legal tender

हलचल : (स्त्री.) शोरगुल, उपद्रव, हड़कंप

अफरा-तफरी : (स्त्री.) गड़बड़, गोलमाल

जाली : (वि.) नकली, बनावटी, जो धोखा देने के लिए रचा गया हो

मोहर लगाना : (स.क्रि.) पुष्ट कर देना, दस्तावेज़ आदि को प्रमाणित करना, सत्यापन करना

लेनदेन : (पु.) लेने और देने का व्यवहार, आदान-प्रदान, ऋण संबंधी कार्य

उद्यमिता : (स्त्री.) नये संगठन आरम्भ करने की भावना, entrepreneurship

चौथा प्रकरण : कानूनों में संशोधन एवं नियमों में बदलाव

मार्गदर्शन : (पु.) मार्ग दिखाने का कार्य, पथप्रदर्शन।

III. निम्नलिखित सवालों पर गौर कीजिए और इनके जवाब दीजिए।

1. निम्नलिखित वाक्यों का चीनी में अनुवाद कीजिए।

   १. लेकिन इस फ़ैसले से कम आय वाले ज़्यादातर लोग, व्यापारी और बचत करने वाले साधारण लोग जो नकदी अर्थव्यवस्था पर निर्भर हैं, वे बुरी तरह से प्रभावित हुए हैं।

   २. उनका कहना है, 'आमतौर पर इस स्थिति में पूंजावादी व्यवस्था में नए बिज़नेस की ओपनिङ्ग होती है ताकि पुरानी करेंसी को नई करेंसी में तब्दील किया जा सके। इस हालत में लोग सामने आकर प्रस्ताव देंगे कि आप मुझे 1000 का नोट दीजिए और आपको इसके बदले 800 या 700 रुपये दिए जाएँगे। इसके परिणामस्वरूप ब्लैक मनी पर काबू पाने के बजाय काले धंधों का प्रसार बढ़ता है।'

   ३. काले धन पर एक बार टैक्स से संभव है कि वह भविष्य में काले धन पर चोट करे क्योंकि आने वाले वक्त में भी विमुद्रीकरण की आशंका बनी रहती है।

   ४. आम से लेकर ख़ास तक सभी परेशान हुए। हालांकि आम जनता इस फैसले के साथ रही और उसका रवैया बहुत सहयोगात्मक रहा।

   ५. नोटबंदी के ऐलान के साथ ही इसके पीछे के कारण भी बताए गए। जो थे देश में बढ़ रहे कालेधन और नकली नोटों के कारोबार पर रोक लगाना। ताकि कालेधन से सरकार के खिलाफ या आतंकवाद को बढ़ावा देने के गैरकानूनी काम पर रोक लगे। रिजर्व बैंक के तत्कालीन गवर्नर उर्जित पटेल और आर्थिक मामलों के सचिव शक्तिकांत दास भी 500 और 1000 रुपये के जाली नोटों के बढ़ते बाजार पर मोहर लगा चुके थे।

2. 8 नवंबर 2016 को भारत की तत्कालीन सरकार ने नोटबंदी की घोषणा की। सरकार की ओर से नोटबंदी के फैसले के कौन से तर्क दिये गये थे? उपरोक्त आलेखों के आधार पर आप संक्षेप में बताइए कि इस फैसले की आलोचना करने वालों ने कौन कौन से तर्क दिए?

3. ज्यादा सामग्रियाँ खोजकर बताएँ अब तक नोटबंदी से भारत की अर्थव्यवस्था पर कौन कौन

से प्रभाव पड़े हैं?

4. 19 मई, 2023 को रिजर्व बैंक ऑफ इंडिया के गवर्नर शक्तिकांत दास ने ऐलान किया कि 2000 रुपये के नोट चलन से बाहर हो जाएँगे। इसे लोगों ने मिनी नोटबंदी का ही नाम दिया। ज्यादा सामग्रियाँ खोजकर बताइए भारत सरकार द्वारा यही फैसला करने के कौन से तर्क दिये गये थे?

5. सरकार के नोटबंदी के फैसले पर भारत के सुप्रीम कोर्ट के फैसले पर निम्न लेख पढ़िए।

नोटबंदी से जुड़े सवालों के जवाब तलाशने होंगे

'पत्रिका' डेस्क

(02/01/2023)

(https://www.patrika.com)

नोटबंदी के फैसले को चार न्यायाधीशों ने कानूनन सही ठहराया, लेकिन एक न्यायाधीश ने इसे गैर-कानूनी बताते हुए इसे संसद में कानून बनाकर पारित करने की बात कही।

लम्बे इंतजार के बाद आखिर देश की सबसे बड़ी अदालत ने करीब छह साल पहले केन्द्र सरकार की ओर से लागू की गई नोटबंदी पर फैसला सुना कर केन्द्र को राहत दे दी है। सुप्रीम कोर्ट ने इस फैसले को इस आधार पर जायज ठहराया है कि सरकार ने रिजर्व बैंक से विचार-विमर्श के बाद ही नोटबंदी लागू की थी। सुप्रीम कोर्ट की पांच न्यायाधीशों की संविधान पीठ ने यह भी कहा कि नोटबंदी के सरकारी फैसले पर सवाल नहीं उठाए जा सकते। नोटबंदी के फैसले को चार न्यायाधीशों ने कानूनन सही ठहराया, लेकिन एक न्यायाधीश ने इसे गैर-कानूनी बताते हुए इसे संसद में कानून बनाकर पारित करने की बात कही।

सुप्रीम कोर्ट के फैसले की समीक्षा अब राजनीतिक दल अपने-अपने तरीके से करेंगे। लेकिन इस बात को नकार नहीं सकते कि आजादी के बाद नोटबंदी एक ऐसा मुद्दा रहा, जिसने पूरे देश में हलचल पैदा कर दी थी। नोटबंदी के पीछे सरकार की मंशा चाहे कालाधन बाहर लाने की रही

चौथा प्रकरण : कानूनों में संशोधन एवं नियमों में बदलाव

हो, लेकिन इस फैसले ने लोगों को महीनों तक विचलित किए रखा। महीनों बैंकों के बाहर लंबी कतारें भी लगीं और विपक्ष ने इस फैसले को मनमाना बताकर सरकार पर प्रहार भी खूब किए। सरकार ने जिस मंशा व मकसद से नोटबंदी का फैसला किया वह कितना पूरा हुआ, इस पर बहस का दौर आज तक जारी है। अदालत ने अपने फैसले में यह भी स्पष्ट किया कि सरकार के आर्थिक फैसलों को बदला नहीं जा सकता। यह बात सही भी है कि लोकतंत्र में आखिर फैसला लेने का अधिकार सरकार के पास ही होता है। लेकिन, जनता से सीधे जुड़े फैसले को कैसे लागू किया जाएगा, इसके भी पुख्ता प्रबंध होने ही चाहिए। नोटबंदी और इसके बाद भी सरकार की तरफ से बार-बार नियमों में बदलाव का ऐलान किया गया। परिवारों के सामने कई तरह के संकट भी खड़े हुए। इसकी वजह यही थी कि नोटबंदी के सफल क्रियान्वयन की व्यवस्था के बारे में समुचित विचार नहीं हो पाया। यहाँ सवाल नोटबंदी के समर्थन या विरोध का नहीं है। नोटबंदी का समर्थन करने वालों को भी परेशानी झेलनी पड़ी थी।

अदालत ने नोटबंदी के इस फैसले को विधि-सम्मत भले ही ठहरा दिया, लेकिन कुछ अनुत्तरित सवाल छूट गए। मसलन नोटबंदी के फैसले से देश को कितना फायदा हुआ? सरकार अपने मकसद में कामयाब हुई या नहीं? लोकतंत्र में सरकार फैसले तो ले सकती है, लेकिन हर फैसले को लेकर पक्ष-विपक्ष की ओर से उठाए जाने वाले सवालों पर भी ध्यान देना चाहिए।

यूनिट २   १. जीएसटी: आधी रात से लागू हुआ

'बीबीसी हिन्दी' अखबार

(30/06/2017)

(www.bbc.com/hindi)

भारत में अब तक का सबसे बड़ा टैक्स सुधार, वस्तु एवं सेवा कर यानी जीएसटी लागू हो गया है।

'एक देश-एक कर' कहे जाने वाली इस सेवा को मौजूदा सरकार स्वतंत्रता के सत्तर साल बाद के सबसे बड़ा टैक्स सुधार कह रही है।

इसे लागू करने के लिए दिल्ली स्थित संसद भवन में एक ख़ास कार्यक्रम का आयोजन किया गया। जहां रात के 12.00 बजे एक ऐप के ज़रिए इसे लागू किया गया।

समारोह में प्रधानमंत्री नरेंद्र मोदी, वित्त मंत्री अरुण जेटली, राष्ट्रपति प्रणब मुखर्जी और उप राष्ट्रपति हामिद अंसारी और पूर्व प्रधानमंत्री एच.डी.देवगौड़ा मौजूद थे।

प्रधानमंत्री मोदी ने इस मौके पर कहा, 'आज इस मध्यरात्रि के समय हम सब मिल कर देश के आगे का मार्ग सुनिश्चित करने जा रहे हैं। देश एक नई व्यवस्था की ओर चल पड़ेगा। सवा सौ करोड़ देशवासी इस ऐतिहासिक घटना के साक्षी हैं।'

उन्होंने कहा, 'जीएसटी किसी एक सरकार की उपलब्धि नहीं है बल्कि सबकी साझी विरासत है और सबके साझे प्रयास की परिणति है, एक लंबी विचार प्रक्रिया का परिणाम है।'

मोदी ने इसे आर्थिक एकीकरण के लिए की गई पहल कहा।

प्रधानमंत्री का कहना था कि इससे अलग-अलग राज्यों में वस्तुओं पर लगने वाला कर एक ही हो जाएगा और इसके बारे में लोगों में जो कन्फ्यूज़न रहता है वो नहीं रहेगा और इससे विदेशी निवेश को बढ़ावा मिलेगा।

संसद के सेंट्रल हॉल के बारे में उन्होंने कहा, 'राष्ट्र के अनेक महत्वपूर्ण अवसर और बड़े नेताओं के पदचिन्हों से पावन जगह पर हम बैठे हैं। इस सेंट्रल हॉल में आज हम याद करते हैं 9 दिसंबर

1946 की संविधान सभा की पहली बैठक का ये सभागृह साक्षी है।'

'इसी सदन में 14 अगस्त 1947 को रात के 12.00 बजे देश की आज़ादी की घोषणा हुई थी। 1949 में इसी सेंट्रल हॉल में देश के संविधान को स्वीकार किया था और यही जगह आज एक नई अर्थव्यवस्था के लिए और संघीय ढांचे की शुरूआत के लिए इससे पवित्र जगह के अलावा कोई और पवित्र जगह हो नहीं सकती।'

मोदी ने कहा, 'काले धन और भ्रष्टाचार को रोकने में जीएसटी मदद करेगा। ये ईमानदारी से व्यवसाय करने के लिए उत्साह और उमंग भरने में मदद करेगा'

उन्होंने कहा, टैक्स टेररिज़्म और इंस्पेक्टर राज की चिंता सभी ने अनुभव की है। तकनीकी तौर पर सभी चीज़ों का रिकॉर्ड रहेगा और इसके लिए सामान्य कारोबारियों को जो परेशानियां होती रही हैं उससे मुक्ति मिलेगी।

इससे पहले वित्त मंत्री अरुण जेटली ने अपने उद्घाटन भाषण में कहा, 'आज के बाद का नया भारत - एक कर - एक देश और एक बाज़ार होगा। एक नया भविष्य होगा और देश के लिए जीएसटी एक बड़ी उपलब्धि है।'

उन्होंने कहा, 'आज से 15 साल पहले जीएसटी के लिए मुहिम शुरू हुई थी और उस वक्त एनडीए सरकार से पास इस संबंध में एक प्रस्ताव आया था। जिसके बाद ही इस पर काम शुरू हो सका था और अब ये लागू होने जा रहा है।'

कांग्रेस पार्टी ने इस आयोजन का बहिष्कार करने का फ़ैसला किया। साथ ही पश्चिम बंगाल की मुख्यमंत्री ममता बनर्जी की पार्टी टीएमसी भी इस आयोजन में शामिल नहीं हुई।

इस नई कर व्यवस्था के समर्थकों का मानना है कि इससे देश को एक बड़ा बाज़ार बनाने में मदद मिलेगी और भ्रष्टाचार और टैक्स चोरी पर लगाम लग सकेगी।

हालांकि इसका विरोध करने वालों की राय है कि छोटे और मंझोले व्यापारी अभी भी इसे नहीं समझ पा रहे हैं, इसका पालन करने के लिए उन्हें जूझना पड़ेगा।

इसी साल अप्रैल में अंतरराष्ट्रीय मुद्रा कोष यानी आईएमएफ़ की प्रमुख क्रिस्टीन लैगार्ड ने भारत में आर्थिक सुधारों की दिशा को सराहनीय बताते हुए जीएसटी को एक 'साहसिक क़दम' करार

दिया था।

उनका कहना था, 'जीएसटी एक बेहद साहसिक सुधार है क्योंकि ये हर भारतीय राज्य के अलग-अलग टैक्सों की जगह एक केंद्रीय टैक्स लगा कर राज्यों को दोबारा से आबंटित करेगा।'

२. जीएसटी के हो गए 5 साल पूरे, जानें कहां हुए फायदे और क्या-क्या नुकसान?

जीएसटी (GST) को ठीक 5 साल पहले यानी 01 जुलाई 2017 को लागू किया गया था। इससे सरकार को कई मोर्चों पर फायदे हुए हैं तो कई चीजों के मामले में नुकसान भी हुआ है। आइए जीएसटी के 5 साल पूरे होने के मौके पर जानते हैं कि इससे कहां-कहां लाभ हुआ, किन मोर्चों पर नुकसान हुआ और अभी भी इस सिस्टम में क्या जटिलताएं बची हुई हैं...

सुभाष कुमार सुमन

(01/07/ 2022)

(www.aajtak.in/business)

प्रधानमंत्री नरेंद्र मोदी की सरकार ने मई 2014 में पहली बार सत्ता संभालने के बाद कई बड़े सुधार किए हैं। इन सुधारों में नई अप्रत्यक्ष कर प्रणाली यानी माल एवं सेवा कर की गिनती ऊपर की जाती है। जीएसटी को ठीक 5 साल पहले यानी 1 जुलाई 2017 को लागू किया गया था। इसने अप्रत्यक्ष कर की कई जटिलताओं को दूर किया, जिससे कारोबार करना आसान हुआ। हालांकि जीएसटी के आलोचकों की भी लंबी फेहरिस्त है। जाहिर सी बात है, कोई भी व्यवस्था खामियों से मुक्त नहीं हो सकती है। आइए जीएसटी के 5 साल पूरे होने के मौके पर जानते हैं कि इससे कहां-कहां लाभ हुआ, किन मोर्चों पर नुकसान हुआ और अभी भी इस सिस्टम में क्या जटिलताएं बची हुई हैं।

चौथा प्रकरण : कानूनों में संशोधन एवं नियमों में बदलाव

जीएसटी के लागू होने से हुए ये सुधार

लोकसभा ने जीएसटी को 29 मार्च 2017 को पास किया था। सरकार ने इस टैक्स व्यवस्था को लागू करने के लिए 1 जुलाई 2017 की तारीख तय की थी। इस नई प्रणाली से वैट (VAT), एक्साइज ड्यूटी (कई चीजों पर) और सर्विस टैक्स जैसे 17 टैक्स खत्म हो गए। छोटे उद्योग-धंधों को बढ़ावा देने के लिए सरकार ने 40 लाख रुपये के सालाना टर्नओवर वाले बिजनेस को जीएसटी के दायरे से मुक्त कर दिया था। इसके अलावा वैसे बिजनेस, जिनका सालाना टर्नओवर 1.5 करोड़ था उन्हें कंपोजिशन स्कीम के तहत मात्र 1 फीसदी टैक्स जमा करने की छूट दी गई थी। जिन सर्विस प्रोवाइडर्स का टर्नओवर 50 लाख रुपये तक था, उन्हें मात्र 6 फीसदी की दर से टैक्स भरने की छूट दी गई थी। उसके बाद से अब तक जीएसटी में समय-समय पर कई बदलाव किए जा चुके हैं।

रेवेन्यू के मोर्चे पर जीएसटी फायदेमंद

माल एवं सेवा कर (GST) को लागू करते हुए कहा गया था कि इससे न सिर्फ केंद्र सरकार को बल्कि राज्य सरकारों को भी राजस्व के मोर्चे पर लाभ होगा। हालांकि इसके लागू होने के कुछ ही समय के बाद देश को कोरोना महामारी (Covid-19) का दौर देखना पड़ा, जब कारोबार जगत के पहिए थम गए। कोरोना महामारी से उबरने में देश और अर्थव्यवस्था को ठीक-ठाक समय लग गया। हालांकि पिछले कुछ महीनों के आंकड़ों को देखें तो जीएसटी ने राजस्व के मोर्चे पर बढ़िया परफॉर्म किया है। इस साल मई महीने में जीएसटी से सरकार को करीब 1.41 लाख करोड़ रुपये प्राप्त हुए। यह पिछले साल मई महीने की तुलना में 44 फीसदी ज्यादा था। इससे पहले अप्रैल 2022 में जीएसटी से सरकार को रिकॉर्ड 1.68 लाख करोड़ रुपये मिले थे। मार्च महीने में इनडाइरेक्ट टैक्सेज (Indirect Taxes) से 1.42 लाख करोड़ रुपये मिले थे। इससे पहले फरवरी में जीएसटी कलेक्शन 1.33 लाख करोड़ रुपये रहा था। अप्रैल 2022 में अभी तक के इतिहास का सबसे ज्यादा जीएसटी कलेक्शन हुआ है। जीएसटी लागू होने के बाद मई 2022 चौथा ऐसा महीना रहा, जब जीएसटी से 1 लाख करोड़ रुपये से ज्यादा कलेक्शन हुआ। अभी जून के कलेक्शन

के आंकड़े सामने नहीं आए हैं।

कई राज्य सरकारों को जीएसटी से शिकायत

वहीं इसके नुकसान की बात करें तो कुछ राज्य सरकारों ने लगातार इसकी खामियों की शिकायतें की हैं। जीएसटी लागू करते समय राज्य और केंद्र सरकारों के बीच सहमति थी, लेकिन पिछले कुछ सालों में फंड के बंटवारे को लेकर कई बार बयानबाजी देखने को मिली। राज्यों का खासकर गैर-बीजेपी शासित राज्यों का कहना है कि उन्हें जीएसटी काउंसिल समय पर पैसे नहीं देता है। राज्यों के कई वित्त मंत्रियों ने जीएसटी काउंसिल पर राजनीतिक भावना से काम करने का आरोप लगाया है। विपक्ष शासित राज्य जीएसटी काउंसिल पर मनमानी और नहीं सुनने का आरोप लगाते रहते हैं। अभी जीएसटी कंपनसेशन (GST Compensation) को लेकर भी विवाद चल रहा है।

राज्य कर रहे कंपनसेशन बढ़ाने की मांग

दरअसल केंद्र सरकार ने जीएसटी व्यवस्था लागू करते समय कहा था कि इससे राज्यों को राजस्व के मोर्चे पर जो नुकसान होगा, केंद्र सरकार उसकी भरपाई करेगी। केद्र सरकार ने कहा था कि जीएसटी कंपनसेशन की व्यवस्था लागू होने के बाद 5 साल के लिए है। चूंकि आज जीएसटी के 5 साल पूरे हो गए हैं, राज्यों को दी जाने वाली क्षतिपूर्ति की व्यवस्था भी समाप्त हो गई है। कई राज्य सरकारें इसे आगे बढ़ाने की मांग कर रही थीं, लेकिन इसी सप्ताह जीएसटी काउंसिल की हुई बैठक में इस बारे में कोई फैसला नहीं लिया गया।

सरकारी आंकड़ों को देखें तो सिर्फ पांच राज्यों अरुणाचल प्रदेश, मणिपुर, मिजोरम, नागालैंड और सिक्किम का राजस्व ही प्रोटेक्टेड रेवेन्यू रेट से ज्यादा है। पुदुचेरी, पंजाब, उत्तराखंड और हिमाचल प्रदेश के मामले में गैप सबसे ज्यादा है। ऐसे में कंपनसेशन की व्यवस्था आगे नहीं बढ़ाने से राज्यों को नुकसान होना तय है।

I. टिप्पणियाँ

1. **प्रणब कुमार मुखर्जी** (1935-2020) भारत के 13वें राष्ट्रपति रह चुके थे। 26 जनवरी 2019 को प्रणब मुखर्जी को भारत रत्न से सम्मानित किया गया। वे भारतीय राष्ट्रीय कांग्रेस के वरिष्ठ नेताओं में से एक थे।
2. **मोहम्मद हामिद अंसारी** (1937-) भारत के 13वें उपराष्ट्रपति रह चुके थे और भारतीय अल्पसंख्यक आयोग के भूतपूर्व अध्यक्ष थे। वे अलीगढ़ मुस्लिम विश्वविद्यालय के उपकुलपति भी रह चुके थे।
3. **एच.डी.देवगौड़ा** : हरदनहल्ली डोडेगौडा देवगौडा (1933-) भारतीय के 12वें प्रधानमंत्री रह चुके थे जिनका कार्यकाल 1996 से 1997 तक रहा।
4. **एनडीए** (The National Democratic Alliance, NDA) राष्ट्रीय जनतांत्रिक गठबंधन या राजग के नाम से भी जाना जाता है। वह भारत में एक राजनीतिक गठबन्धन है। इसका नेतृत्व भारतीय जनता पार्टी करती है। इसके गठन के समय इसके 13 सदस्य थे। भारतीय आम चुनाव 2019 में, एनडीए ने 45.43% के संयुक्त वोट शेयर के साथ अपनी 353 सीटों पर वृद्धि की।
5. **टीएमसी** (The All India Trinamool Congress, AITC) का पूरा नाम सर्वभारतीय तृणमूल कांग्रेस है। संक्षेप में वह एआईटीसी, टीएमसी या तृणमूल कांग्रेस भी कहलाती है। तृणमूल कांग्रेस मुख्यतः पश्चिम बंगाल में सक्रिय एक भारतीय राजनैतिक दल है। इस दल का जन्म भारतीय राष्ट्रीय कांग्रेस से विघटन होकर हुआ। टीएमसी की वर्तमान नेता ममता बनर्जी है।
6. **अंतरराष्ट्रीय मुद्रा कोष** अन्तर्राष्ट्रीय मौद्रिक कोष या आईएमएफ़ (International Monetary Fund, IMF) के नाम से भी जाना जाता है। 1944 में स्थापित, 27 दिसंबर 1945 को शुरू हुआ आईएमएफ़ संयुक्त राष्ट्र की एक प्रमुख वित्तीय एजेंसी है, जिसका मुख्यालय अमेरिका के वॉशिङ्टन शहर में है और जिसमें 190 देश शामिल हैं। इसका घोषित उद्देश्य 'वैश्विक मौद्रिक सहयोग को बढ़ावा देने, वित्तीय स्थिरता को सुरक्षित करने, अंतर्राष्ट्रीय व्यापार को सुविधाजनक बनाने, उच्च रोजगार और सतत आर्थिक विकास को बढ़ावा देने और विश्व भर में दारिद्रय को

कम करने के लिए कार्य कर रहा है।'

7. **वैट** (Value-Added Tax, VAT) यानी मूल्य वर्धित कर है। यह कर भारत में अप्रत्यक्ष करों की श्रेणी में आता है क्योंकि इसका भुगतान अप्रत्यक्ष माध्यम से करदाता (माल और सेवाओं के निर्माता या विक्रेता) द्वारा सरकार को किया जाता है। वैट माल और सेवाओं के उत्पादन और बिक्री/खरीद के कई चरणों पर लगाया जाता है।

   जीएसटी ने भारत में वैट जैसे अप्रत्यक्ष करों की जगह ले ली है। भारत में वैट कार्यान्वयन के परिणामस्वरूप उत्पाद की आवाजाही के हर चरण के लिए करों का भुगतान करना पड़ा, जबकि जीएसटी के साथ, उपभोक्ताओं को केवल अंतिम उत्पाद पर कर का भुगतान करना पड़ता है।

8. **टर्नओवर:** कंपनी में टर्नओवर को 'आय' या 'सकल राजस्व' के रूप में भी जाना जाता है, व्यवसाय टर्नओवर एक निश्चित अवधि में की गई बिक्री का पूरा योग है। जबकि लाभ समग्र कमाई को मापता है, टर्नओवर उन सभी चीजों को मापता है जो वास्तव में खर्चों में कटौती से पहले व्यवसाय में शीर्ष रेखा पर आ रही हैं।

II. शब्दावली

कर : (पु.) राज्य द्वारा उगाहा गया धन, राजस्व, टैक्स

पदचिन्ह : (पु.) पैर के निशान, पगचिह्न

पावन : (वि.) पवित्र, शुद्ध, पवित्र करनेवाला

सभागृह : (पु.) सभा भवन

उमंग : (स्त्री.) मन में होने वाला आनंद और उत्साह, उल्लास

बहिष्कार : (पु.) बाहर करने या निकालने की क्रिया, दूर करना, हटाना, अलग करना

मंझोला : (वि.) बीच का, मध्य का, मध्यम आकार का

फेहरिस्त : (स्त्री.) फ़िहरिस्त, सूची, सूचीपत्र

एक्साइज ड्यूटी : (स्त्री.) एक प्रकार का अप्रत्यक्ष कर, excise duty

राजस्व : (पु.) राज्य की आय, रुपया पैसा

परफॉर्म : (पु.) क्रियान्वित करना या अनुपालन करना, perform

खामी : (स्त्री.) कमी, अच्छी तरह पक्क या पुष्ट न होने की अवस्था, कच्चापन

बयानबाजी : (स्त्री.) किसी विषय या चर्चित मुद्दे पर किसी नेता या अधिकारी द्वारा की गई टिप्पणी या प्रतिक्रिया, बयान पर बयान देते चलने की क्रिया या भाव, परस्पर बहस

मनमानी : (स्त्री.) इच्छानुकूल काम करने की प्रवृत्ति, स्वेच्छाचारिता

भरपाई : (स्त्री.) चुकता होने का भाव, भरपाने की रसीद

क्षतिपूर्ति : (स्त्री.) घाटा पूरा होना, मुआवज़ा, क्षतिपूरक धन

III. निम्नलिखित सवालों पर गौर कीजिए और इनके जवाब दीजिए।

1. निम्नलिखित वाक्यों का चीनी में अनुवाद कीजिए।

१. जीएसटी किसी एक सरकार की उपलब्धि नहीं है बल्कि सबकी साझी विरासत है और सबके साझे प्रयास की परिणति है, एक लंबी विचार प्रक्रिया का परिणाम है।

२. यही जगह आज एक नई अर्थव्यवस्था के लिए और संघीय ढांचे की शुरूआत के लिए इससे पवित्र जगह के अलावा कोई और पवित्र जगह हो नहीं सकती।

३. इसी साल अप्रैल में अंतरराष्ट्रीय मुद्रा कोष यानी आईएमएफ़ की प्रमुख क्रिस्टीन लैगार्ड ने भारत में आर्थिक सुधारों की दिशा को सराहनीय बताते हुए जीएसटी को एक 'साहसिक क़दम' करार दिया था।

४. जीएसटी एक बेहद साहसिक सुधार है क्योंकि ये हर भारतीय राज्य के अलग-अलग टैक्सों की जगह एक केंद्रीय टैक्स लगा कर राज्यों को दोबारा से आबंटित करेगा।

५. प्रधानमंत्री नरेंद्र मोदी की सरकार ने मई 2014 में पहली बार सत्ता संभालने के बाद कई बड़े सुधार किए हैं। इन सुधारों में नई अप्रत्यक्ष कर प्रणाली यानी माल एवं सेवा कर की गिनती ऊपर की जाती है।

६. हालांकि इसके लागू होने के कुछ ही समय के बाद देश को कोरोना महामारी (Covid-19)

का दौर देखना पड़ा, जब कारोबार जगत के पहिए थम गए। कोरोना महामारी से उबरने में देश और अर्थव्यवस्था को ठीक-ठाक समय लग गया।

2. भारत के प्रधानमंत्री मोदी ने जीएसटी को आर्थिक एकीकरण के लिए की गई पहल कहा। आप 'आर्थिक एकीकरण' से क्या समझते हैं?

3. उपरोक्त लेख में लिखा जाता है- 'राज्यों के कई वित्त मंत्रियों ने जीएसटी काउंसिल पर राजनीतिक भावना से काम करने का आरोप लगाया है।' आप अपनी बातों से समझाएँ 'राजनीतिक भावना से काम करना' का क्या मतलब है? भारत के कई राज्यों के वित्त मंत्रियों ने क्यों जीएसटी काउंसिल पर ऐसा आरोप लगाया है?

4. 'जीएसटी' के बारे में इंटरनेट पर ज़्यादा सामग्रियाँ खोजकर बताएँ कि जीएसटी लागू होने के बाद से अब तक भारत की अर्थव्यवस्था पर कौन से प्रभाव पड़े हैं?

5. निम्न लेख द्वारा जानें जीएसटी लॉन्च के समारोह में भारत के प्रधानमंत्री नरेंद्र मोदी ने क्या कहा।

सहकारी संघवाद की अद्भुत मिसाल 'जीएसटी': नरेंद्र मोदी

'कमलसंदेश' पत्रिका आनलाइन

(20/07/2017)

(https://www.kamalsandesh.org)

संसद के केंद्रीय कक्ष से 30 जून की अर्ध-रात्रि के समय स्वतंत्र भारत का सबसे बड़ा कर सुधार 'वस्तु और सेवा कर' (जीएसटी) लागू हो गया। जीएसटी लागू होने से कुछ क्षण पहले प्रधानमंत्री श्री नरेंद्र मोदी ने संसद के केंद्रीय कक्ष से जीएसटी की अनिवार्यता और उपयोगिता पर सारगर्भित विचार व्यक्त किये। यहां प्रस्तुत है उनके संबोधन के मुख्य अंश :

राष्ट्र के निर्माण में कुछ ऐसे पल आते हैं जिस पल पर हम किसी नए मोड़ पर जाते हैं, नए मुकाम की ओर पहुंचने का प्रयास करते हैं। आज इस मध्य रात्रि के समय हम सब मिल करके देश का आगे

चौथा प्रकरण : कानूनों में संशोधन एवं नियमों में बदलाव

का मार्ग सुनिश्चित करने जा रहे हैं।

कुछ देर बाद, देश एक नई व्यवस्था की ओर चल पड़ेगा। सवा सौ करोड़ देशवासी इस ऐतिहासिक घटना के साक्षी हैं। जीएसटी की ये प्रक्रिया, ये सिर्फ अर्थव्यवस्था के दायरे तक सीमित है, ऐसा मैं नहीं मानता। पिछले कई वर्षों से अलग-अलग महानुभावों के मार्गदर्शन में, नेतृत्व में, अलग-अलग टीमों के द्वारा जो प्रक्रियाएं चली हैं, वो एक प्रकार से भारत के लोकतंत्र की भारत की, संघीय ढांचे की, सहकारी संघवाद के हमारे अवधारणा की एक बहुत बड़ी मिसाल के रूप में आज ये अवसर हमारा आया है। इस पवित्र अवसर पर आप सब अपना बहुमूल्य समय निकाल करके आए हैं। मैं हृदय से आपका स्वागत करता हूं, आपका आभार व्यक्त करता हूं।

ये जो दिशा हम सबने निर्धारित की है, जो रास्ता हमने चुना है, जिस व्यवस्था को हमने विकसित किया है। यह किसी एक दल की सिद्धि नहीं है, यह किसी एक सरकार की सिद्धि नहीं है, ये हम सबकी सांझी विरासत है, हम सबके सांझे प्रयासों का परिणाम है।

संविधान का मंथन 2 साल, 11 महीने और 17 दिन तक चला था। हिन्दुस्तान के कोने-कोने से विद्वतजन उस बहस में हिस्सा लेते थे, वाद-विवाद होते थे, राजी-नाराजी होती थी, सब मिल करके बहस करते थे, रास्ते खोजते थे। कभी इस पार, कभी उस पार नहीं जा पाए, तो बीच का रास्ता खोज करके चलने का प्रयास करते थे। ठीक उसी तरह ये जीएसटी भी एक लम्बी विचार-प्रक्रिया का परिणाम है। सभी राज्यों समान रूप से, केन्द्र सरकार उसी की बराबरी में और सालों तक चर्चा की है। संसद में इसके पूर्व के भी सांसदों ने, उसके पूर्व के सांसदों ने लगातार इस पर बहस की है। एक प्रकार से best brains of the country उन्होंने लगातार इस काम को किया है और उसी का परिणाम है कि आज ये जीएसटी को हम साकार रूप में देख सकते हैं।

जब संविधान बना तो संविधान ने पूरे देश के नागरिकों को समान अवसर, समान अधिकार, उसके लिए सुनिश्चित व्यवस्था खड़ी कर दी थी और आज जीएसटी एक प्रकार से सभी राज्यों के मोतियों को एक धागे में पिरोने का और आर्थिक व्यवस्था के अंदर एक सुचारू व्यवस्था लाने का एक अहम प्रयास है। जीएसटी एक सहकारी संघवाद की एक मिसाल है, जो हमें हमेशा-हमेशा और अधिक साथ मिलकर चलने की ताकत देगी। जीएसटी, ये 'टीम इंडिया' का क्या परिणाम हो

सकता है, इस 'टीम इंडिया' की कर्तव्य शक्ति का, सामर्थ्य का परिचायक है।

ये जीएसटी परिषद केंद्र और राज्य में मिल करके उन व्यवस्थाओं को विकसित किया है, जिसमें गरीबों के लिए जो पहले उपलब्ध सेवाएं थीं, उन सारी सेवाओं को बरकरार रखा है। दल कोई भी हो, सरकार कहीं की भी हो; गरीबों के प्रति संवेदनशीलता इस जीएसटी के साथ जुड़े हुए सब लोगों ने समान रूप से उसकी चिंता की है।

आज जीएसटी परिषद की 18वीं मीटिंग हुई और थोड़ी देर के बाद जीएसटी लागू होगा। ये भी संजोग है कि गीता के भी 18 अध्याय थे और जीएसटी परिषद की भी 18 मीटिगें हुई और आज हम उस सफलता के साथ हम आगे बढ़ रहे हैं। एक लंबी प्रक्रिया थी, परिश्रम थी, शंकाएं, आशंकाएं थीं, राज्यों के मन में गहरे सवाल थे, लेकिन अथाह पुरूषार्थ, परिश्रम, दिमाग की जितनी भी शक्ति उपयोग में लाई जा सकती है लाकर के इस कार्य को पार किया है।

हम कल्पना करें कि देश आज़ाद हुआ, 500 से ज्यादा रियासतें थीं। अगर सरदार वल्लभ भाई पटेल ने इन रियासतों को मिला करके देश को एक न किया होता, देश का एकीकरण न किया होता तो भारत का राजनीतिक मानचित्र कैसा होता? कैसा बिखराव होता! आजादी होती लेकिन देश का वो मानचित्र कैसा होता? जिस प्रकार से सरदार वल्लभ भाई पटेल ने रियासतों को मिला करके एक राष्ट्रीय एकीकरण का बहुत बड़ा काम किया था, आज जीएसटी के द्वारा आर्थिक एकीकरण का एक महत्वपूर्ण काम हो रहा है। 29 राज्य, 7 केन्द्र शासित प्रदेश, केन्द्र के 7 टैक्स, राज्यों के 8 टैक्स और हर चीजों के अलग-अलग टैक्स का हिसाब लगाएं, तो 500 प्रकार के टैक्स कहीं न कहीं अपनी भूमिका निभा कर रहे थे। आज उन सबसे मुक्ति पा करके, अब गंगानगर से ले करके इटानगर तक, लेह से ले करके लक्षद्वीप तक एक राष्ट्र- एक कर यह सपना हमारा साकार होकर रहेगा।

और जब इतने सारे टैक्स, 500, अलग-अलग हिसाब लगाएं 500 टैक्स। अलबर्ट आइंसटीन प्रखर वैज्ञानिक उन्होंने एक बार बड़ी मज़ेदार बात कही थी। उन्होंने कहा था कि दुनिया में अगर कोई चीज समझना सबसे ज्यादा मुश्किल है तो वो है आयकर, यह अलबर्ट आइंसटीन ने कहा था। मैं सोच रहा था अगर वो यहां होते तो पता नहीं ये सारे टैक्स देखकर के क्या कहते, क्या सोचते?

चौथा प्रकरण : कानूनों में संशोधन एवं नियमों में बदलाव

और इसलिए, और हमने देखा है कि उत्पाद के अंदर के उत्पादन में तो ज्यादा कोई बहुत असमानता नहीं आती है, लेकिन जब प्रॉडक्ट बाहर जाता है तो राज्यों के अलग-अलग टैक्स के कारण असमानता दिखती है। एक ही चीज दिल्ली में एक दाम होगा, 25-30 किलोमीटर गुरूग्राम में दूसरा चार्ज लगेगा और उधर नोएडा में गए तो तीसरा होगा। क्यों, क्योंकि हरियाणा का टैक्स अलग, उत्तर प्रदेश का टैक्स अलग, दिल्ली का अलग। इन सारी विविधताओं के कारण सामान्य नागरिक के मन में सवाल उठता था कि मैं गुरूग्राम में जाता हूं तो यही चीज मुझे इतने में मिल जाती है, वही चीज नोएडा में जाऊं तो इतने में मिलती है और दिल्ली में जाता हूं तो इतने में मिलती है। एक प्रकार से हर किसी के लिए कन्फ्यूजन की स्थिति रहती थी। अब पूंजी निवेश में भी विदेशों के लोगों के लिए यह सवाल रहता था कि भई किस, एक व्यवस्था हम समझते हैं और काम कहीं सोचते हैं, तो दूसरे राज्य में दूसरी व्यवस्था सामने आती है और एक कन्फ्यूजन का माहौल बना रहता था, आज उससे मुक्ति की ओर हम आगे बढ़ रहे हैं।

अरुण जी ने बड़ा विस्तार से वर्णन किया है कि जीएसटी के कारण Octroi की व्यवस्था हो, एंट्री टैक्स हो, सेल टैक्स हो, वैट हो, न जाने कितनी चीजें, सारा वर्णन उन्होंने विस्तार से किया सब खत्म हो जाएगा। हम जानते हैं कि हम एंट्री के टोल पर घंटों तक हमारे वाहन खड़े रहते हैं। देश का अरबों खरबों का नुकसान होता है। ईंधन के जलने के कारण पर्यावरण का भी उतना ही नुकसान होता है। इस सारी व्यवस्था एकसमान होने के कारण, एक प्रकार से उन सारी अव्यवस्थाओं में से एक मुक्ति का मार्ग हमें प्राप्त होगा।

कभी-कभार खराब होने वाला माल खासकरके समय पर पहुंचना बहुत आवश्यक होता था, लेकिन वो जब नहीं पहुंचता था तो उसके कारण उस पहुंचाने वाले का भी नुकसान होता था और जो Processing करता था उसका भी नुकसान होता था। इन सारी जो व्यवहार जीवन की अव्यवस्थाएं थीं, उन अव्यवस्थाओं से आज हम मुक्ति पा रहे हैं और हम आगे बढ़ रहे हैं।

जीएसटी के तौर पर देश एक आधुनिक कर प्रणाली की ओर आज कदम रख रहा है, बढ़ रहा है। एक ऐसी व्यवस्था है जो ज्यादा सरल है, ज्यादा पारदर्शी है; एक ऐसी व्यवस्था है जो जो काले धन को और भ्रष्टाचार को रोकने में एक अवसर प्रदान करती है। एक ऐसी व्यवस्था है जो

ईमानदारी को अवसर देती है, जो ईमानदारी से व्यापार करने के लिए एक उमंग, उत्साह करने की व्यवस्था इससे मिलती है। एक ऐसी व्यवस्था है जो नए गवर्नेंस के कल्चर को भी ले करके आती है और जिसके द्वारा जीएसटी हम लेकर आए हैं।

कर आतंक और इंस्पेक्टर राज, ये बात कोई नई नहीं है। सब दूर ये शब्द हम सुनते आए हैं, परेशानी भुगतने वालों से हमने उस चिंता को अनुभव किया है और जीएसटी की इस व्यवस्था के कारण Technologically के लिए सारा ट्रेल होने के कारण, अब अफसरशाही, सब उसके लिए ग्रे एरिया बिलकुल समाप्त हो रहा है। उसके कारण जो सामान्य व्यापारियों को, सामान्य कारोबारियों को अफसरों के द्वारा जो परेशानियां होती रही है, उससे मुक्ति का मार्ग इस जीएसटी के द्वारा, कोई ईमानदार व्यापारी बेवजह परेशान हो वो दिन इसके साथ खत्म होने की पूरी संभावना इस जीएसटी के अंदर है। इस पूरी व्यवस्था में, छोटे व्यापारियों को 20 लाख तक का व्यापार करने वालों को पूरी तरह मुक्ति दे दी गई है और जो 75 लाख तक हैं, उनको भी कम से कम इस चीजों से जुड़ना पड़े इसकी व्यवस्था की है। ये बात ठीक है कि स्ट्रक्चर में लाने के लिए कुछ व्यवस्थाएं की हैं, लेकिन वो मिनिमम व्यवस्थाएं, नाममात्र की व्यवस्थाएं की गई हैं और उसके कारण सामान्य मानवी जो है, उसके लिए इस नई व्यवस्था से कोई बोझ होने वाला नहीं है।

जीएसटी की व्यवस्था, ये बड़ी-बड़ी आर्थिक भाषा में जो बोला जाता है, वहां तक सीमित नहीं है। बड़े-बड़े शब्द इसके साथ जोड़े जाते हैं, लेकिन अगर सरल भाषा में कहें कि देश के गरीबों के हित के लिए ये व्यवस्था सबसे ज्यादा सार्थक होने वाली है। आजादी के 70 साल के बाद भी हम गरीबों तक जो पहुंचा नहीं पाए हैं, ऐसा नहीं कि प्रयत्न नहीं हुए हैं। सब सरकारों ने प्रयत्न किए हैं, लेकिन संसाधनों की मर्यादा रही है कि हम हमारे देश के गरीब की उन आवश्यकताओं की पूर्ति में कहीं न कहीं कम पड़े हैं।

अगर हम संसाधनों को सुव्यस्थित ढंग से और बोझ किसी एक पर न जाएं, बोझ sparred हो जाएं, Horizontal जितना हम sparred करें, उतना ही देश को Vertical ले जाने की सुविधा बढ़ती है। और इसलिए उस दिशा में जाने का काम, अब वो कच्चा बिल, पक्का बिल, ये सारे खेल

चौथा प्रकरण : कानूनों में संशोधन एवं नियमों में बदलाव

खत्म हो जाएंगे, बड़ी सरलता हो जाएगी। और मुझे विश्वास है छोटे-मोटे व्यापारी भी, ये जो गरीब को लाभ मिलने वाला है, वो ज़रूर उसको ट्रांसफर करेंगे, ताकि गरीब का भला, हम लोगों का आगे बढ़ाने के लिए बहुत-बहुत काम आने वाला है।

कभी-कभी आशंकाएं होती हैं कि ये नहीं होगा, ढिकना नहीं होगा, फलाना नहीं होगा और हमारे देश में हम जानते हैं कि जब 11वीं और 12वीं के रिजल्ट ऑनलाइन देने की शुरूआत की और एक साथ सब गए जब, तो सारा हैंग-अप हो गया और दूसरे दिन खबर यही बन गई कि ऐसा हो गया। आज भी काफी ऐसी ही चर्चा होती है।

ये बात ठीक है कि हर किसी को टेक्नोलॉजी नहीं आती है, लेकिन हर परिवार में दसवीं, बारहवीं का अगर विद्यार्थी है, तो उसको ये सारी चीजें आती हैं। कोई मुश्किल काम नहीं, इतना सरल है, घर में 10वीं, 12वीं का विद्यार्थी भी रहता है, वो चीजें छोटे से व्यापारी को भी और वो मदद कर सकता है, एक रास्ता निकल सकता है।

जो लोग आशंकाएं करते हैं, मैं कहता हूं कृपा करके ऐसा मत कीजिए। अरे आपका पुराना डॉक्टर हो, आप उसी से अपनी आंखें लगातार चेक करवाते हो। वो ही हर बार आपके नंबर निकालता हो, आपका चश्मा बनाने वाला भी निश्चित हो, आप वहां अपने नंबर बनवाते हो, और फिर भी जब नया नंबर वाला चश्मा आता है तो एकाध-दो दिन तो आंख ऊपर-नीचे करके एडजस्ट करना पड़ता है; ये बस इतना ही है। इसलिए थोड़ा सा हम प्रयास करेंगे इस व्यवस्था के साथ हम आसानी से जुड़ जाएंगे। और इसलिए थोड़ा सा अगर हम प्रयास करेंगे तो इस व्यवस्था से हम आसानी से जुड़ जाएंगे। मैं आपसे आग्रह करता हूं कि अफवाहों के बाजार को बंद करें और अब, जब देश चल पड़ा है तो सफल कैसे हो, देश के गरीब-जनों की भलाई के लिए कैसे काम हो, उस पर हम ले करके चलें और तब जा करके कम होगा।

जीएसटी के इस निर्णय का, वैश्विक आर्थिक जगत में एक बहुत सकारात्मक प्रभाव हुआ है। भारत में जो पूंजी निवेश करना चाहते हैं उनके लिए भी एक प्रकार की व्यवस्था बहुत आसानी से वो समझ पाते हैं और उसको चला पाते हैं। मैं समझता हूं भारत में और आज दुनिया का एक प्रिय गंतव्य के रूप में, निवेश के लिए प्रिय गंतव्य के रूप में भारत को हर प्रकार से स्वीकृति मिली है

205

और इसके लिए मैं समझता हूं कि एक अच्छी सुविधा विश्व–व्यापार से जुड़े हुए लोगों को भी भारत के साथ व्यापार करने के लिए मिलेगी।

जीएसटी एक ऐसा उत्प्रेरक है जो देश के व्यापार को, उसमें जो असंतुलन है, उस असंतुलन को खत्म करेगा। जीएसटी एक ऐसा उत्प्रेरक है जिससे निर्यात संबर्धन को भी बहुत बल मिलेगा। जीएसटी एक वो व्यवस्था है, जिसके कारण आज हिन्दुस्तान में जो राज्य ठीक से विकसित हुए हैं, उनको विकास के अवसर तुरंत मिलते हैं, लेकिन जो राज्य पीछे रह गए हैं, उनको वो अवसर तलाशने में बहुत दम घोटना पड़ता है। उन राज्यों का कोई दोष नहीं है। प्राकृतिक संपदा से समृद्ध हैं, हमारा बिहार देखें, हमारा पूर्वी उत्तर प्रदेश देखें, हमारा पश्चिम बंगाल देखें, हमारे नॉर्थ-ईस्ट के देखें, हमारा उड़ीसा देखें, संसाधन, प्राकृतिक संसाधनों से भरे पड़े हैं। लेकिन अगर उनको ये, ये व्यवस्था, जब एक कानून की व्यवस्था मिल जाएगी, मैं साफ देख रहा हूं कि हिन्दुस्तान का पूर्वी हिस्सा के विकास में जो कुछ भी कमी रह गई है, उसको पूरा करने का सबसे बड़ा अवसर, सबसे बड़ा अवसर इससे मिलने वाला है। हिन्दुस्तान के सभी राज्यों को विकास के समान अवसर प्राप्त होना, ये अपने-आप में विकास की राह पर आगे बढ़ने का एक बहुत बड़ा अवसर है।

जीएसटी, एक प्रकार से जैसे हमारी रेलवे है। रेलवे- केंद्र और राज्य मिल करके चलाते हैं, फिर भी भारतीय रेल के रूप में हम देखते हैं। राज्य के अंदर स्थानीय रूप से मदद मिलती है, एक समान रूप से हम देखते हैं। हमारे केंद्रीय सेवा के अधिकारी केंद्र और राज्यों में वितरित हैं, फिर भी दोनों तरफ से मिल करके चला सकते हैं। एक जीएसटी ऐसी व्यवस्था है कि जिसमें पहली बार केंद्र और राज्य के लोग मिल करके निश्चित दिशा में काम करने वाले हैं। ये अपने-आप में 'एक भारत, श्रेष्ठ भारत' के लिए एक उत्तम से उत्तम व्यवस्था आज हो रही है, और जिसका प्रभाव आने वाले दिनों में, आने वाली पीढ़ियां हमें गर्व के साथ स्वीकार करेंगी।

2022, भारत की आजादी के 75 साल हो रहे हैं। 'नए भारत' का सपना ले करके हम चल पड़े हैं। सवा सौ करोड़ देशवासी 'नए भारत' बनाने के सपनों को ले करके चल रहे हैं और इसलिए जीएसटी एक अहम भूमिका अदा करेगा और हम लोगों ने जिस प्रकार से प्रयास किया है। जीएसटी 'नए भारत' की एक टैक्स व्यवस्था है। जीएसटी 'डिजिटल भारत' की टैक्स व्यवस्था है।

चौथा प्रकरण : कानूनों में संशोधन एवं नियमों में बदलाव

जीएसटी सिर्फ 'Ease of doing Business' नहीं है, जीएसटी 'Way of Doing Business' की भी एक दिशा दे रहा है। जीएसटी सिर्फ एक टैक्स सुधार नहीं है, लेकिन वो आर्थिक सुधार का भी एक अहम कदम है। जीएसटी आर्थिक सुधार से भी आगे एक सामाजिक सुधार का भी एक नया तबका, जो एक ईमानदारी के उत्सव की ओर ले जाने वाला ये बन रहा है। कानून की भाषा में जीएसटी-वस्तु और सेवा कर के रूप में भी जाना जाता है। लेकिन जीएसटी से जो लाभ मिलने वाले हैं और इसलिए मैं कहूंगा कि कानून भले ही कहता हो कि वस्तु और सेवा कर, लेकिन हकीकत में ये Good and Simple Tax है और Good इसलिए कि टैक्स पर टैक्स, टैक्स पर टैक्स जो लगते थे, उससे मुक्ति मिल गई। सिंपल इसलिए है कि पूरे देश में एक ही फॉर्म होगा, एक ही व्यवस्था होगी और उसी व्यवस्था से चलने वाला है और इसलिए उसे हमें आगे बढ़ाना है।

यूनिट ३ 'एक देश एक चुनाव' लागू करने से क्या भारत में संवैधानिक संकट खड़ा होगा?

चंदन कुमार जजवाड़े

(06/09/2023)

(www.bbc.com/hindi)

लोकसभा और राज्यों के विधानसभा चुनाव एक साथ कराने के पीछे कई तरह के तर्क दिए जाते रहे हैं। दावा किया जाता है कि इससे देश के विकास कार्यों में तेज़ी आएगी।

चुनावों के लिए आदर्श आचार संहिता लागू होते ही सरकार कोई नई योजना लागू नहीं कर सकती है। आचार संहिता के दौरान नए प्रोजेक्ट की शुरुआत, नई नौकरी या नई नीतियों की घोषणा भी नहीं की जा सकती है और इससे विकास के काम पर असर पड़ता है।

यह भी तर्क दिया जाता है कि एक चुनाव होने से चुनावों पर होने वाला ख़र्च भी कम होगा। इससे सरकारी कर्मचारियों को बार-बार चुनावी ड्यूटी से भी छुटकारा मिलेगा।

भारत में साल 1967 तक लोकसभा और राज्य विधानसभाओं के लिए चुनाव एक साथ ही होते थे। साल 1947 में आज़ादी के बाद भारत में नए संविधान के तहत देश में पहला आम चुनाव साल 1952 में हुआ था।

उस समय राज्य विधानसभाओं के लिए भी चुनाव साथ ही कराए गए थे, क्योंकि आज़ादी के बाद विधानसभा के लिए भी पहली बार चुनाव हो रहे थे। उसके बाद साल 1957, 1962 और 1967 में भी लोकसभा और विधानसभा के चुनाव साथ ही हुए थे।

यह क्रम पहली बार उस वक़्त टूटा था जब केरल में साल 1957 के चुनाव में ई.एम.एस.नंबूदरीपाद की वामपंथी सरकार बनी। इस सरकार को उस वक़्त की केंद्र सरकार ने अनुच्छेद 356 के अधीन राष्ट्रपति शासन लगाकर हटा दिया था। केरल में दोबारा साल 1960 में विधानसभा चुनाव कराए गए थे।

संविधान में क्या संशोधन ज़रूरी होगा

साल 2018 में भारत के पूर्व मुख्य चुनाव आयुक्त रहे ओ.पी.रावत के मुताबिक़ साल 1967 के बाद कुछ राज्यों की विधानसभा जल्दी भंग हो गई और वहां राष्ट्रपति शासन लगा दिया गया, इसके अलावा साल 1972 में होनेवाले लोकसभा चुनाव भी समय से पहले कराए गए थे।

साल 1967 के चुनावों में कांग्रेस को कई राज्यों में विधानसभा चुनावों में हार का सामना करना पड़ा था। बिहार, उत्तर प्रदेश, राजस्थान, पंजाब, पश्चिम बंगाल और ओडिशा (उस वक़्त उड़ीसा) जैसे कई राज्यों में विरोधी दलों या गठबंधन की सरकार बनी थी। इनमें से कई सरकारें अपना कार्यकाल पूरा नहीं कर पाईं और विधानसभा समय से पहले भंग हो गई थी।

इस तरह से साल 1967 के बाद बड़े पैमाने पर लोकसभा और विधानसभा के चुनाव एक साथ होने का सिलसिला टूट गया। भारत की मौजूदा केंद्र सरकार इसे दोबारा एक साथ कराना चाहती है।

इसमें समस्या यह है कि अब भारत में कांग्रेस जैसी कोई एक पार्टी नहीं है, जिसकी केंद्र के साथ ही ज़्यादातर राज्यों में अपनी सरकार हो। ऐसे में केंद्र और राज्य से बीच सामंजस्य आसान नहीं होगा।

ओ.पी.रावत साल 2015 में चुनाव आयोग में ही नियुक्त थे। उनके मुताबिक़ उसी दौरान केंद्र सरकार ने चुनाव आयोग से पूछा था कि क्या लोकसभा और विधानसभाओं के चुनाव एक साथ कराना व्यावहारिक है और इसके लिए क्या क़दम उठाए जाने ज़रूरी हैं?

पूर्व मुख्य चुनाव आयुक्त का क्या कहना है?

ओ.पी.रावत का कहना है, 'चुनाव आयोग ने केंद्र सरकार को बताया था कि दोनों चुनाव साथ कराना संभव है। इसके लिए सरकार को चार काम करना होगा। इसके लिए सबसे पहले संविधान के 5 अनुच्छेदों में संशोधन ज़रूरी होगा। इसमें विधानसभाओं के कार्यकाल और राष्ट्रपति शासन लगाने के प्रावधानों को बदलना होगा।'

इसके अलावा निर्वाचन आयोग ने बताया था कि जन प्रतिनिधित्व क़ानून और सदन में अविश्वास

प्रस्ताव को लाने के नियमों को बदलना होगा। इसके लिए 'अविश्वास प्रस्ताव' की जगह 'रचनात्मक विश्वास प्रस्ताव' की व्यवस्था करनी होगी।

यानी अविश्वास प्रस्ताव के साथ यह भी बताना होगा कि किसी सरकार को हटाकर कौन सी नई सरकार बनाई जाए, जिसमें सदन को विश्वास हो, ताकि पुरानी सराकर गिरने के बाद भी नई सरकार के साथ विधानसभा या लोकसभा का कार्यकाल पांच साल तक चल सके।

निर्वाचन आयोग ने इस तरह के चुनाव के लिए कुल 35 लाख़ ईवीएम की ज़रूरत बताई थी और इसके लिए नए ईवीएम की ख़रीदारी की ज़रूरी है।

भारत में इस्तेमाल होने वाले एक ईवीएम की क़ीमत क़रीब 17 हज़ार और एक वीवीपीएटी की भी क़ीमत क़रीब इतनी ही है। ऐसे में 'एक देश एक चुनाव' के लिए क़रीब 15 लाख़ नए ईवीएम और वीवीपीएटी की ज़रूरत होगी।

ओ.पी.रावत के मुताबिक़ अगर चुनाव आयोग को आज के हिसाब से क़रीब बारह लाख़ अतिरिक्त ईवीएम और वीवीपीएटी की ज़रूरत होगी तो इसे बनवाने में एक साल से ज़्यादा का समय लग सकता है।

भारत के पूर्व मुख्य चुनाव आयुक्त एस.वाई.कुरैशी ने बीबीसी को बताया है कि अगर लोकसभा, विधानसभा और स्थानीय निकायों के चुनाव एक साथ कराए जाएँ तो इसके लिए मौजूदा संख्या से तीन गुना ज़्यादा ईवीएम की ज़रूरत पड़ेगी।

केंद्र और राज्य के बीच किस तरह का टकराव हो सकता है?

लोकसभा के पूर्व महासचिव और संविधान के जानकार पी.डी.टी.आचारी के मुताबिक़ एक देश एक चुनाव का मुद्दा व्यवहारिक है ही नहीं। इसके लिए एक आधार यह होना चाहिए कि देश की सारी विधानसभाएँ एक साथ भंग हों, जो कि संभव नहीं है।

पी.डी.टी.आचारी कहते हैं, 'राज्य की विधानसभा समय से पहले भंग करने का अधिकार राज्य सरकार के पास होता है, केंद्र के पास नहीं। केंद्र ऐसा तभी कर सकता है, जब किसी वजह से किस राज्य में अशांति हो या ऐसी वजह मौजूद हो कि राज्य की विधानसभा को केंद्र भंग कर सके और

ऐसा सभी राज्यों में एक साथ नहीं हो सकता।'

उनका कहना है कि किसी भी राज्य की विधानसभा को कार्यकाल पूरा किए बिना भंग करने से एक संवैधानिक संकट खड़ा हो जाएगा। यह संघीय ढांचे के ख़िलाफ़ होगा। यह संविधान के मूलभूत ढांचे के ख़िलाफ़ होगा, जिसे छेड़ने का अधिकार संसद के पास नहीं है।

भारत के पूर्व मुख्य चुनाव आयुक्त एस.वाई.कुरैशी का मानना है कि चुनाव एक साथ कराने का मतलब है कि आपको स्थानीय निकायों के चुनाव भी एक साथ कराने होंगे। ऐसे में जनता एक बार में एक बटन दबाए या तीन दबाए, इससे ज़्यादा फ़र्क नहीं पड़ता है।

उनका कहना है कि सभी चुनावों में मतदाता, मतदान केंद्र, ईवीएम, सुरक्षा जैसी चीज़ें तो समान होती हैं, लेकिन ग्राम पंचायत या नगरपालिका/नगर निगम के चुनाव कराना राज्य निर्वाचन आयोग का काम है, जो केंद्र से बिल्कुल अलग है।

ऐसी स्थिति में भी केंद्र और राज्य के बीच अधिकारों को लेकर बहस छिड़ सकती है और यह भी एक संवैधानिक संकट खड़ा कर सकता है। इस तरह से संविधान संशोधन के मुद्दे पर राज्य सरकार और केंद्र सरकार के बीच टकराव हो सकता है।

इसके अलावा किसी राज्य में चुनाव के बाद किसी एक दल या गठबंधन को बहुमत न मिले तो ऐसी स्थिति राजनीतिक अस्थिरता खड़ी कर सकती है।

भारत में चुनाव कराना कितना महंगा है?

'एक देश एक चुनाव' के पीछे बड़े चुनावी ख़र्च की दलील भी कई बार दी जाती है। लेकिन इसकी सच्चाई आम धारणा से थोड़ी अलग है।

पूर्व मुख्य चुनाव आयुक्त ओ.पी.रावत के मुताबिक़ भारत का चुनाव दुनियाभर में सबसे सस्ता चुनाव है। भारत में चुनावों में एक अमेरिकी डॉलर प्रति वोटर के हिसाब से ख़र्च होता है। इसमें चुनाव की व्यवस्था, सुरक्षा, कर्मचारियों का तैनाती, ईवीएम सब कुछ शामिल है।

वहीं जिन देशों के चुनावी ख़र्च के आंकड़े उपलब्ध हैं, उनमें कीनिया में यह ख़र्च 25 डॉलर प्रति वोटर होता है, जो दुनिया में सबसे महंगे चुनाव में से शामिल है। भारत के ही पड़ोसी देश

पाकिस्तान में पिछले आम चुनाव में क़रीब 1.75 डॉलर प्रति वोटर ख़र्च हुआ था।

भारत के पूर्व मुख्य निर्वाचन आयुक्त एस.वाई.कुरैशी कहते हैं, 'भारत में चुनाव कराने में क़रीब चार हज़ार करोड़ का ख़र्च होता है, जो कि बहुत बड़ा नहीं है। जहाँ तक राजनीतिक दलों के क़रीब 60 हज़ार करोड़ के ख़र्च की बात है तो यह अर्थव्यवस्था के लिए अच्छा है। इससे नेताओं और राजनीतिक दलों के पैसे ग़रीबों के पास पहुंचते हैं।'

कितना बड़ा हो सकता है राजनीतिक विरोध

चुनावों के दौरान बैनर-पोस्टर और प्रचार सामग्री बनाने, चिपकाने वालों से लेकर ऑटो और रिक्शेवाले तक को काम मिलता है। कुरैशी के मुताबिक़ यह एक मात्र मौक़ा होता है जब आम लोगों को महत्व दिया जाता है और नेता जनता के पास जाते हैं। इससे आम लोगों को भी अच्छा लगता है और वो तो चाहेंगे कि ऐसा बार-बार हो।

एस.वाई.कुरैशी याद करते हैं, 'एक बार मैं किसी कार्यक्रम में गया था वहाँ किसी ने एक नारा लगाया 'जब-जब चुनाव आता है, ग़रीब के पेट में पुलाव आता है'। यह ग़रीबों के लिए चुनाव के महत्व को बताता है।'

चुनाव आचार संहिता के दौरान आमतौर पर क़रीब डेढ़ महीने तक सरकार कुछ भी नया नहीं कर सकती है। हालांकि पहले से चल रही योजना पर इसका कोई असर नहीं पड़ता है। वहीं राज्य विधानसभा चुनावों के दौरान चुनावी राज्यों को छोड़कर बाक़ी राज्यों के काम पर आचार संहिता का कोई असर नहीं होता है।

भारत में लोकसभा और विधानसभा चुनाव को दोबारा एक साथ कराने का मुद्दा साल 1983 में भी उठा था, लेकिन उस वक़्त केंद्र की इंदिरा गाँधी की सरकार ने इसे कोई महत्व नहीं दिया था। उसके बाद साल 1999 में भारत में 'लॉ कमीशन' ने लोकसभा और विधानसभाओं के चुनाव एक साथ कराने का सुझाव दिया था। उस वक़्त केंद्र में बीजेपी के नेतृत्व में एनडीए की सरकार चल रही थी।

साल 2014 में बीजेपी ने लोकसभा और विधानसभा चुनाव एक साथ कराने के मुद्दे को अपने

चुनावी घोषणापत्र में शामिल किया था। अब केंद्र सरकार ने इसके लिए पहल की है, लेकिन विपक्षी दल सरकार पर हमलावर हैं।

एक बड़ा सवाल यह भी है कि एक साथ चुनाव होने पर अगर किसी राज्य में किसी दल या गठबंधन को बहुमत न मिले तो क्या होगा?

विपक्षी दलों के नेता इस तरह के कई सवालों को लेकर केंद्र सरकार पर निशाना साध रहे हैं। इसमें भारत के उत्तर से लेकर दक्षिण और पूर्व से लेकर पश्चिमी राज्यों तक के नेता शामिल हैं।

कांग्रेस सांसद राहुल गाँधी ने ट्वीट कर लिखा है, 'भारत राज्यों का एक संघ है। 'एक देश एक चुनाव' का विचार संघ और इसके सभी राज्यों पर हमला है।'

बिहार के उपमुख्यमंत्री तेजस्वी यादव का आरोप है कि आज एक चुनाव की बात हो रही है, उसके बाद 'एक नेता', 'एक दल' और 'एक धर्म' जैसी बात की जाएगी। तेजस्वी यादव का कहना है कि पहले 'वन नेशन वन इलेक्शन' की जगह 'वन नेशन वन इन्कम' की बात होनी चाहिए।

वहीं दिल्ली के मुख्यमंत्री अरविन्द केजरीवाल का कहना है कि बीजेपी वालों ने नया शिगूफ़ा छोड़ा है, 'वन नेशन वल इलेक्शन' से आम लोगों को क्या मिलेगा। देश में 'वन नेशन वन एजुकेशन' और 'वन नेशन वन इलाज' होना चाहिए।

मौजूदा केंद्र सरकार के पास लोकसभा में बड़ा बहुमत है। लेकिन 'वन नेशल वन इलेक्शन' पूरी तरह से अलग मुद्दा है। दूसरी तरफ संविधान के जानकारों के मुताबिक़ यह मामला सुप्रीम कोर्ट तक भी पहुंच सकता है और सरकार के लिए 'वन नेशन वन इलेक्शन' की राह आसान नहीं होगी।

I. टिप्पणियाँ

1. **आदर्श आचार संहिता** (Model Code of Conduct) भारतीय निर्वाचन आयोग द्वारा राजनीतिक दलों एवं प्रत्याशियों के लिये बनायी गयी एक नियमावली है जिसका पालन चुनाव के समय आवश्यक है। चुनाव आयोग चुनाव से पहले इसके लागू होने की घोषणा करता है और चुनाव के बाद इसके समाप्त होने की। आदर्श आचार संहिता को सभी राजनैतिक दलों की सहमति से तैयार किया गया है ।

2. **ई.एम.एस.नंबूदरीपाद** (1906-1998) भारत के राजनीतिक नेता, लेखक, इतिहासकार और सामाजिक टीकाकार थे। नंबूदरीपाद ने 1957 में केरल में पहली कम्युनिस्ट सरकार का गठन किया।
3. **अनुच्छेद 356** भारतीय संविधान के भाग xix में है। यह केंद्र-राज्य समन्वय और सहयोग के लिए प्रावधान है। इसके तहत राज्यों को अपने आंतरिक मामलों के प्रबंधन और राज्य के व्यवसाय को चलाने में स्वायत्तता मिलने के बावजूद, कुछ ऐसी स्थितियाँ हैं जिनमें संघ विशिष्ट निर्देश जारी करता है जिसका प्रत्येक राज्य को पालन करना आवश्यक है। अगर राज्य इन निर्देशों की अवहेलना करता है, तो राष्ट्रपति संविधान के अनुच्छेद 356 के तहत आपातकाल की स्थिति घोषित कर सकते हैं और उस विशिष्ट राज्य में राष्ट्रपति का नियंत्रण लागू कर सकते हैं। भारतीय संविधान के अनुच्छेद 356 में कहा गया है कि संवैधानिक तंत्र विफल होने पर किसी भी राज्य को राष्ट्रपति शासन के तहत रखा जा सकता है।
4. **चुनाव आयोग** का पूरा नाम है भारत निर्वाचन आयोग (Election Commission of India) है। यह एक स्वायत्त एवं अर्ध-न्यायिक संस्थान है जिसका गठन स्वतंत्र एवं निष्पक्ष रूप से भारत के प्रातिनिधिक संस्थानों में प्रतिनिधि चुनने के लिए किया गया था। भारतीय चुनाव आयोग की स्थापना 25 जनवरी 1950 को की गयी थी।
5. **जन प्रतिनिधित्व कानून** यानी लोक प्रतिनिधित्व अधिनियम, 1951 भारत की संसद का एक अधिनियम है जो संसद के सदनों और हर एक राज्य के विधान-मंडल के सदन या सदनों के लिए निर्वाचनों का संचालन प्रदान करता है। यह इन बातों की भी पुष्टि करता है कि उक्त सदनों का सदस्य बनने के लिए क्या योग्यताएँ और अयोग्यताएँ होती हैं।
6. **ईवीएम** (EVM) यानी इलेक्ट्रॉनिक वोटिंग मशीन (Electronic Voting Machine) इलेक्ट्रॉनिक साधनों का प्रयोग करते हुए वोट डालने या वोटों की गिनती करने के कार्य को अंजाम देती है। ईवीएम सन् 1999 से इलेक्ट्रॉनिक वोटिंग के कार्यान्वयन के लिए भारतीय आम और राज्य चुनावों में इस्तेमाल हो रही है जिसने भारत में स्थानीय, राज्य और सामान्य (संसदीय) चुनावों में पेपर मतपत्रों का स्थान लिया है।

7. **वीवीपीएटी** (VVPAT) यानी वोटर वैरिफाइड पेपर ऑडिट ट्रेल (Voter Verified Paper Audit Trail) मतदाता मत प्रणाली का उपयोग करते हुए मतदाताओं को फीडबैक देने का एक तरीका है। भारतीय आम चुनाव, 2014 में एक पायलट परियोजना के रूप में 543 संसदीय निर्वाचन क्षेत्रों में से 8 में वोटर वीवीपीएटी प्रणाली की शुरुआत की गई थी और भारतीय आम चुनाव, 2019 में सभी 543 लोक सभा निर्वाचन क्षेत्रों में इसका उपयोग किया गया था।
8. **नगरपालिका** (Municipality) किसी स्थान की निगमित प्रशासनिक ईकाई होती है जिसे स्थानीय शासन व प्रबंधन के अधिकार होते हैं। किसी नगरपालिका में प्रशासन के लिए एक नगरपालिका परिषद और महापौर को भी निर्वाचित या नियुक्त किया जाता है। 1 लाख से 5 लाख तक की आबादी वाले क्षेत्रों में नगरपालिका परिषद की स्थापना की जाती है।
9. **नगर निगम** (Municipal Corporation) कई स्थानीय सरकारों के प्रशासन संगठन का नाम होता है। यह अक्सर किसी नगर परिषद या ज़िले, ग्राम, बस्ती या अन्य स्थानीय शासकीय निकायों के अधीन काम करता है। नगरीय स्थानीय शासन की सबसे बड़ी श्रेणी में नगर निगम आता है। नगर निगम क्षेत्र वहाँ पर स्थापित किए जाते हैं, जहाँ की जनसंख्या कम से कम 5 लाख हो।
10. **लॉ कमीशन** (Law Commission) विधि आयोग है जिन्हें विधि संबंधी विषयों पर महत्वपूर्ण सुझाव देने के लिए भारत की केद्र सरकार आवश्यकतानुसार नियुक्त कर देती है। स्वतन्त्र भारत में सन् 2023 तक 22 विधि आयोग बन चुके हैं।

II. शब्दावली

क्रम : (पु.) सिलसिला, अनुक्रम, एक के बाद एक की स्थिति

आयुक्त : (पु.) अभिकर्ता, मंडल या कमिश्नरी का मुख्य प्रशासनिक अधिकारी, कमिश्नर

भंग : (पु.) खंडित होना, टूटना, विघटन, ध्वंस, नाश

सामंजस्य : (पु.) समंजस होने की अवस्था या भाव, तालमेल, अनुकूलता, एकरसता

व्यावहारिक : (वि.) व्यवहार से संबंधित, जिसे व्यवहार में लाया जा सके

निर्वाचन : (पु.) वोट द्वारा चुनाव करना, चुनाव, इलेक्शन

निकाय : (पु.) संस्था, समिति, समूह, झुंड, समुदाय

मूलभूत : (वि.) मूल से संबंध रखने वाला, आधारभूत, बुनियादी

छिड़ना : (अ.क्रि.) शुरू होना, आरंभ होना, छेड़ा जाना

दलील : (स्त्री.) अपने पक्ष में सोच-विचार कर रखा जाने वाला तर्क, युक्ति

धारणा : (स्त्री.) कोई विश्वास या विचार, निश्चित मति या मानसिकता

पुलाव : (पु.) सब्ज़ियों आदि का चावल के साथ पकाकर तैयार किया गया व्यंजन, पकाए हुए नमकीन स्वाद के चावल

पहल : (स्त्री.) किसी काम को करने के लिए सबसे पहले अपनी तरफ़ से कुछ करना या कहना, आरंभ, आरंभिक प्रयत्न

हमलावर : (वि.) आक्रमण या प्रहार करने वाला, आक्रमणकारी

शिगूफ़ा : (पु.) कोई नई या आश्चर्य में डालने वाली बात

शिगूफ़ा छोड़ना : (स.क्रि.) झगड़ेवाली बात कहना

III. निम्नलिखित सवालों पर गौर कीजिए और इनके जवाब दीजिए।

1. निम्नलिखित वाक्यों का चीनी में अनुवाद कीजिए।

१. इसमें समस्या यह है कि अब भारत में कांग्रेस जैसी कोई एक पार्टी नहीं है, जिसकी केंद्र के साथ ही ज़्यादातर राज्यों में अपनी सरकार हो। ऐसे में केंद्र और राज्य से बीच सामंजस्य आसान नहीं होगा।

२. इसके अलावा निर्वाचन आयोग ने बताया था कि जन प्रतिनिधित्व क़ानून और सदन में अविश्वास प्रस्ताव को लाने के नियमों को बदलना होगा। इसके लिए 'अविश्वास प्रस्ताव' की जगह 'रचनात्मक विश्वास प्रस्ताव' की व्यवस्था करनी होगी। यानी अविश्वास प्रस्ताव के साथ यह भी बताना होगा कि किसी सरकार को हटाकर कौन सी नई सरकार बनाई जाए, जिसमें सदन को विश्वास हो, ताकि पुरानी सराकर गिरने के बाद भी नई सरकार के

चौथा प्रकरण : कानूनों में संशोधन एवं नियमों में बदलाव

साथ विधानसभा या लोकसभा का कार्यकाल पांच साल तक चल सके।

३. राज्य की विधानसभा समय से पहले भंग करने का अधिकार राज्य सरकार के पास होता है, केंद्र के पास नहीं। केंद्र ऐसा तभी कर सकता है, जब किसी वजह से किस राज्य में अशांति हो या ऐसी वजह मौजूद हो कि राज्य की विधानसभा को केंद्र भंग कर सके और ऐसा सभी राज्यों में एक साथ नहीं हो सकता।

४. चुनावों के दौरान बैनर-पोस्टर और प्रचार सामग्री बनाने, चिपकाने वालों से लेकर ऑटो और रिक्शेवाले तक को काम मिलता है। कुरैशी के मुताबिक़ यह एक मात्र मौक़ा होता है जब आम लोगों को महत्व दिया जाता है और नेता, जनता के पास जाते हैं। इससे आम लोगों को भी अच्छा लगता है और वो तो चाहेंगे कि ऐसा बार-बार हो।

५. दिल्ली के मुख्यमंत्री अरविन्द केजरीवाल का कहना है कि बीजेपी वालों ने नया शिगूफ़ा छोड़ा है, 'वन नेशन वल इलेक्शन' से आम लोगों को क्या मिलेगा। देश में 'वन नेशन वन एजुकेशन' और 'वन नेशन वन इलाज' होना चाहिए।

2. आप संक्षिप्त रूप में समझाइए 'एक देश एक चुनाव' आखिर क्या है?

3. आप इंटरनेट पर ज़्यादा सामग्रियाँ खोजकर बताइए कि भारत की मौजूदा सरकार ने वन नेशन वन इलेक्शन लागू करने की दिशा में अब तक क्या किया है?

4. मोदी सरकार पर निशाना लगाने वालों ने क्यों 'वन नेशन वन इलेक्शन' की जगह 'वन नेशन वन इन्कम' 'वन नेशन वन एजुकेशन' और 'वन नेशन वन इलाज' होना चाहिए जैसी बातें कहीं?

5. निम्न लेख पढ़िए और इसका मूल विचार अपनी बातों से बताइए।

एक देश, एक चुनाव...

संजय सक्सेना

(05/09/2023)

(https://www.vishleshan.co.in)

अचानक केंद्र सरकार ने एक देश एक चुनाव को लेकर एक कमेटी का गठन कर दिया और पांच दिन के लिए संसद का विशेष सत्र बुला लिया। यह सब बिना किसी भी अन्य पार्टी से विचार-विमर्श के किया गया। अब इस पर लगातार बहस तेज होती जा रही है। कोई इसके पक्ष में बात कर रहा है तो कोई इसकी जरूरत नहीं बता रहा। विपक्ष की ओर से सत्तापक्ष पर इस मुद्दे के बजाय यह सवाल उठा कर हमला किया जा रहा है कि जब लोकसभा चुनाव सामने हैं, तभी यह मुद्दा क्यों उठाया जा रहा है?

देखा जाए तो सत्ता पक्ष ने 'एक देश, एक चुनाव' के पक्ष में चुनावी खर्च का ही प्रमुख तर्क दिया है। इस चुनावी खर्च में मानव संसाधनों का वह सारा खर्च शामिल है, जो प्रशासनिक तंत्र के जरिए चुनावों में लगाए जाते हैं। एक और तर्क यह है कि आदर्श आचार संहिता लागू होने के कारण विकास कार्य रुक जाते हैं। लेकिन यह अर्धसत्य पर आधारित है। आचार संहिता में सिर्फ नीतिगत फैसले लेने की मनाही है। चालू परियोजनाओं और कल्याण कार्यक्रमों को लेकर कोई बंधन नहीं है।

चुनाव खर्च और प्रशासनिक तंत्र के इस्तेमाल का सवाल उठाते समय राजनेता शायद ये भूल जाते हैं कि बेहताशा खर्च के लिए चुनाव का बार-बार होना उतना जिम्मेदार नहीं है, जितना राजनीति का लगातार भ्रष्ट और हिंसक होते जाना है। चुनाव में अधिक पुलिस बल या बड़े प्रशासनिक तंत्र की जरूरत इसलिए पड़ती है कि राजनीतिक दल सत्ता के लिए किसी भी हद तक जाने को तैयार रहते हैं। राजनीति में अपराधियों और कालाधन रखने वालों की हिस्सेदारी बढ़ने के कारण चुनावों पर सरकारी खर्च उसी अनुपात में बढ़ा है।

जहां तक गैर-सरकारी खर्च का सवाल है तो वोट के लिए शराब पिलाने, कपड़ा और पैसा बांटने

की संस्कृति चुनावी राजनीति का अभिन्न हिस्सा हो चुकी है। इलेक्टोरल बॉन्ड (electoral bond) के जरिए मिलने वाले चंदा इतना अपारदर्शी है कि यह पता ही नहीं चलता, किसका धन कौन सी पार्टी इस्तेमाल कर रही है।

एसोसिएशन फॉर डेमोक्रेटिक रिफॉर्म्स यानी एडीआर ने अपनी रिपोर्ट में कहा कि 2021-2022 में आठ राष्ट्रीय राजनीतिक दलों द्वारा घोषित कुल संपत्ति 8,829.16 करोड़ रुपये थी, जो 2020-2021 के दौरान 7,297.62 करोड़ रुपये थी। चुनाव सुधारों की वकालत करने वाले समूह ने अपनी रिपोर्ट में वित्त वर्ष 2020-2021 और 2021-2022 के लिए भाजपा, कांग्रेस, राकांपा, बसपा, भाकपा, माकपा, टीएमसी और एनपीईपी द्वारा घोषित संपत्तियों और देनदारियों का विश्लेषण किया है।

एडीआर की रिपोर्ट के अनुसार वित्त वर्ष 2021-2022 के लिए बीजेपी ने 6,041.64 करोड़ रुपये के साथ सबसे अधिक पूंजी घोषित की। इसके बाद कांग्रेस और माकपा का स्थान रहा जिन्होंने क्रमश: 763.73 करोड़ रुपये और 723.56 करोड़ रुपये की पूंजी की घोषणा की। वित्त वर्ष 2021-2022 में, एनपीपी ने 1.82 करोड़ रुपये का कोष घोषित किया, जो सबसे कम है। इसके बाद भाकपा ने अपने खजाने में 15.67 करोड़ रुपये होने की घोषणा की।

वित्त वर्ष 2020-2021 में बीजेपी ने 4,990 करोड़ रुपये की संपत्ति घोषित की थी, जो 2021-2022 में 21.17 प्रतिशत बढक़र 6,046.81 करोड़ रुपये हो गई। एडीआर के अनुसार, 2020-2021 में कांग्रेस की घोषित संपत्ति 691.11 करोड़ रुपये थी, जो 2021-2022 में 16.58 प्रतिशत बढक़र 805.68 करोड़ रुपये हो गई। रिपोर्ट में कहा गया है कि बसपा एकमात्र राष्ट्रीय पार्टी है, जिसने अपनी वार्षिक घोषित संपत्ति में कमी दिखाई है। वर्ष 2020-2021 और 2021-2022 के बीच बसपा की कुल संपत्ति 5.74 प्रतिशत घटकर 690.71 करोड़ रुपये हो गई, जो 732.79 करोड़ रुपये थी। एडीआर ने कहा कि तृणमूल कांग्रेस की कुल संपत्ति 2020-2021 में 182.001 करोड़ रुपये थी, जो 151.70 प्रतिशत बढक़र 458.10 करोड़ रुपये हो गई। खास बात यह है कि संपत्ति में ये बढ़ोत्तरी कोविड काल के दौरान हुई, जब देश की सामान्य जनता को बहुत ज्यादा आर्थिक नुकसान उठाना पड़ा। केवल कुछ गिनी-चुनी कंपनियों के साथ ही राजनीतिक

दलों की सम्पत्ति में ही इस दौरान इजाफा हुआ, यह किस ओर इशारा कर रहा है?

अब फिर से आते हैं एक साथ चुनाव के मुद्दे पर। यहाँ सबसे बड़ा मसला है पांच साल के लिए प्रतिनिधि चुनने से भारत की संसदीय प्रणाली और इसके संघीय ढांचे को होने वाले नुकसान का। भारत की संविधानसभा ने बहुत चर्चा के बाद राष्ट्रपति प्रणाली को खारिज कर दिया था जिसके तहत पूरे कार्यकाल के लिए राष्ट्रपति और विधायिका के सदस्यों को चुना जाता है। हम लोकसभा का कार्यकाल बढ़ाकर सत्ता में बने रहने की इंदिरा गाँधी की कोशिशों को आपातकाल के रूप में देख चुके है। हमें लोकतंत्र के दो बड़े योद्धाओं, डॉ. राममनोहर लोहिया और जयप्रकाश नारायण को याद रखना चाहिए। डॉ. लोहिया ने कहा था कि जिंदा कौमें पांच साल इंजतार नहीं करतीं और जयप्रकाश नारायण ने कहा था कि जनप्रतिनिधि के जनता का विश्वास खो देने पर उसे वापस बुलाने का अधिकार हो। वह प्रतिनिधि वापसी का अधिकार संविधान में दर्ज कराना चाहते थे। सही मायने में लोकतंत्र यही है। और वैसे भी, इस बदलाव के लिए संविधान में कई संशोधन करने पड़ेंगे। इसके लिए संसद के कार्यकाल और उसे भंग करने के प्रावधानों वाली धाराएँ 83 तथा 85 और राज्य विधानसभाओं से संबंधित धारा 172 तथा 174 में संशोधन करने होंगे। राज्य विधानसभाओं से संबंधित धाराओं के संशोधन के लिए आधे से अधिक राज्यों की सहमति भी लेनी होगी। इसका अंदाजा लगाना मुश्किल है कि इन जटिल प्रक्रियाओं के लिए सरकार की तैयारी कितनी है।

प्रश्न यह भी है कि क्या संविधान के मूल ढांचे को बदला जा सकता है? हमारा संघीय ढांचा संविधान के मूल ढांचे का हिस्सा है। यह बात और है कि आज हमारे संविधान में आमूल-चूल परिवर्तन की बात भी कही जा रही है। लोकतंत्र की भावना का सम्मान कौन कर रहा है? कैसे इसे हम बनाए रख सकते हैं? शायद इन सवालों का आज कोई औचित्य नहीं रह गया है। जब, संसद का सत्र बुलाने के लिए दूसरे दलों की राय नहीं ली गई, तो बाकी मामलों में क्या होगा, कहा नहीं जा सकता। फिर भी हमारे देश की अधिसंख्य जनता लोकतंत्र के पक्ष में है, यह बात और है कि वो समय पर उठकर जागती नहीं है। पर ये भी ध्यान रहे, सोती तो नहीं रहती।

चौथा प्रकरण : कानूनों में संशोधन एवं नियमों में बदलाव

यूनिट ४   समान नागरिक संहिता: कोई ड्राफ्ट सामने आने के पहले ही इतना हो-हल्ला क्यों?

अजय बोकिल

(02/07/2023)

(www.amarujala.com)

सार

दिलचस्प यह है कि देश में यूसीसी लागू करने के समर्थन और विरोध का फिलहाल बहुत ज्यादा औचित्य इसलिए नहीं है कि इसका कोई आधारभूत प्रारूप सामने नहीं लाया गया है। देश के विधि आयोग ने 14 जून को एक अधिसूचना जारी कर यूसीसी पर लोगों से राय मांगी है।

विस्तार

प्रधानमंत्री नरेन्द्र मोदी ने भोपाल में भाजपा के एक सम्मेलन में 27 जून को जिस तरह देश में यूनिफॉर्म सिविल कोड (यूसीसी) यानी समान नागरिक संहिता लागू करने का मुद्दा उठाया, उससे साफ हो गया कि पार्टी के लिए अगले साल होने वाले लोकसभा चुनाव का यह कोर मुद्दा है। भाजपा को उम्मीद है कि इस मुद्दे पर वोटरों का उसी तर्ज पर ध्रुवीकरण किया जा सकेगा, जैसा कि राम मंदिर अथवा कश्मीर में धारा 370 हटाने के मुद्दे पर हो सका था।

उधर विपक्षी दल भी इस मुद्दे की राजनीतिक धार को आंकने की कोशिश कर रहे हैं। यही कारण है कि इस मुद्दे पर उनकी प्रतिक्रिया विरोधी होते हुए भी सतर्कता से भरी है। दिलचस्प बात यह है कि देश में यूसीसी लागू करने के समर्थन और विरोध का फिलहाल बहुत ज्यादा औचित्य इसलिए नहीं है कि इसका कोई आधारभूत प्रारूप देश के सामने नहीं लाया गया है। केवल देश के विधि आयोग ने 14 जून को एक अधिसूचना जारी कर यूसीसी पर लोगों से उनकी राय और सुझाव मांगे हैं।

बताया जाता है कि मुस्लिम पर्सनल लॉ बोर्ड समेत विभिन्न संगठनों और व्यक्तियों ने साढ़े आठ

लाख से ज्यादा सुझाव आयोग को दिए हैं। यह मामला थोड़ा इसलिए भी अलग लगता है कि अमूमन किसी भी मामले में कोई आधारपत्र अथवा प्रारूप जारी होने के बाद ही उसपर राय अथवा आपत्तियां आमंत्रित की जाती हैं। लेकिन लगता है कि विधि आयोग प्राप्त सुझावों के आधार पर ही शायद कोई आधारपत्र या प्रारूप तैयार करेगा। आगे क्या होगा, इस बारे में स्थिति 14 जुलाई के बाद स्पष्ट होगी। लेकिन इस प्रस्तावित यूसीसी को लेकर सियासी दलों में लट्ठमलट्ठा शुरू हो चुका है, जिसमें मोदी सरकार की नीयत और संविधान के प्रति प्रतिबद्धता पर सवाल उठाए जा रहे हैं। दूसरी तरफ मोदी सरकार और भाजपा संविधान की ही दुहाई देकर कह रहे हैं कि समान नागरिक संहिता संविधान की भावना के अनुरूप ही लाई जा रही है और यह आज की जरूरत है।

इसमें दो राय नहीं कि समान नागरिक संहिता का जिक्र भारतीय संविधान में है। लेकिन संविधान के भाग 4 में राज्य के नीति निदेशक के अनुच्छेद 44 में इस का उल्लेख संविधान निर्माताओं ने मात्र एक वाक्य में किया है। जिसके मुताबिक (संविधान के अधिकृत हिन्दी अनुवाद के अनुसार) 'राज्य, भारत के समस्त राज्यक्षेत्र में नागरिकों के लिए एक समान सिविल संहिता प्राप्त कराने का प्रयास करेगा।' अर्थात ऐसा करना अनिवार्य नहीं है, लेकिन राज्य (सरकार) ऐसा करने का प्रयास करेगा। इसकी एक वजह यह भी थी कि यूसीसी पर संविधान सभा की बहसों में भी मुस्लिम प्रतिनिधियों ने इसे अनिवार्य करने का विरोध किया था, जबकि मौलिक अधिकारों को अनिवार्य माना गया है।

इसका अर्थ यह है कि संविधान निर्माता सिद्धांत रूप में इस बात से सहमत थे कि भारत जैसे सांस्कृतिक और धार्मिक बहुलता वाले देश में समान नागरिक संहिता अपेक्षित तो है, लेकिन इसे समग्र विचार और सहमतियों के बाद ही लागू करना ठीक होगा। इसका कारण यह है कि इस देश में अपराधों के लिए भले ही एक दंड संहिता हो, लेकिन सामाजिक धार्मिक नियम कायदे हर धर्म के अलग अलग हैं और आम तौर पर लोग उनका पालन जरूरी समझते हैं। इसमें किसी दूसरे तत्व का हस्तक्षेप अनावश्यक समझते हैं।

इन कानूनों में कुछ विसंगतियां भी हैं, लेकिन धार्मिक आग्रहों और पारंपरिक मान्यताओं के चलते

लोग इन्हें बदलना या छोड़ना नहीं चाहते। अलबत्ता शिक्षा व अन्य कारणों से कुछ बदलाव विभिन्न समाजों में अलग अलग स्तर पर दिखाई देते हैं।

यूसीसी को लेकर इतना बवाल क्यों?

अब सवाल यह है कि अगर समान नागरिक संहिता का विचार संविधान सम्मत है तो फिर इसे लागू करने अथवा ऐसा विचार भी करने में क्या हर्ज है? चूंकि इस बारे में अभी कोई प्रारूप किसी के सामने नहीं है, इसलिए तमाम विरोध और समर्थन अनुमान और आशंकाओं के आधार पर ज्यादा हैं।

पहला विरोध धर्म अथवा समाज विशेष में लागू व्यक्तिगत कानूनों में बदलाव अथवा उनको समाप्त करने का है। इसीलिए मुस्लिम, सिख व कुछ अन्य धर्मों से यूसीसी के विरोध की आवाजें उठ रही हैं। शुरू में इस विरोध में तल्खी ज्यादा थी, लेकिन अब ऐसा लगता है कि यह विरोध बावजूद राजनीतिक आग्रह दुराग्रह के कुछ तार्किक स्वरूप लेता जा रहा है। लिहाजा सभी विरोधी एवं आक्षेपकर्ता कानूनी तरीके से अपनी बात विधि आयोग के सामने रखने जा रहे हैं, जो एक सही तरीका भी है।

जो बातें सामने आ रही हैं, अथवा जिन देशों में यह संहिता लागू है, उसे देखते हुए यह समझा जा सकता है कि यूसीसी कुछ मूलभूत बातों पर केन्द्रित होगी, जैसे कि शादी की न्यूनमत उम्र, तलाक़ से जुड़ी प्रक्रिया, गोद लेने का अधिकार, गुजारा भत्ता, बहुपत्नी अथवा बहुपति प्रथा, विरासत, उत्तराधिकार व परिवार नियोजन आदि। इनसे संबंधित कुछ कानून तो अलग-अलग राज्यों में लागू भी हैं।

समान नागरिक संहिता में इन मुद्दों को लेकर सभी धर्मों के लोगों पर एक समान कानून लागू होगा। दूसरे शब्दों में यूसीसी लागू होने पर अलग-अलग धर्मों के पहले से लागू पर्सनल लॉ समाप्त हो जाएँगे। जैसे कि हिन्दू विवाह अधिनियम, हिन्दू उत्तराधिकार अधिनियम, भारतीय ईसाई विवाह अधिनियम, भारतीय तलाक़ अधिनियम, पारसी विवाह और तलाक अधिनियम आदि। हालांकि मुसलिम पर्सनल लॉ को संहिताबद्ध नहीं किया गया है। यह लॉ उनकी धार्मिक पुस्तकों

पर आधारित है। लेकिन मुसलमानों को लगता है कि यूसीसी लागू होने से शरीयत में दखलंदाजी होगी, जिसे वो कदापि मंजूर नहीं करेंगे।

गोवा में पहले से लागू है यूसीसी

यहाँ दिलचस्प बात यह है कि देश में गोवा अकेला राज्य है, जहां यूसीसी लागू है। गोवा में 8.33 फीसदी मुसलमान रहते हैं। लेकिन उन्हें अभी तक यूसीसी से कोई दिक्कत नहीं हुई है। कोई उसके खिलाफ कोर्ट नहीं गया। यानी वो अपने धार्मिक रीति रिवाजों का पालन बदस्तूर कर रहे हैं। जबकि गोवा में यह कानून पुर्तगाली शासकों के जमाने से 1867 से लागू है। इसका अर्थ यह है कि यूसीसी को लेकर शंका से ज्यादा कुशंकाएँ हैं। हालांकि आशंका सिख समाज ने भी जताई है। अकाली दल के मुताबिक यूसीसी से उनकी 'आनंद कारज' (सिख विवाह पद्धति) प्रभावित हो सकती है। दूसरी तरफ बौद्ध समुदाय भी बौद्ध विवाह पद्धति को हिन्दू विवाह पद्धति से अलग मान्यता देने की मांग कर रहा है।

यूसीसी को लेकर लोगों के मन में कई सवाल

एक शंका यह भी है कि सरकार यूसीसी की आड़ में हिन्दू सामाजिक धार्मिक कानूनों को इतर धर्मियों पर थोप सकती है। यह इसलिए संभव नहीं है, क्योंकि खुद हिन्दुओं को भी यूसीसी के लिए अपने कुछ नियमों-परंपराओं को ताक पर रखना पड़ सकता है। इसमें प्रमुख हिन्दू अविभाजित परिवार (एचयूएफ) है।

एआईएमआईएम नेता असदउद्दीन ओवैसी ने इसी मुद्दे पर पीएम मोदी को घेरते हुए सवाल किया है कि क्या वो एचयूएफ को खत्म करेंगे? बताया जाता है कि इसकी वजह से देश को हर साल 3 हजार 64 करोड़ रुपये का नुक़सान हो रहा है। आयकर अधिनियम के तहत एचयूएफ को एक अलग इकाई माना जाता है। अब बेटियां भी परिवार की संपत्ति में हिस्सा हैं और इसके तहत उन्हें टैक्स देनदारियों में कुछ छूट मिलती है। हालांकि हिन्दुओं में भी अब संयुक्त परिवार प्रथा बहुत कम रह गई है, उसकी जगह इकाई परिवार प्रथा ने ले ली है।

चौथा प्रकरण : कानूनों में संशोधन एवं नियमों में बदलाव

इसका अर्थ यह है कि कुछ चुनिन्दा कानूनों को छोड़कर बाकी में सभी धर्मों की अपनी-अपनी प्रथा परंपराएँ कायम रहेंगी। लेकिन ऐसे मामलों में अलग-अलग कानून होने से वर्तमान में जारी मुकदमेबाजी पर कुछ अंकुश लग सकता है। अब असली सवाल यह है कि मोदी सरकार यह मुद्दा अभी ही क्यों उठा रही है? सरकार चाहती तो मोदी 2.0 के पहले या दूसरे साल में ही इसे ला सकती थी। लेकिन उसने ऐसा नहीं किया गया।

हालांकि इस मुद्दे पर बहस की शुरुआत तो पिछले साल दिसंबर में भाजपा सांसद किरोडीलाल मीणा द्वारा राज्यसभा में समान नागरिक संहिता लागू करने को लेकर लाए गए प्राइवेट बिल के साथ ही हो गई थी। इस बिल को भाजपा का समर्थन था। भाजपा के लिए यह मुद्दा जनसंघ के जमाने से है। भाजपा बनने के बाद 90 के दशक में पार्टी जिन मुद्दों को लेकर बढ़ती रही है, उनमें कश्मीर में धारा 370 हटाना, अयोध्या में राम मंदिर निर्माण और देश में समान नागरिक संहिता लागू करना प्रमुख रहे हैं।

इनमें से दो तो पूरे हो चुके हैं, केवल यूसीसी का मुद्दा बचा है। उधर विधि आयोग ने भी 2018 में यूसीसी पर राय मांगकर सनसनी फैला दी थी, लेकिन कुछ वर्गों के विरोध के बाद उसने खुद यह पहल ये कहकर वापस ले ली थी कि फिलहाल देश में इसकी जरूरत नहीं है।

यूसीसी देश की जरूरत?

लेकिन 2023 के चुनाव के पहले मोदी सरकार और विधि आयोग को लगने लगा है कि अब यूसीसी देश की जरूरत है। इसके पीछे 'अनेकता में एकता' का भाव भी है, लेकिन दूसरे तरीके से। कुछ लोगों का मानना है कि समान नागरिक संहिता देश के धर्मनिरपेक्ष चरित्र को मजबूत करेगी। शायद इसी मकसद से प्रधानमंत्री ने कहा कि 'एक देश और दो कानून' व्यवस्था नहीं चल सकती। लेकिन यूसीसी का मुद्दा वोटों की भट्टी में 'राम मंदिर' की तरह पक सकेगा?

क्या वोटर और खासकर बहुसंख्यक समाज यूसीसी मुद्दे से उतना ही भावनात्मक जुड़ाव महसूस कर सकेगा, जैसा राम मंदिर के मामले में हुआ है? क्योंकि यह मुद्दा विभिन्न सामाजिक धार्मिक रीति-रिवाजों के एक समान संहिताकरण से जुड़ा है और कानूनी ज्यादा है। इसे वोटों की गोलबंदी

में बदलना आसान नहीं है। यूसीसी को लेकर मतदाताओं का ध्रुवीकरण तो होगा, लेकिन कितना, यह कहना बहुत मुश्किल है और इस मुद्दे के आगे बाकी के जमीनी मुद्दे और जवाबदेहियां दफन हो जाएँगी, यह मान लेना राजनीतिक भोलापन होगा।

वोटों के ध्रुवीकरण के लिए जरूरी है कि पहले वो ड्राफ्ट तो सामने आए, जिससे प्रस्तावित समान नागरिक संहिता का स्वरूप स्पष्ट हो सके और लोग इसके पक्ष-विपक्ष में राय बना सकें। यह ड्राफ्ट कब तक आएगा, अभी स्पष्ट नहीं है। अलबत्ता यूसीसी को सबसे पहले लागू करने का वादा करने वाले उत्तराखंड राज्य में 15 बिन्दुओं पर आधारित यूसीसी ड्राफ्ट तैयार होने की खबर है, लेकिन अभी वह सार्वजनिक नहीं हुआ है।

हो सकता है कि विधि आयोग उसे ही बेसिक ड्राफ्ट मान ले। लेकिन अगर आयोग को साढ़े आठ लाख से ज्यादा सुझाव मिले हैं तो उनके अध्ययन और उन्हें ड्राफ्ट में शामिल करने (बशर्ते ऐसा हो) के लिए काफी समय लगेगा। यह काम अगले लोकसभा चुनाव के पहले पूरा हो जाएगा, इसकी संभावना कम है। अगर जल्दबाजी में कोई ड्राफ्ट लाया भी गया तो उस पर बवाल मचना तय है। उसी हल्ले में चुनाव भी हो जाएँगे।

मतलब ये कि यूसीसी को कानून में तब्दील होने में अभी बहुत से रोड़े हैं। कोशिश माहौल बनाए रखने की है, जो हो रही है।

I. टिप्पणियाँ

1. **समान नागरिक संहिता** (Uniform Civil Code, यूसीसी) एक सामाजिक मामलों से संबंधित कानून होता है जो सभी पंथ के लोगों के लिये विवाह, तलाक, भरण-पोषण, विरासत व बच्चा गोद लेने आदि में समान रूप से लागू होता है। दूसरे शब्दों में, अलग-अलग पंथों के लिये अलग-अलग सिविल कानून न होना ही समान नागरिक संहिता की मूल भावना है। यह किसी भी पंथ जाति के सभी निजी कानूनों से ऊपर होता है।

   फिलहाल भारत में समान नागरिक संहिता बहस का विषय बन गया है जिसका मुख्य उद्देश्य एक समान कानून को बनाना है जो भारत के सभी नागरिकों पर उनके धर्म, लिंग और यौन

अभिरुचि की परवाह किए बिना समान रूप से लागू होगा। वर्तमान में, भारत के विभिन्न समुदायों के व्यक्तिगत कानून उनके धार्मिक ग्रंथों द्वारा शासित होते हैं। पूरे देश में समान नागरिक संहिता लागू करना भारत की सत्तारूढ़ भारतीय जनता पार्टी द्वारा किए गए विवादास्पद वादों में से एक है।

2. **ऑल इंडिया मुस्लिम पर्सनल लॉ बोर्ड** (All India Muslim Personal Law Board, AIMPLB) 1973 में गठित एक गैर-सरकारी संगठन है, जो भारत में मुस्लिम पर्सनल लॉ की सुरक्षा और निरंतर प्रयोज्यता को अपनाने के लिए गठित किया गया है। बोर्ड में अधिकांश मुस्लिम संप्रदायों का प्रतिनिधित्व किया जाता है और इसके सदस्यों में भारतीय मुस्लिम समाज के प्रमुख वर्ग जैसे धार्मिक नेता, विद्वान, वकील, राजनेता और अन्य पेशेवर शामिल हैं। मुस्लिम पर्सनल लॉ पूरी तरह शरीयत पर आधारित है और शरीयत कुरान के प्रावधानों और पैगंबर मोहम्मद की शिक्षाओं से बना है। इस अधिनियम का पूरा नाम मुस्लिम पर्सनल लॉ (शरीयत) एप्लीकेशन एक्ट 1937 है। यह अधिनियम मुसलमानों के बीच विवाह, तलाक़, विरासत और रखरखाव के मामलों में इस्लामी क़ानून को लागू करने को मान्यता देता है।

3. **शिरोमणि अकाली दल** (SAD) पंजाब राज्य का एक राजनीतिक दल है। अकाली दल का गठन 14 दिसंबर 1920 को शिरोमणि गुरुद्वारा प्रबंधक कमेटी, सिख धार्मिक शरीर के एक कार्य बल के रूप में किया गया था। यह सिख धार्मिक निकायों, शिरोमणि गुरुद्वारा प्रबंधक समिति और दिल्ली सिख गुरुद्वारा प्रबंधन समिति को नियंत्रित करता है और दुनिया भर में सबसे बड़ा और सबसे प्रभावशाली सिख राजनीतिक दल है।

4. **आनंद कारज** : सिख धर्म में शादी को आनंद कारज कहा जाता है जिसका अर्थ है 'खुशी की ओर कार्य करें' या 'खुश जीवन की ओर कार्य करें'। आनंद कारज को मूल रूप से 1909 के आनंद विवाह अधिनियम के पारित होने के माध्यम से भारत में वैध बनाया गया था। 2012 में भारत ने आनंद विवाह (संशोधन) विधेयक पारित किया, जिसके बाद सिख हिन्दू विवाह अधिनियम के बजाय आनंद कारज विवाह अधिनियम के तहत अपने विवाह को पंजीकृत करने में सक्षम हैं।

5. **हिन्दू अविभाजित परिवार** (Hindu United Family, एचयूएफ) या संयुक्त परिवार भारत में एक पारिवारिक व्यवस्था है। हिन्दू कानून के तहत यह एक ऐसा परिवार है जिसमें एक ही पूर्वज के वंशज शामिल होते हैं, यानी एक एचयूएफ में एक परिवार की तीन पीढ़ियाँ और उसके सभी सदस्य शामिल हो सकते हैं। भारत के आयकर अधिनियम,1961 की धारा 2(31) के तहत हिन्दू अविभाजित परिवार को एक 'व्यक्ति' के रूप में माना जाता है। इस अधिनियम के तहत मूल्यांकन के उद्देश्य से एचयूएफ एक अलग इकाई है। केरल को छोड़कर, एचयूएफ को पूरे भारत में मान्यता प्राप्त है।

6. **एआईएमआईएम** (All India Majlis-e-Ittehadul Muslimeen, AIMIM) : ऑल इंडिया मजलिस-ए-इत्तेहाद-उल मुस्लिमीन (हिन्दी अनुवादः अखिल भारतीय मुस्लिम एकता संघ) भारत के तेलंगाना राज्य में स्थित एक राजनीतिक दल है, जिसकी जड़ मजलिस-ए-इत्तेहादुल मुस्लिमीन से है जो 1927 में ब्रिटिश भारत के हैदराबाद स्टेट में स्थापित हुई थी। यह तेलंगाना, महाराष्ट्र और बिहार में भी एक महत्वपूर्ण राजनीतिक दल है।

7. **इकाई परिवार** एकल परिवार, प्राथमिक परिवार, परमाणु परिवार, अनाज पैकेट परिवार या वैवाहिक परिवार के रूप में भी जाना जाता है। इसका मतलब ऐसी पारिवारिक संरचना से है जिसमें केवल पति-पत्नी और उनके बच्चे ही शामिल होते हैं। इसके साथ ही परिवार का मुखिया भी केवल इन्हीं लोगों के प्रति उत्तरदायी होता है।

8. **प्राइवेट बिल** : संसद में पेश किए जाने वाले विधेयक दो प्रकार के होते हैं- सार्वजनिक विधेयक या पब्लिक बिल और निजी विधेयक या प्राइवेट बिल। इन बिलों को क्रमशः सरकारी विधेयक और निजी सदस्यों के विधेयक के रूप में भी जाना जाता है। हालांकि दोनों एक ही सामान्य प्रक्रिया के अधीन होते हैं और सदन में समान चरणों से गुजरते हैं। पब्लिक बिल या सार्वजनिक विधेयक संसद में केवल एक मंत्री द्वारा प्रस्तुत किया जा सकता है जबकि प्राइवेट बिल या निजी विधेयक संसद के किसी भी सदस्य के द्वारा प्रस्तुत किया जा सकता है।

II. शब्दावली

हो-हल्ला : (पु.) कोलाहल, शोर

औचित्य : (पु.) उचित का भाव, उपयुक्तता

प्रारूप : (पु.) प्राथमिक रूप, मसौदा, प्रालेख

अधिसूचना : (स्त्री.) विशेष सूचना, प्रशासनिक सूचना, विज्ञप्ति

तर्ज : (पु.) प्रकार, किस्म, तरह, रीति, शैली, ढंग

धार : (स्त्री.) धारा, प्रवाह, पानी का सोता, दिशा

आंकना : (स.क्रि.) अंदाज़ा लगाना, अनुमान करना, मूल्य लगाना

अमूमन : (क्रि.वि.) आमतौर पर, प्रायः

आपत्ति : (स्त्री.) एतराज़, प्रतिवाद, विरोध

लट्ठमलट्ठा : (पु.) आपसी रंजिश, लट्ठबाज़ी, लाठियों से होनेवाली मार-पीट

प्रतिबद्धता : (स्त्री.) किसी ख़ास उद्देश्य, मतवाद आदि से संबद्ध होने की संकल्पबद्धता; वचनबद्धता

दुहाई : (स्त्री.) दीनतापूर्वक चिल्लाकर की जानेवाली याचना, उच्च स्वर में पुकार कर दी गई सूचना

अपेक्षित : (वि.) जिसकी अपेक्षा या आशा की गई हो, इच्छित

कायदा : (पु.) नियम, कानून, विधि; तौर-तरीका, ढंग, रीति-रिवाज

विसंगति : (स्त्री.) विसंगत होना, असंगति

अलबत्ता : (अव्य.) बेशक, निस्संदेह, हां तो

बवाल : (पु.) तमाशा खड़ा करना, झंझट, बखेड़ा, फ़साद

सम्मत : (वि.) एक ही राय का, सहमत, माना हुआ

तल्खी : (स्त्री.) कड़ुवापन, कटुता

दुराग्रह : (पु.) अनुचित ज़िद, हठ

आक्षेपकर्ता : (पु) विरोध करने वाला, आरोप लगाने वाला

न्यूनमत : (वि.) सबसे कम, अल्पतम

विरासत : (पु.) उत्तराधिकार में मिला धन

परिवार नियोजन : (पु.) family planning, 计划生育

संहिताबद्ध : (वि.) संहिता में बँधा हुआ

शरीयत : (स्त्री.) मुसलमानों के धर्म-शास्त्र कुरान की संहिता या नियम, मुसलमानों का धर्मशास्त्र

दखलंदाजी : (पु.) रोड़ा अटकाना, हस्तक्षेप करना

बदस्तूर : (क्रि.वि.) पहले की तरह से, बिना परिवर्तन के, यथावत्

शंका : (स्त्री.) आशंका, भय

इतर : (वि.) दूसरा, और, भिन्न

धर्मी : (पु.) वह व्यक्ति जो किसी धर्म विशेष को मानता हो

ताक पर रखना : (स.क्रि.) बेकार समझ कर अलग करना

देनदारी : (स्त्री.) ऋणी होने की अवस्था, ऋणग्रस्तता, देनदार होने की स्थिति

सनसनी : (स्त्री.) सनसनाहट, झुनझुनी, भय और आश्चर्य से उत्पन्न होने वाली स्तब्धता, सन्नाटा

भट्टी : (स्त्री.) भट्ठी

गोलबंदी : (स्त्री.) गोल बाँधना, (military, politics) mobilization, mass movement

जमीनी : (वि.) देश संबंधी, यथार्थ से परिचित, व्यवहारिक, भूमि या ज़मीन संबंधी

रोड़ा : (पु.) बाधक वस्तु, बाधक तत्त्व

III. निम्नलिखित सवालों पर गौर कीजिए और इनके जवाब दीजिए।

1. निम्नलिखित वाक्यों का चीनी में अनुवाद कीजिए।

१. भाजपा को उम्मीद है कि इस मुद्दे पर वोटरों का उसी तर्ज पर ध्रुवीकरण किया जा सकेगा, जैसा कि राम मंदिर अथवा कश्मीर में धारा 370 हटाने के मुद्दे पर हो सका था।

२. उधर विपक्षी दल भी इस मुद्दे की राजनीतिक धार को आंकने की कोशिश कर रहे हैं। यही कारण है कि इस मुद्दे पर उनकी प्रतिक्रिया विरोधी होते हुए भी सतर्कता से भरी है।

३. यह मामला थोड़ा इसलिए भी अलग लगता है कि अमूमन किसी भी मामले में कोई

चौथा प्रकरण : कानूनों में संशोधन एवं नियमों में बदलाव

आधारपत्र अथवा प्रारूप जारी होने के बाद ही उस पर राय अथवा आपत्तियां आमंत्रित की जाती हैं। लेकिन लगता है कि विधि आयोग प्राप्त सुझावों के आधार पर ही शायद कोई आधार पत्र या प्रारूप तैयार करेगा।

४. लेकिन इस प्रस्तावित यूसीसी को लेकर सियासी दलों में लट्ठमलट्ठा शुरू हो चुका है, जिसमें मोदी सरकार की नीयत और संविधान के प्रति प्रतिबद्धता पर सवाल उठाए जा रहे हैं। दूसरी तरफ मोदी सरकार और भाजपा संविधान की ही दुहाई देकर कह रहे हैं कि समान नागरिक संहिता संविधान की भावना के अनुरूप ही लाई जा रही है और यह आज की जरूरत है।

५. शुरू में इस विरोध में तल्खी ज्यादा थी, लेकिन अब ऐसा लगता है कि यह विरोध बावजूद राजनीतिक आग्रह दुराग्रह के कुछ तार्किक स्वरूप लेता जा रहा है। लिहाजा सभी विरोधी एवं आक्षेपकर्ता कानूनी तरीके से अपनी बात विधि आयोग के सामने रखने जा रहे हैं, जो एक सही तरीका भी है।

६. इसे वोटों की गोलबंदी में बदलना आसान नहीं है। यूसीसी को लेकर मतदाताओं का ध्रुवीकरण तो होगा, लेकिन कितना, यह कहना बहुत मुश्किल है और इस मुद्दे के आगे बाकी के जमीनी मुद्दे और जवाबदेहियां दफन हो जाएँगी, यह मान लेना राजनीतिक भोलापन होगा।

2. आप संक्षिप्त रूप में समझाइए समान नागरिक संहिता यानी यूसीसी क्या है?
3. कहते हैं कि यूसीसी के पीछे 'अनेकता में एकता' का भाव है, और समान नागरिक संहिता भारत के धर्मनिरपेक्ष चरित्र को मजबूत करेगी। आप इस बारे में क्या समझते हैं?
4. क्या आप इससे सहमत हैं कि यूसीसी का मुद्दा वोटों की भट्टी में 'राम मंदिर' की तरह पक सकेगा?
5. समान नागरिक संहिता पर निम्न लेख पढ़िए।

उत्तराखंड ने रचा इतिहास, विधानसभा में ध्वनिमत से पास हुआ देश का पहला यूसीसी बिल

'अमर उजाला' ब्यूरो

(07/02/2024)

(www.amarujala.com)

सार

Uttarakhand Uniform Civil Code Bill: विधानसभा में बिल को लेकर चर्चा हुई वहीं, इसके बाद सीएम का संबोधन हुआ। शाम को यूसीसी बिल ध्वनिमत से पास कर दिया गया।

विस्तार

उत्तराखंड ने आज इतिहास रच दिया। आजादी के बाद देश का पहला समान नागरिक संहिता विधेयक उत्तराखंड 2024 विधानसभा में पास हो गया। दो दिन लंबी चर्चा, बहस और तर्कों के बाद बुधवार की शाम सदन में विधेयक ध्वनिमत से पास हुआ। विपक्ष ने चर्चा के दौरान बिल प्रवर समिति को भेजने की सिफारिश की थी। उसका यह प्रस्ताव भी ध्वनिमत से खारिज हो गया। इसके बाद मुख्यमंत्री पुष्कर सिंह धामी ने कहा कि इस बिल से समाज का भेदभाव, कुरीतियां खत्म होंगी। कहा, इस कानून में संशोधन की भी गुंजाइश होगी। पास होने के बाद अब बिल राज्यपाल के माध्यम से राष्ट्रपति को भेजा जाएगा, जहां से मुहर लगने के बाद यह कानून राज्य में लागू हो जाएगा। सभी विधिक प्रक्रिया और औपचारिकताएँ पूरी करने के बाद यूसीसी लागू करने वाला उत्तराखंड देश का पहला राज्य बनेगा।

विधेयक में सभी धर्म-समुदायों में विवाह, तलाक, गुजारा भत्ता और विरासत के लिए एक कानून का प्रावधान है। महिला-पुरुषों को समान अधिकारों की सिफारिश की गई है। अनुसूचित जनजातियों को इस कानून की परिधि से बाहर रखा गया है।

विधेयक पर चर्चा के दौरान नेता सदन मुख्यमंत्री धामी ने कहा, देश के पहले गांव माणा में संवाद

से ड्राफ्ट समिति ने इसकी शुरुआत की थी। उन्होंने अब अन्य राज्यों को भी इस दिशा में प्रयास करने का आह्वान करते हुए कहा, जिस प्रकार गंगा सबके लिए सुखदायी है, वैसे ही यूसीसी भी मातृशक्ति व पूरे समाज के लिए सुखद होगा।

12 फरवरी को संकल्प लिया, सात फरवरी को विधेयक पास

मुख्यमंत्री धामी ने कहा, विधानसभा चुनाव के दौरान 12 फरवरी 2022 को उन्होंने जनता के सामने दोबारा सत्ता में आने पर समान नागरिक संहिता कानून लाने का संकल्प लिया था। आज करीब दो साल बाद सात फरवरी को यह संकल्प सिद्ध हो गया है। जनता ने जिस मकसद से उन्हें चुना, वह समानता का अधिकार सबको मिलने जा रहा है। कहा, इसे वोट बैंक की राजनीति से जोड़कर न देखें।

यूसीसी रामयुग की बड़ी पहल

मुख्यमंत्री ने सदन में कहा, प्रधानमंत्री नरेंद्र मोदी के नेतृत्व में जिस रामयुग की शुरुआत हुई है, यूसीसी उसमें एक बड़ी पहल साबित होगा। यह देश के लिए मील का पत्थर बनेगा। कहा, प्रधानमंत्री राष्ट्रऋषि नरेंद्र मोदी विकसित भारत का सपना देख रहे हैं। भारत दुनिया की तीसरी सबसे बड़ी अर्थव्यवस्था बनने जा रही है। उनके नेतृत्व में यह देश तीन तलाक और अनुच्छेद-370 जैसी ऐतिहासिक गलतियों को सुधारने के पथ पर है। समान नागरिक संहिता का विधेयक प्रधानमंत्री के देश को विकसित, संगठित, समरस और आत्मनिर्भर राष्ट्र बनाने के लिए किए जा रहे यज्ञ में उत्तराखंड की ओर से अर्पित की गई एक आहुति मात्र है। इस विधेयक में जाति, धर्म, क्षेत्र व लिंग के आधार पर भेद करने वाले व्यक्तिगत नागरिक मामलों से संबंधित सभी कानूनों में एकरूपता लाने का प्रयास किया गया है।

विपक्ष ने की थी प्रवर समिति को भेजने की मांग

सदन में नेता प्रतिपक्ष यशपाल आर्य के नेतृत्व में विपक्ष ने इस बिल को जल्दबाजी में उठाया गया कदम करार दिया था। विपक्ष में इसमें कई खामियां गिनाते हुए सदन में इसे प्रवर समिति को भेजने की मांग की थी। हालांकि, विपक्ष की ये मांग खारिज हो गई।

विस से पास होने के बाद अब आगे क्या

विधानसभा से यूसीसी बिल पास होने के बाद अब यह राजभवन को भेजा जाएगा। चूंकि यह संविधान की समवर्ती सूची का विषय है, इसलिए बिल अनुमोदन के लिए राज्यपाल से राष्ट्रपति को भेज दिया जाएगा। इस पर राष्ट्रपति भवन को फैसला लेना है। वहां से मुहर लगने के बाद राज्य में कानून लागू हो जाएगा।

जाति, धर्म व पंथ के रीति-रिवाजों से छेड़छाड़ नहीं

विधेयक में शादी, तलाक, विरासत और गोद लेने से जुड़े मामलों को ही शामिल किया गया है। इन विषयों, खासतौर पर विवाह प्रक्रिया को लेकर जो प्राविधान बनाए गए हैं उनमें जाति, धर्म अथवा पंथ की परंपराओं और रीति रिवाजों से कोई छेड़छाड़ नहीं की गई है। वैवाहिक प्रक्रिया में धार्मिक मान्यताओं पर कोई फर्क नहीं पड़ेगा। धार्मिक रीति-रिवाज जस के तस रहेंगे। ऐसा भी नहीं है कि शादी पंडित या मौलवी नहीं कराएँगे। खान-पान, पूजा-इबादत, वेश-भूषा पर भी कोई प्रभाव नहीं पड़ेगा।

शादी का पंजीकरण कराना अनिवार्य

- विधेयक में 26 मार्च वर्ष 2010 के बाद से हर दंपती के लिए तलाक व शादी का पंजीकरण कराना अनिवार्य होगा।
- ग्राम पंचायत, नगर पंचायत, नगर पालिका, नगर निगम, महानगर पालिका स्तर पर पंजीकरण का प्रावधान।

चौथा प्रकरण : कानूनों में संशोधन एवं नियमों में बदलाव

- पंजीकरण न कराने पर अधिकतम 25 हजार रुपये का अर्थदंड का प्रावधान।
- पंजीकरण नहीं कराने वाले सरकारी सुविधाओं के लाभ से भी वंचित रहेंगे।
- विवाह के लिए लड़के की न्यूनतम आयु 21 और लड़की की 18 वर्ष तय की गई है।
- महिलाएँ भी पुरुषों के समान कारणों और अधिकारों को तलाक का आधार बना सकती हैं।
- हलाला और इद्दत जैसी प्रथाओं को समाप्त किया गया है। महिला का दोबारा विवाह करने की किसी भी तरह की शर्तों पर रोक होगी।
- कोई बिना सहमति के धर्म परिवर्तन करता है तो दूसरे व्यक्ति को उस व्यक्ति से तलाक लेने व गुजारा भत्ता लेने का अधिकार होगा।
- एक पति और पत्नी के जीवित होने पर दूसरा विवाह करना पूरी तरह से प्रतिबंधित होगा।
- पति-पत्नी के तलाक या घरेलू झगड़े के समय पांच वर्ष तक के बच्चे की कस्टडी उसकी माता के पास रहेगी।

संपत्ति में बराबरी का अधिकार

- संपत्ति में बेटा और बेटी को बराबर अधिकार होंगे।
- जायज और नाजायज बच्चों में कोई भेद नहीं होगा।
- नाजायज बच्चों को भी उस दंपती की जैविक संतान माना जाएगा।
- गोद लिए, सरोगेसी के द्वारा असिस्टेड रीप्रोडेक्टिव टेक्नोलॉजी से जन्मे बच्चे जैविक संतान होंगे।
- किसी महिला के गर्भ में पल रहे बच्चे के संपत्ति में अधिकार संरक्षित रहेंगे।
- कोई व्यक्ति किसी भी व्यक्ति को वसीयत से अपनी संपत्ति दे सकता है।

लिव इन रिलेशनशिप का पंजीकरण कराना अनिवार्य

- लिव इन में रहने वाले प्रत्येक व्यक्ति के लिए वेब पोर्टल पर पंजीकरण अनिवार्य होगा।
- युगल पंजीकरण रसीद से ही किराया पर घर, हॉस्टल या पीजी ले सकेंगे।
- लिव इन में पैदा होने वाले बच्चों को जायज संतान माना जाएगा और जैविक संतान के सभी

अधिकार मिलेंगे।

• लिव इन में रहने वालों के लिए संबंध विच्छेद का भी पंजीकरण कराना अनिवार्य होगा।

• अनिवार्य पंजीकरण न कराने पर छह माह के कारावास या 25 हजार जुर्माना या दोनों का प्रावधान होंगे।

गोद लेने का कोई कानून नहीं

समान नागरिक संहिता में गोद लेने के लिए कोई कानून नहीं बनाया गया है।

कई दशक बाद धरातल पर उतरा यूसीसी

• 1962 में जनसंघ ने हिन्दू मैरिज एक्ट और हिन्दू उत्तराधिकार विधेयक वापस लेने की बात कही। इसके बाद जनसंघ ने 1967 के उत्तराधिकार और गोद लेने के लिए एक समान कानून की वकालत की। 1971 में भी वादा दोहराया। हालांकि 1977 और 1980 में इस मुद्दे पर कोई बात नहीं हुई।

• 1980 में भाजपा का गठन हुआ। भाजपा के पहले राष्ट्रीय अध्यक्ष अटल बिहारी वाजपेयी बने। पार्टी ने 1984 में पहली बार चुनाव लड़ा, जिसमें केवल दो सीटें मिली।

• 1989 में 9वां लोकसभा चुनाव हुआ, जिसमें भाजपा ने राम मंदिर, यूनिफॉर्म सिविल कोड को अपने चुनावी घोषणा-पत्र में शामिल किया। पार्टी की सीटों की संख्या बढ़कर 85 पहुंची।

• 1991 में देश में 10वां मध्यावधि चुनाव हुआ। इस बार भाजपा को और लाभ हुआ। उसकी सीटों की संख्या बढ़कर 100 के पार हो गई। इन लोकसभा चुनावों में भाजपा ने यूनिफॉर्म सिविल कोड, राम मंदिर, धारा 370 के मुद्दों को जमकर उठाया। ये सभी मुद्दे बीजेपी के चुनावी घोषणापत्र में शामिल थे, मगर संख्या बल के कारण ये पूरे नहीं हो पाए थे।

• इसके बाद 1996 में भाजपा ने 13 दिन के लिए सरकार बनाई। 1998 में पार्टी ने 13 महीने सरकार चलाई। 1999 में बीजेपी ने अपने सहयोगियों के साथ बहुमत से सरकार बनाई। तब अटल बिहारी वाजपेयी प्रधानमंत्री बने।

चौथा प्रकरण : कानूनों में संशोधन एवं नियमों में बदलाव

- वर्ष 2014 में पहली बार भाजपा प्रचंड बहुमत के साथ सत्ता पर काबिज हुई और केंद्र में मोदी सरकार आई। मोदी सरकार ने पूरे जोर-शोर से अपने चुनावी वादों पर काम करना शुरू किया। अब केंद्र की सरकार समान नागरिक संहिता को लागू करने की दिशा में काम कर रही है। इसी कड़ी में यूसीसी को लागू कर उत्तराखंड, देश का पहला राज्य बनने की ओर अग्रसर है।

- उत्तराखंड में 2022 में भाजपा ने यूसीसी के मुद्दे को सर्वोपरि रखते हुए वादा किया था कि सरकार बनते ही इस पर काम किया जाएगा। धामी सरकार ने यूसीसी के लिए कमेटी का गठन किया। जिसने डेढ़ साल में यूसीसी का ड्राफ्ट तैयार किया। अब विधानसभा का विशेष सत्र पांच फरवरी से शुरू होने जा रहा है, जिसमें पास होने के बाद यूसीसी लागू करने वाला उत्तराखंड देश का पहला राज्य बन जाएगा।